인간은 왜 전쟁을 하는가

HITO WA NAZE TATAKAUNOKA — KOKOGAKU KARA MITA SENSO

Copyright © 2017 Matsugi Takehiko

All rights reserved.

Originally published in Japan by CHUOKORON-SHINSHA, INC., Tokyo
Korean translation rights arranged with CHUOKORON-SHINSHA, INC.
through Japan UNI Agency, Inc., Tokyo and BC Agency

고고학으로 읽는 전쟁의 탄생

인간은 왜 전쟁을 하는가

마쓰기 타케히코 지음
천선행 옮김

생각&종이

차례

1장
전쟁의 근원을 좇아서

1 투쟁 본능과 전쟁에 대해 … 8
2 전쟁은 언제 시작되었는가 … 14
3 전쟁은 왜 일어나는가 … 24

2장
전사의 탄생—야요이시대의 전투

1 전투가 시작되는 일본열도 … 32
2 격화되는 전투 … 45
3 야요이시대의 전투를 복원하다 … 65
4 '사상思想'화하는 전투 … 72

3장
영웅들의 시대—야요이시대에서 고분시대로

1 고대 국가 이전의 '영웅시대' … 82
2 단검·대도·동촉으로 무장을 혁신하다 … 93
3 한반도의 철을 찾아 바다를 건넌 왜인들 … 105
4 영웅의 등장 … 116
5 영웅숭배 사상 … 127

4장
왜군의 탄생—'경제 전쟁'으로서의 대외 전쟁

1 도시 국가적인 고대사회, '왜倭' … 134
2 히미코卑弥呼의 등장 … 141
3 거대 고분의 시대 … 154
4 바다를 건너는 영웅들 … 165
5 왜군은 어떻게 만들어졌는가 … 173
6 왜군, 패하다 … 183
7 왜왕과 장군들의 연합왕권 '왜' … 191

5장

영웅에서 귀족으로 — 고대 국가의 형성

1 다양한 무력의 형태	**206**
2 이제는 '원시'가 아니다	**210**
3 변질되어가는 영웅	**215**
4 이와이(磐井)의 전쟁	**222**
5 정치적 전쟁으로의 전환	**237**
6 내란과 국제전쟁	**247**
7 율령적 군대의 완성	**258**

6장

국가의 형태, 무력의 형태 — 고대에서 중세로

1 고대 일본의 군사적 특질	**266**
2 무사의 등장	**270**
3 일본열도의 군사 혁명과 사회 변화	**279**
4 일본의 군사적 특질	**284**
5 정복 전쟁 결여와 외적 부재가 만든 통일	**293**

7장

전쟁을 없앨 수 있는가?

1 전쟁 억제의 두 열쇠	**310**
2 전쟁 억제로 가는 멀지만 착실한 발걸음	**314**

후기	**327**
역자 후기	**329**
부록	**335**

일러두기

1. 일본 지명·인명·유적명의 고유명사는 외국어 표기법에 준하여 일본어 표기법에 따라 표기하고, 각 장마다 처음 나오는 경우에 한해 한자를 함께 표기한다. 다만 국내 독자의 이해를 돕기 위해 몇 가지 예외를 두었다. '古墳時代'는 '고훈시대'가 아닌 '고분시대'로, 일본의 행정구역 都·道·府·県·市는 일본식 발음으로 번역하지 않고, 이해하기 쉽도록 도·도·부·현·시로 표기한다.

2. 이 책의 일본해는 동해로 통일한다. 단, 일본열도를 기준으로 태평양 쪽 지역을 일컫는 동해東海 지역이 존재하므로, 이 경우는 일본어 표기법대로 도카이로 통일해 구분한다.

3. 마쓰리マツリ를 일반적으로 제사, 제의, 축제로 번역할 수 있지만, 대체로 제의적 측면과 축제의 측면이 모두 포함되어 있어 특정 용어로 번역하기 곤란하다. 따라서 이 책에서는 마쓰리로 그대로 번역한다.

1장 전쟁의 근원을 좇아서

1

투쟁 본능과 전쟁에 대해

아인슈타인과 프로이트의 왕복 서한에서

최근 흥미로운 책을 알게 되었다. 알버트 아인슈타인과 지그문트 프로이트가 주고받은 편지를 번역한 《핵전쟁, 우리의 미래는 사라지는가(Warum Krieg?)》라는 책이다. 아인슈타인과 프로이트에 대해서는 새삼스레 설명할 필요도 없을 것이다. 19세기 말부터 20세기 전반에 걸쳐 각각 물리학과 정신분석학에서 위대한 족적을 남긴 대학자들이다. 1932년 아인슈타인은 국제연맹*으로부터 다음과 같은 의뢰를 받았다. "오늘날 우리 인간에게 가장 중요한 문제는 무엇이며, 그 문제에 대한 답을 누구에게 듣고 싶습니까? 그 상대와 편지를 교환해주세요." 이 의뢰를 받아들인 아인슈타인이 우리에게 가장 중요한 문제로

- 제1차 세계대전 후에 설립된 국제평화기구로서 국제연합의 전신

지목한 것이 바로 '전쟁'이며, 이 문제에 대한 답을 듣고 싶은 사람이 바로 당시 정신분석학자로 이름을 떨치고 있던 프로이트였다. 아인슈타인은 프로이트에게 "인간의 마음 깊숙한 곳에 있는 파괴의 충동을 다른 방향으로 돌려 국가 간의 전쟁을 피할 수 있을까요?"라는 질문을 던졌다.

얼마 지나지 않아 도착한 프로이트의 답장에는 이렇게 쓰여 있었다. "인간에게서 공격성을 없애는 일은 불가능합니다." 그 당시 최고의 정신분석학자가 들려준 대답이었다. 편지의 뒷부분에서 프로이트는 문화가 발전함으로써 우리가 지성을 강화하고 공격 본능을 내부로 잠재우는 일을 지속적으로 할 수 있다면 전쟁을 거부할 수 있다고 말한다. 그는 더 나아가 우리가 전쟁을 없애는 방향으로 나아갈 수 있다고 쓰고 있다. 그러나 나는 프로이트의 이 문장이 너무 추상적이며 과학성이 결여된 입에 발린 말이라고 생각한다. 프로이트가 주장하고 싶었던 것은 바로 우리 인간이 태어날 때부터 투쟁 본능을 가지고 있다는 이야기일 것이다. 그의 다른 저서를 봐도 이 점은 분명히 드러난다.

파괴는 인간의 본능적 욕구인가

고고학과 인류학에서 전쟁을 연구할 때도 아인슈타인과 프로이트의 왕복서한에 대한 내용이 종종 소개된다. 그러나 출간된 책 안에 담긴 편지를 읽다 보니 흥미로운 사실을 알게 되었다. 전쟁을 없애기 위해 우리가 해야 할 일이 무엇인지 궁금해하며 질문을 던진 아인슈타인이 이미 답을 가지고 있었다는 것이다. 그는 우리가 본능적으로 파괴 욕구를 가지고 있다고 단언했다. 그래서 프로이트의 답장은 아인슈타인의 생각을 정신분석학적으로 설명하는 데 그친다고 보는 시각도 존재한다.

아인슈타인이 가지고 있던 인식은 아마도 그 시대의 지식인과 시민을 대표했을 것이다. 1929년 월스트리트의 주가 폭락으로 시작된 세계 대공황이 절정이던 1932년은 제국주의를 앞세운 열강들 간의 긴장이 다시 높아져, 세계 각국에서 불안과 혼란이 확산되던 시기였다. 그해 아인슈타인이 살던 독일에서는 나치스가 제1당이 되어 정권 장악을 부르짖고 있었다. 일본도 그 전해에 중국에서 만주사변을 일으켜 15년에 이르는 전란에 휩싸이게 된다. 제1차 세계대전의 재앙으로부터 완전한 평화를 맞이할 여유도 없이 다시 군화 소리가 가까이 들리기 시작하던 이 시기에, '전쟁은 인간의 본능'이라는 어두운 숙명론이 아인슈타인과 같은 최고의 지성을 포함한 당시 사회와 학문 세계를 지배하고 있었다는 것은 어쩌면 당연한 일일지도 모른다.

투쟁 본능설, 그 후

제2차 세계대전이 끝나고 20세기 후반에 접어들 무렵, 두 개의 학문 분야에서 인간의 투쟁 본능, 더 나아가 전쟁이라는 행위의 근원을 해명하려는 작업이 진행되기 시작했다. 하나는 심리학, 또 하나는 동물학이다.

 동물학에서는 인류와 전쟁에 대해 제언한 콘라트 로렌츠Konrad Lorenz를 언급하지 않을 수 없다. 로렌츠는 동물학의 대가로 널리 알려진 인물이다. 그는 동물의 공격성을 연구했는데, 동물에게 공격이라는 것은 개체와 종 전체에 있어 유익한 행위라고 보았다. 또한 인간도 동물인 이상 마찬가지로 공격 본능을 가지고 있다고 주장했다. 그러나 동물에게 로렌츠가 말하는 본능적인 공격 충동이 있다는 설에 대해서는 오늘날 의문의 목소리가 많다. 공격 또한 개체가 생존하고 자손을 남기기 위한 다양한 선택지 중에서 취한 전략적 행위의 하나라고 보는 설이 유력한 듯하다.

 한편, 심리학 분야에서도 프로이트가 주장한 공격 본능과 파괴 충동에 대해 명확하게 밝혀진 것은 없다. 오히려 인지과학이 발달하면서 인간이 공격 행위를 취할 때 인지하는 방식이나 심적 갈등을 일으키는 원인과 동기에 대한 메커니즘이 밝혀지고 있다. 이 메커니즘은 꽤나 복잡하지만 사회의 사상과 가치관 차이, 공격 대상과 주변 상황의 차이, 개인차 등에 의해 좌우된다고 한다.

개인의 공격 본능과 전쟁은 다르다

 이처럼 사람이 공격적인 행동을 하는 데에 이르기까지는 매우 복잡하고 다양한 의사결정 과정이 존재한다. 예를 들어 우리에게 공격 본능이 있다는 사실이 실제로 증명된다고 하더라도, 그 복잡한 과정에 등장하는 다양한 요소와 그것을 둘러싼 사회적 환경 요인 속에서 차지하는 비중을 생각한다면, 공격 본능이 전쟁에 영향을 미친다는 가설을 더 이상 절대적이라고 할 수 없게 될 것이다.

게다가 이 책에서 문제 삼는 집단 간의 전투 내지 전쟁이라는 것은 개인 간의 행위가 아니라, 사회적인 집단이 공통된 의사와 목적을 가지고 일으키는 것이다. 전쟁(또는 전투)에는 참가하는 개인에 대해 공동의 적을 설정하고, 그에 대한 공격 의사를 하나로 모아 일으킨 전투를 사회 사상과 규범 안에서 의미 있는 것으로 자리 잡게 만들려는 사회적인 조작이 필요하다. 그러한 의미로 집단 간의 전투는 싸움이나 살인 등 개인의 공격 행위와는 다른 차원의 문제라고 할 수 있다. 그러한 가운데 우리에게 주어진 본능의 역할은 더욱더 미비한 것이라고밖에 볼 수 없다.

오늘날 아인슈타인과 프로이트의 의견 교환에 대해서는 부정적인 견해가 많다. 알아둘 것은 이 왕복서한은 우리 인간에게 투쟁 본능이 있다는 인식을 바탕으로 한 것이라는 점이다. 또한 그것을 개인적 투쟁이 아니라, 어디까지나 사회적 행위인 전쟁으로 너무 단순하게 직결시켜버렸다. 현대 과학의 관점에서 살펴보면 두 사람의 생각은 많은 점에서 수정과 보완이 필요하다. 그러나 두 사람이 서신을 교환하는 동기가 되었던 잦은 전쟁과 그에 따른 재앙이라고 하는 위기에서 우리는 아직 도망칠 수 없다. 두 사람이 가졌던 문제의식을 이어받아 새로운 관점과 방법으로 전쟁의 근원을 해명해야 한다. 그래야 우리의 미래가 밝아질 것이다.

전쟁을 연구하는 데 고고학이 필요한 이유

개인적인 공격 행위와 집단 간의 전투 행위를 연결해주는 것은 무엇인가? 원래 개인적 행위였던 투쟁이 어떤 요인과 조작으로 인해 집단 간의 투쟁으로 조직화되는가? 오늘날 일어나는 전쟁의 근원을 풀 결정적인 열쇠가 여기에 있다. 이 점을 해결하기 위해서는 집단적 전투가 언제부터 시작되었는지를 밝히고, 당시의 경제 상황, 사람들의 생활 형태, 사회 조직, 정치 체제, 사상과 이념 등을 관찰해야 한다. 더구나 이들 각 요소 가운데 어떠한 요인이 집단 간 투쟁을 발생시켰는지를 검토하고, 더불어 그 발생이 반대로 다른 요인들에 어떠한 영향을 미쳤는지에 대한 문제도 면밀하게 찾아보아야 할 필요가 있다.

물론 집단 간에 벌어지는 전쟁의 시작과 격화激化는 과거 고대사회에서 발생한 현상이다. 게다가 대부분 인류 역사상 전쟁은 문자가 출현한 시기보다 훨씬 더 멀리 거슬러 올라간 시점에서 발생했다. 따라서 우리는 전쟁이 발생한 정확한 시기와 내용을 밝힐 단 하나의 수단을 고고학에서 찾을 수밖에 없다.

2　전쟁은 언제 시작되었는가

전투가 존재했다는 사실을 보여주는 고고학적 증거들

그렇다면 고고학에서는 어떤 방법을 통해 어떤 지역의 어느 시대에 살던 사회에서 집단 간에 전투가 발생했다는 사실을 밝힐 수 있을까? 다시 말해 무엇이 출토되어야 그곳에서 집단 간에 전투가 벌어졌다는 것을 인정할 수 있을까? 이 방법을 연구하는 데 선두에 선 사람이 국립역사민속박물관장이었던 사하라 마코토佐原真이다. 사하라는 전투의 '고고학적 증거'로 다음의 여섯 가지를 들고 있다.

　먼저 첫 번째는 무기이다. 동물을 쓰러뜨리기 위한 사냥 도구를 '무기'로 부르기도 하지만, 사하라가 고고학적 증거라고 말하는 무기란 다른 사람을 해하기 위한 도구와 다른 사람으로부터 자신의 몸을 지키기는 방어구를 말한다. 검·칼·창, 그리고 방패·갑옷·투구, 나아가 방어구를 관통시켜 우리 몸을 해칠 수 있는 크고 무거운 화살, 그리고 그것을 튕겨 날릴 수 있는 활 등이 이에 속한다.

두 번째는 방어 시설이다. 도랑[掘], 토루土壘와 벽, 방책 등을 두른 취락과 도시, 가까이 다가오는 적을 더 빨리 발견해 아군에게 연락하기 위한 망루와 봉수대 등을 말한다.

세 번째는 무기로 살해당하거나 상해를 입는 사람의 유해이다. 고고학 발굴에서 출토되는 유해의 대부분은 단순히 뼈만 남아 있는 경우가 많지만, 검이나 화살이 박힌 채로 발견되는 경우도 있다. 또한 무기로 인해 생긴 상처가 뼈에 남아 있는 경우도 있고, 목이 잘려나간 유해도 있다.

네 번째는 무기를 부장한 무덤이다. 이는 무덤의 주인이 생전에 전투 현장에서 발휘한 역할과 능력을 인정받은 인물이었다는 사실을 말해준다. 즉 '전사'라는 신분과 계층이 있었다는 증거이고, 그 사회에서 전투가 일상적으로 발생했음을 의미한다.

다섯 번째는 무기 숭배이다. 무기에 장식을 하거나, 이를 숭배 대상으로 삼아 거대화하는 것 등을 말한다. 이 역시 전투가 일반화된 사회에서 나타나는 현상이다.

마지막 여섯 번째는 전쟁의 한 장면을 표현한 예술 작품이다. 전투가 일반화된 사회에서는 전투의 한 장면이나 전사단의 행렬 등을 묘사한 회화와 부조, 전투사 인형 등이 종종 발견된다.

사하라가 제시한 여섯 개의 지표는 고고학에서 과거에 발생했던 전투를 다룰 때 중요한 이정표가 된다. 다만 세 번째 증거인 상처가 난 인골의 경우, 전투용 무기가 아닌 도구나 연장으로 인해 상처가 생긴 사례도 있다. 그러한 경우는 싸움, 살인 등의 개인 간 분쟁이 남긴 흔적일 가능성도 높다. 또한 나머지 다섯 개의 지표는 조직화된 집단 간 전투가 시작되고 사회에서 인지되는 과정을 거쳐 비로소 남게 되는 흔적이라고 볼 수 있다. 그러나 이러한 흔적을 남기지 않은 전투도 많았을 것이다.

나는 상처가 있는 인골을 제외한 다섯 개 지표는 전투의 증거라기보다는 엄밀하게 말하자면, 전쟁과 관련된 사고와 종교가 이미 그 사회에 충분하게 정착되었던 상황을 반영하는 것이라고 본다. 즉 이 증거들은 단순히 집단이 싸웠다는 표시가 아니라, 전투가 조직화되어 이를 위한 준비가 일상적으로 갖추어진 사회에서 전투가 의식적으로 정치적 행위로까지 발전했다는 사실을 의미한다고 보아야 한다. 이러한 상황에서 존재했던 전투만을 '전쟁'이라고 부른다는 단서를 붙이고, 사하라가 제시한 지표를 새롭게 '전쟁의 증거'로 취급하고자 한다.

농경사회와 전쟁

사하라의 말에 따르면 전쟁의 증거는 세계 어디에서나 농경사회가 성립된 후에 나타난다. 다만 사하라도 인정하듯이 소수의 예외는 있다. 예를 들면, 북아메리카의 북서해안에 살던 원주민은 연어 등의 어로와 수렵을 주된 생업으로 하던 시기에도, 즉 농경사회가 성립하지 않았던 기간에도 집단 간에 격하게 싸웠다는 기록이 남아 있다. 4,000~5,000년 전, 동시베리아에서 '글라즈꼬보Glazkovo 문화'를 이룬 사람들도 수렵과 어로로 생계를 유지하면서 사람을 죽이기 위한 무기를 가지고 있었다고 알려졌는데, 이들의 무덤에서는 전사자의 인골도 확인되었다.

이러한 예외가 있지만, 사하라가 말한 대로 고고학에서 밝혀진 전쟁의 증거 중 90퍼센트 이상이 농경사회에서 확인된다. 무기로 인해 상처가 난 유해가 보여주는 격한 전투의 흔적, 사람을 해하기 위한 전용 무기를 개발하고 준비해두며, 적의 공격에 대비해 견고한 방어 태세를 갖추고 전투를 일상적으로 준비하는 것, 무기를 숭배하거나 무덤에 껴묻는 데서 알 수 있는 전투와 관련되는 의례와 종교의 등장과 같은 조건들이 분명하게 나타나는 것 등은 농경사회의 특징이라고 할 수 있다. 다음 장에서 상세히 이야기하겠지만, 일본열도의 중앙 지역에서는 야요이彌生시대*에 들어와서야 전쟁의 증거가 확실하게 나타난다.

이런 증거들은 우리에게 한 가지 사실을 알려준다. 농경을 기반으로 하는 생산 조직과 생활방식의 성립이 사회적으로 인지된 조직적 투쟁이라고 일컬어지는 전쟁이 출현하는 경제적 조건이 될 수 있다는 점이다. 그렇다면 농경 중심의 생산 조직과 사람들의 생활방식이 어떠한 메커니즘으로 전쟁을 탄생시켰을까? 이 답을 알기에 앞서 인류의 농경사회가 어떠한 특성을 가졌는지 확인해둘 필요가 있다.

- 한반도로부터 벼농사와 청동기 문화가 도래하면서 일본 문화의 원형이 만들어진 시기로 알려져 있다. 야요이시대 개시 연대는 이 책에서 서기전 6~5세기로 기술되어 있지만 최근에는 8~7세기 무렵(또는 서기전 10세기)으로 보는 견해가 많다.

농경이란 우리 인류가 먹기 위한 식물을 키우고, 열매를 수확하는 것을 말한다. 농사가 매일매일 노동의 중심이 되고, 그것이 가져다주는 열매를 주된 양식으로 삼아 사람들이 살아갈 수 있게 된 사회를 '농경사회'라고 부른다. 일본열도 중앙 지역에서는 야요이시대부터가 농경사회에 해당한다.

야요이시대 이전에 존재한 조몬縄文시대°에도 농경은 실시되고 있었다고 전해진다. 서일본의 일부 지역에서는 벼까지 재배되고 있었다고 한다. 그렇지만 조몬시대의 농경은 도토리를 채집하거나 사슴과 멧돼지를 사냥하고, 물고기를 잡거나 조개를 캐는 등 다양한 식량 채취방식의 하나로 존재했다. 도토리를 얻을 수 있는 숲을 없애면서까지 논[水田]을 만들거나, 조개를 캐는 작업에 동원된 사람들을 희생하면서까지 밭의 잡초를 제거하거나 하지는 않았을 것이다. 조몬시대의 농경은 당시 사람들의 일년간 양식을 만들어내는 데까지는 이르지 못했다. 이런 의미에서 조몬시대는 정확하게 농경사회라고는 할 수 없다.

농경사회가 가진 구조적 취약성

그렇다면 왜 농경사회에서 전쟁이 발생하는 것일까? 이 질문에 대해 역사학계에서 고전적으로 제시해온 설명은 다음과 같다. 인류는 농

- 서기전 1만 3,000년 무렵부터 야요이시대가 시작되기 전까지는 수렵채집사회로, 우리나라의 신석기시대에 해당한다.

사를 통해 사냥과 어로, 채집을 하는 것보다 더 많은 생산물을 얻을 수 있다. 농사가 잘된 해에는 사람들이 한 해를 풍족히 먹고도 남을 만큼 식량에 여유가 생긴다. 남은 식량은 그대로 저장을 하든지, 다른 물건이나 재화와 교환하게 된다. 그렇게 쌓이는 것이 바로 '부$_{富}$'이다. 농경사회에서는 이렇듯 부가 발생하기 쉽기 때문에 그에 대한 쟁탈이 계기가 되어 전투가 격해진다는 것이다.

이에 대한 다른 시각도 존재한다. 인류학에서는 농경사회에 들어서 가장 먼저 나타나는 현상을 인구의 급격한 증가로 보고 있는데, 이것이야말로 전쟁이 발생하게 된 조건이라고 생각하는 사람이 많다. 나도 이 이론에 찬성하는 사람 중의 한 명이다. 그러면 왜 농경사회로 진입하면서 인구가 급증한 것일까?

먼저 농경사회에서 주된 식량인 곡물은 영양가가 높을뿐더러 소화도 잘되어 성인과 노인의 생명을 연장시켜주고, 더 나아가 어린아이와 영유아의 사망률을 낮춰준다. 즉 평균수명을 연장하는 데 큰 역할을 한다.

더구나 곡물로 질 좋은 이유식을 만들 수도 있기 때문에 영유아가 젖을 떼는 시기도 빨라진다. 결과적으로 여성 한 사람이 평생 동안 출산할 수 있는 아이의 수도 많아진다. 즉 태어나는 사람의 수가 증가하는 것이다.

또한 집단이 이동하며 생활하는 수렵사회에서는 어린아이가 거추장스러운 존재로 여겨져 집단 안에서 많이 키울 수 없는 데 비해, 일년 내내 한곳에 머물며 생활하는 농경사회에서는 어린아이들이 아무리 많아도 문제가 없다. 게다가 그들이 좀 더 성장하면, 풀 베기 등의 간단한 작업을 담당할 수 있으므로 귀중한 노동력이 된다. 어린아이들의 노동에 거의 의존하지 않는 수렵 및 어로 사회와의 큰 차이가 여기서도 보인다. 노인의 경우도 마찬가지이다. 결국 한곳에 머무르는 생활방식은 집단 내에서 노약자들이 존재하는 것을 허락한다.

위와 같은 다양한 요인으로 인해 농경사회로 순조롭게 전환된다면, 초기에 인구는 우후죽순처럼 늘어나게 된다. 이는 많은 사례를 통해서 확인된다. 인구가 증가한 후에는 이 사람들을 먹여 살릴 만큼의 곡물을 얻기 위해서 경지를 차츰 넓혀야 한다. 그러나 여기에도 물리적 한계가 존재한다. 땅에는 한계가 있기 때문에 시간이 흐를수록 인구에 대비해 경지가 줄어들고, 이는 곧 식량 부족으로 이어지게 된다. 어느 해에 가뭄이 계속되거나 홍수가 발생하면 상황은 더욱 심각해진다. 예정된 곡물의 수확이 어려워지게 되면 사람들은 기아의 위험에 노출된다.

많은 식량원을 가진 수렵·채집 사회라면 먹을 것 중 한두 종류가 채집되지 않더라도 풍부한 다른 식량원으로 보충할 수 있다. 그러나 곡물 열매에 대부분의 노동력을 쏟아부은 농경사회에서는 곡물을 수확할 수 없을 때, 그것을 보충할 수 있는 다른 식량원 역시 줄어버린 상황이 발생하는 것이 일반적이다. 예를 들어 조몬시대 사람들의 배를 채웠던 도토리가 열리던 삼림을 야요이시대의 사람들이 개간해서 논으로 만들어 곡물을 얻게 되었다고 하자. 이럴 경우 곡물 수확에 실패해도 도토리를 얻을 수 없다. 도토리를 내줄 나무가 없어졌기 때문이다. 과거에는 집단 내 모두가 알고 있던 사냥과 어로에 대한 지식도 아는 사람이 줄어들었을 것이다. 농경 생활을 하는 동안 그 방법이 전달되지 않았을 것이기 때문이다. 수렵이나 채집을 하던 시대로 되돌아가려고 해도 자연의 원래 모습을 바꾸고, 사회의 생활방식이 많이 변한 후에는 방법이 없다.

왜 전쟁은 농경사회에서 많이 일어날까

이처럼 농경을 기반으로 한 사회는 언뜻 단기간에 매년 놀라울 정도로 많은 수확을 약속하는 매력적인 곳으로 보인다. 그렇지만 몇 세대 뒤를 내다보자. 토지나 물처럼 식량 생산을 뒷받침하는 자원이 부족해지거나 기후가 불안정해지면 당장 우리에게 큰 위협이 된다. 피할 수 없는 위험을 안고 있는 사회라고 볼 수 있다.

이처럼 단일 자원에 크게 의존하면서 환경의 변화에 대한 내성이 적은 생산 조직이 성립된 것은 농경사회에서 전쟁이 시작된 이유를 설명해준다. 바로 농경 조직이 전쟁의 근본적인 경제적인 조건을 만들었을 가능성이 높다. 즉 농경사회에서 발생할 수 있는 위기에 나타나는 반응 중의 하나로 전쟁이 시작된 것으로 보인다. 인구의 증가와 흉작으로 인해 장기적으로 또는 일시적으로 부족해진 자원을 힘으로 착취하려고 한 것이 농경사회에서 발생한 전쟁의 가장 근본적인 동기라고 할 수 있다.

또한 농경사회가 불러온 생활방식의 변화도 전쟁의 원인이 되었다. 농경사회는 인류가 한곳에 머무르며 생활하는데, 이때 많은 노동력을 쏟아부어 주위의 들판을 개간하고 경지를 조성한다. 경지는 당시 사람들이 흘린 피와 땀의 결정체이자 목숨을 유지시켜주는 식량의 원천이다. 그렇기 때문에 땅을 지키고자 하는 사람들의 의식은 수렵이나 채집 사회에서 영역을 지킨다는 정도의 마음가짐보다도 몇 배나 더 진지하고 강했을 것이다. 즉 경지와 같은 명확한 부동산의 등장은 사람들의 배타적인 방어의식을 강화시키고, 싸움을 격하게 만든 큰 원인이 되었음에 틀림없다. 사하라도 최근에 농경에 더해 정주라는 현상을 전쟁 발생의 요건으로 중시하고 있다고 말한다.

이렇게 생각하면 앞서 예외로 든 사냥을 주로 하는 사회이면서도 전쟁의 흔적이 있었던 사례도 설명할 수 있다. 4,000~5,000년 전 동시베리아의 예는 알 수 없지만, 북아메리카의 북서해안에 거주하던 원주민은 매우 풍족한 연어 어장 덕분에 한곳에 머무르는 생활을 영위했으며, 따라서 인구 밀도도 높았다. 그 때문에 어장에 대한 각 집단의 배타적 규제도 심했던 것 같다. 즉 정주, 많은 인구, 자원 집중과 그에 대한 배타성을 갖추었다는 점에서 농경사회와 닮은 조건을 갖추고 있었다.

따라서 엄밀하게 말하자면 전쟁의 횟수는 인류가 농경사회를 유지했는지, 혹은 수렵·어로·채집 사회를 유지했는지에 따라 결정되는 것이 아니다. 경지나 풍부한 어장처럼 양식의 대부분을 한곳에 의존하는 주된 식량원을 가지고 정주하는 사회인가, 아니면 다양한 식량원으로부터 양식을 얻고 이주하는 사회인가가 중요하다. 자원과 생산의 형태 및 생활양식의 차이가 전쟁의 횟수와 관련될 가능성이 높은 것이다. 일반적으로 정주하는 사회는 사람들이 농사를 지어 식량을 확보하는 농경사회가 많고, 한곳에 머무르지 않고 이동하는 사회는 수렵이나 어로, 채집을 통해 식량을 확보하는 사회가 많기 때문에, 농경사회이냐 아니냐에 따라 전쟁의 횟수가 결정되는 것처럼 보이는 것뿐이다.

3 전쟁은 왜 일어나는가

조몬인은 전쟁을 거부했을까?

앞에서 살펴보았듯이 식량의 생산 조직과 당시 사람들의 생활방식은 경제적인 부분에서 전쟁의 발생과 깊이 관여되어 있다. 그러나 생산 조직과 생활방식이라는 조건이 갖추어져도 전쟁이 발발하지 않는 사회도 있었고, 그와 반대의 경우도 있었다. '예외'가 되어 그다지 주의 깊게 다루지 못했던 이러한 사실에 주목해본다면 지금까지와는 다른 관점에서 전쟁이 발생한 이유를 알 수 있을 것이다.

예를 들면, 일본의 조몬시대 중반부터 후반에 걸쳐 혼슈本州 동반부에 위치한 사회를 들 수 있다. 이곳은 단일한 종은 아니지만 특정한 식량을 대량으로 생산했고, 많은 인구를 포용했으며, 본격적으로 한 지역에 정주했다. 아오모리青森현에 위치하는 산나이마루야마三内丸山 유적 등에서 보이듯, 대규모의 취락도 존재했다. 또한 도구와 연장으로 상처가 나 있는 조몬시대의 인골이 발굴된 사례도 10가지 정도 알려져 있는 것으로 보아, 개인적인 공격 행위가 드물지 않았던 것 같다. 이러한 조건에서는 집단 간의 전쟁이 발생한다 해도 전혀 부자연스럽지 않다.

그러나 고고학적 자료로 판단하는 한, 조몬시대의 사회에서는 전쟁이 없었다. 조몬시대가 끝날 무렵에 간토関東·주부中部·세토우치瀬戸内 등의 지역에서 발견된 돌화살촉의 크기가 커지므로, 이것이 대인용 무기로 사용되었을 가능성을 제시한 견해도 있다. 그러나 이 견해도 아직 확실히 증명된 것은 아닐뿐더러, 전쟁의 존재를 말해주는 다른 증거가 거의 없다. 조몬시대 사회가 야요이시대 사회에 견주어볼 때 전쟁과는 거리가 멀었다는 점은 확실해 보인다.

최근 쓰쿠바대학교의 마크 허드슨Mark Hudson은 조몬시대의 이런 문화적 특징에 대해 흥미로운 관점을 제시했다. 허드슨은 대륙에서는 이미 서기전 6,000년경부터 농경이 시작되었는데, 당시 일본열도는 대륙과 접촉을 했음에도 불구하고 조몬시대의 사람들이 수천 년간이나 본격적으로 농경을 시작하지 않았다는 점에 주목했다. 그리고 이 지점에서 조몬시대의 사회가 이념적으로 농경에 '저항'한 것이 아닌가라고 생각했다.

허드슨의 생각이 전쟁에 적용될 수도 있다. 서기전 5,000년부터 서기전 4,000년은 일본열도의 조몬시대 중반 즈음에 해당되는 시점이다. 이 무렵 중국 대륙에서는 전쟁이라는 행위가 시작되었다. 일본열도 내에서 조몬시대가 끝나갈 무렵 중국 대륙은 전국시대에 진입했다. 고고학 자료에 의하면 중국 대륙에서 시작된 전쟁의 여파가 한반도까지 이르렀다. 하지만 일본열도의 조몬시대는 전쟁을 받아들인 낌새조차 없다. 다음 장에서 이야기하겠지만, 본격적으로 시작된 도작농경*과 전쟁은 당시 동아시아 지역의 문화를 구성하는 요소였을 것으로 생각한다. 그렇다면 이런 생각도 해볼 수 있지 않을까? 혹시 자신들만의 전통을 지키려는 경향이 강했던 조몬시대 사람들이 도작농경을 '거부'한 것과 마찬가지로 도작농경과 표리의 관계에 있던 전쟁의 도입마저 거부하는 결과로 이어졌던 것은 아니었을까?

전쟁 발동과 '사상'의 역할

이와 같이 생각해볼 때 어느 사회에서든지 전쟁이라는 행위가 나타날 수 있는 경제상·생활상의 요건이 기본적으로 갖춰져 있더라도, 전쟁이 실제로 일어나는 과정에서는 당시 사람들의 의식과 사상—여기에서 말하는 사상이란 사람들의 세계관과 사고방식을 일컫는다—적 요인이 꽤 큰 비중을 차지했을 것이라는 점 알 수 있다.

반대로 생각해보면, 어느 정도의 강력한 사상과 사회적 의식이 뒷받침된다면 경제상의 전제가 갖추어지지 않더라도 전쟁이 일어날 수 있다. 예를 들어 자원 결핍이 아직 한계에 도달하지 않은 상황과 외적에 의한 영역 침해가 아직 현실화되지 않은 상황에서도 전쟁이 발동할 수 있다는 것이다. 또한 전쟁의 요인이 된 경제적 모순이 해소

• 벼농사를 중심으로 한 농경

된 후에도 사람들의 사상과 의식을 동력 삼아 전쟁이 계속되는 경우도 적지 않을 것이다. 다음 장에서 상세히 살펴보겠지만, 일본열도 중앙에서는 자원 결핍을 계기로 발생한 야요이시대의 전쟁이 당면한 경제 위기가 해소되었음에도 끝나지 않는다. 이 전쟁은 고분古墳시대•를 지나 고대·중세까지 계속 지속된다.

경제·생활의 동인을 넘어서 전쟁을 지탱하는 의식과 사상이 전쟁 상태를 유지시키는 메커니즘을 밝히는 것은 쉽지 않다. 다만 전쟁이라는 상황을 빚어내는 이념적 환경이 전쟁 중에 태어나고 성장한 다음 세대 사람들의 인지 구조와 사고방식, 문제해결 방법 등에 결정적인 영향을 미쳤음이 틀림없다는 점은 알 수 있다. 전쟁으로 치닫기 쉬운 환경, 전사에 대한 관념, 적의 등이 세대를 넘어 계승되고 강화되어 결국 그 자체가 전쟁의 발동 요인이 되는 경우도 있었을 것이다. 지배자의 정치적 권력이 만들어지면서 국가가 탄생해가는 과정은 이러한 전쟁 의식과 사상을 발생시키고, 세대를 넘어 계속 강화해 나가는 과정과 떼려야 뗄 수 없다.

전쟁을 둘러싼 두 가지 관점

앞에서 이야기한 바와 같이 세계 공통적으로 전쟁은 농경사회처럼 단일 자원을 가진 정주사회에서 발생하기 쉽다. 여기에는 전쟁이 발

- 야요이시대 이후 서기 3세기 말부터 율령 국가 체제가 성립되는 나라시대 이전까지의 시대를 말한다. 우리나라의 삼국시대에 해당한다.

생하는 메커니즘에 관한 인류 보편의 법칙성이 확인된다. 나아가 근본적으로는 전쟁이 경제적 모순의 해결책으로써 취하는 인간 행위의 하나임을 말해준다.

다만 경제적 모순을 해결하기 위한 것에서 파생해서, 더 나아가 전쟁을 발동하게 만드는, 즉 전쟁과 관계된 의식이나 사상의 내용과 전개 양상은 지역이나 그곳에서 자라나는 민족 집단 내지는 국가에 따라 크게 달라진다. 기후와 지리 조건, 가까이 있는 사회의 존재 양상이라는 자연적·사회적 환경의 차이에서 발생하는 세계관의 차이가 각각 고유의 전쟁 조직과 군사 기술을 탄생시킨다. 이러한 다양성을 바탕으로 전사에 대한 관념, 군대의 사회적 위치, 쉽게 전쟁으로 치닫기 쉬운 민족의 성향 등 다양한 특징을 가진 전쟁과 관련한 의식 형태가 형성되어가는 것이다.

이렇게 생각할 때, 전쟁을 분석하고 전쟁을 억제시키기 위한 학문적 실천에는 두 가지 관점이 필요함을 알 수 있다. 첫 번째는 전쟁 발생의 기반이 되는 경제적 요인이다. 특정 환경 속에서 인구와 자원의 관계가 어떤 국면을 맞이했을 때 전쟁이 발생할 수 있는가? 이 분석은 전 세계적으로 장기적인 관점에서 전쟁의 발생 기반을 생각하고 미래의 전쟁을 예측하고 회피할 때 반드시 필요하다.

두 번째는 전쟁의 발발을 결정하는 의식과 사상의 요인이다. 각각의 지역과 민족, 또는 국가의 정신적·문화적·종교적 특성 속에서 전쟁이 어떠한 위치를 점하고 있는가? 이런 특성들이 어떠한 자극을 받았을 때 전쟁이라는 행위가 표면화되는가? 전쟁을 실제로 발생시키는 것은 정부 또는 왕, 민회, 부족회의 등에 의한 정치적 결정이지만,

그 결정은 독단에 의한 것이 아니다. 당시 사회를 구성하는 다양한 사람들이 갖고 있는 전쟁에 대한 전통적인 생각과 태도와 심리에 의해 규정된다. 이에 대한 분석은 국가와 민족 차원에서 전쟁 발생의 메커니즘을 파악하고 앞으로의 전쟁 발발을 억제시켜나갈 때 유효하다.

이 두 가지 외에 세 번째로는 정치학적으로 전쟁을 이해하는 방식이다. 전쟁을 정치·외교의 수단으로 간주하고, 국제관계 속에서 특정 국가와 민족이 전쟁을 발동시키는 역학을 분석하는 방법이다. 그러나 세 번째 요소는 첫 번째와 두 번째 요소를 기반으로 해서 형성된 가장 표면적인 사상事象에 관한 관점이다. 또한 주로 근대 이후의 전쟁에 대해 유효한 분석이므로, 이 책에서 다루는 중세 이전에 발생한 전쟁을 분석하는 관점으로는 약간 맞지 않다. 따라서 앞으로는 자원과 인구를 축으로 하는 경제적 요인 및 전쟁에 참여한 다양한 계층의 사람들이 가졌던 전투에 관한 의식·사상적 요인이라는 두 가지 분석 시점으로 일본열도 중앙부의 무기와 전투의 발자취를 살펴보고자 한다.

2장

전사의 탄생
― 야요이시대의 전투

1 | 전투가 시작되는 일본열도

한반도에서 건너온 가장 오래된 무기

농경사회로의 돌입, 좀 더 엄밀하게 말하자면 '농경사회에서도 압도적으로 많은 식량 생산과 이에 걸맞은 생활양식을 갖춘 사회'로의 이행이 전쟁이라고 부를 수 있는 본격적인 집단 간 투쟁의 근본적인 전제가 된다는 점은 앞서 이미 이야기했다. 지금부터는 일본열도 중앙부의 많은 곳에서 이러한 사회로 옮겨가는 변화가 시작한 야요이 대에, 어떤 과정을 거쳐 전쟁이 발생하고 확산되었는지를 확인하고자 한다. 본격적인 벼농사가 최초로 전해진 규슈九州 북부에 위치한 겐카이나다玄海灘 연안 지방[지금의 후쿠오카(福岡)현과 사가(佐賀)현 북부]의 모습부터 살펴보자.

바다를 사이에 둔 한반도로부터 벼농사의 생활양식과 기술을 지닌 사람들이 이 지역 해안으로 들어와 살기 시작한 것은 서기전 5세기부

자료 1 규슈 북부에서 가장 오래된 무기. 간돌검[磨製石劍]과 간돌화살촉[磨製石鏃]. 사가현 가라츠시 나바타케 유적에서 출토(가라츠시교육위원회 제공)

터 서기전 4세기경이라고 추정된다. 일본열도 원주민에 비해 비교적 큰 키에 긴 얼굴형을 가진 이들은 일본열도에 상륙하자마자 큰 돌도끼를 사용해 삼림을 개간해서 논을 만들고 고향에서 가져 온 볍씨를 뿌렸다. '가장 오래된 논'으로 유명한 사가현 가라츠唐津시에 위치한 나바타케菜畑 유적의 논 유구는 그들이 개간한 곳 중 하나이다.

현재 일본열도에서 확인할 수 있는 가장 오래된 무기는 사실 그들이 남긴 유적에서 출토된다. '혼펠스hornfels'라고 불리는 입자가 고운 퇴적암을 연마해 만든 단검과 화살촉이다. 그들의 무기는 한반도 남부에서 사용되던 것과 같아, '한반도계 마제석검(간돌검)·마제석촉(간돌화살촉)'이라고 불린다. 아마도 그들의 고향인 한반도에서 가져온 것일 터이다. 사람을 해치기 위한 무기는 한반도에서 도작문화와 함

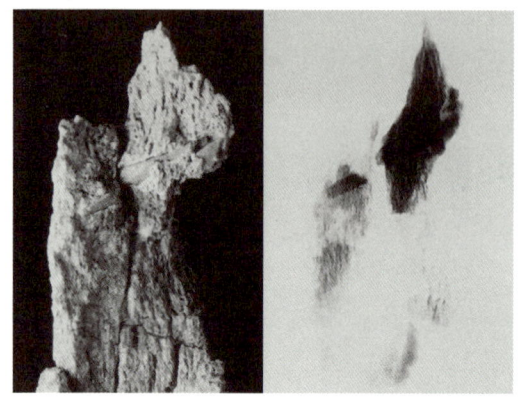

자료 2 최초의 전쟁 희생자 대퇴골에 박힌 간돌화살촉. 후쿠오카현 이토시마시 신마치 유적에서 출토(이토코쿠역사박물관 제공)

께 전해지면서 비로소 일본열도에 출현한다.

그 마제석촉이 유해에 박힌 예가 후쿠오카현 시마쵸志摩町의 신마치新町 유적에서 발견되었다. 야요이시대 초 무렵 목관에 묻힌 것으로 추정되는 중년 남성의 왼쪽 넓적다리에 길이 약 13센티미터의 한반도계 마제석촉이 뒤에서부터 관통해 대퇴골 가장 윗부분 가까이에 박혀 부러져 있다. 누군가가 죽은 이의 배후에서 활을 쏘아 왼쪽 엉덩이 아래에 화살촉을 명중시킨 것이다. 이것이 치명상이었는지 어떤지는 모르지만, 화살촉에 찔린 부위의 뼈에서 치유된 흔적이 보이지 않으므로 이 상처를 입었을 때 그는 바로 목숨을 잃었던 것 같다.

더욱 흥미로운 것은 관 아래에 작은 구덩이가 있었는데, 그 안에서 다른 인물의 치아가 발견되었다는 점이다. 작은 구덩이에는 죽은 이가 아닌 다른 사람의 머리가 놓여 있었다고 추측되는데, 치아를 분석한 결과에 따르면 소년 또는 청년이라고 한다. 이 머리 유골은 많은 상상을 불러일으킨다. 무덤의 주인이 있는 힘을 다해 싸워 젊은이, 즉

'적의 머리를 베는 것[首級]'에는 성공했지만, 결국 전투의 상처로 인해 죽음에 이른 것일까? 아니면 무덤 주인을 죽인 것에 대한 복수로 같은 취락의 사람이 '적의 머리를 베어' 무덤에 같이 매장한 것일까?

'전투 사고'의 전래

서기전 5세기부터 서기전 4세기경에 이르러 본격적인 벼농사와 함께 쓰시마対馬 해협을 건너 규슈 북쪽 해안으로 전해진 것은 무기만이 아니다. 취락 주위에 방어용의 도랑을 설치하는 습성도 함께 한반도로부터 전해졌을 가능성이 높다. 이른바 환호취락•이다. 후쿠오카시의 나카那珂 유적과 에츠지江辻 유적 등은 서기전 5세기에서 서기전 4세기경까지 소급되는 가장 오래된 환호취락이라고 일컬어진다.

한반도는 일본열도보다 더 오래전인 서기전 1,000년경에 도작농경사회로 진입한다. 그리고 서기전 6세기경에는 청동과 돌로 만든 단검과 화살촉 등 사람을 쓰러뜨리기 위한 무기가 출현한다. 무기를 갖춘 이 시기의 무덤도 발견된다. 이러한 양상은 농경사회에 들어서 증가한 인구가 전투를 발생시키고 격화시켜 나타나는 현상으로 보이기도 하지만, 전쟁의 요인은 그것만이 아니다. 군웅들이 서로 다투는 춘추전국시대에 중국 대륙의 동란이 동북부로 확산되는 가운데, 이민이나 난민과 함께 전쟁에 대한 지식과 무기가 당시 근접해 있던 한반도

• 외침에서 집단주거지역을 보호하기 위해 시설한 호(濠)로, 한반도에서는 청동기시대부터 보인다.

북부로 먼저 흘러들어와 마침내 남부까지 전해졌다. 중국 대륙을 진원으로 하는 이러한 움직임이 한반도의 무기 기술 발달과 전쟁의 발발에 영향을 미치고, 당시 사회를 크게 흔들어놓은 것이다. 나중에 일본열도로 전해진 한반도계 마제석검·마제석촉과 환호취락도 이러한 격동 속에서 만들어진 것이다.

벼농사와 함께 무기를 지니고 쓰시마 해협을 건너 규슈 북쪽 해안에 상륙한 사람들은 이처럼 이미 무기와 전쟁에 대해 잘 알고 있던 격동의 한반도에서 태어나고 자란 이들이었다. 경우에 따라 다르지만 그들은 격동 속에서 쫓겨나 새로운 땅을 찾아 건너왔을지도 모른다. 어떻든 그들은 도구로서의 무기만이 아니라, 집단을 아우르는 조직적인 무력으로 문제를 해결하는 전란사회의 사고를 가지고 있었고, 이것을 하나의 사회적인 행동원리로 삼았던 것으로 보인다. 항상 무기를 주위에 준비해두고 취락 주위에 도랑을 둘러 적을 경계하는 습성은 바로 그 행동원리의 표현이라고 할 수 있다.

이에 비해 그들을 맞이한 서일본 지역의 조몬인들은 전투를 알고 있었지만, 집단 전체가 조직적으로 전투 행동을 취하며 움직이는 사회적인 행동원리를 가지고 있지 않았다. 그전까지 그들은 그런 장면을 볼 기회도 거의 없었다. 같은 시기의 고대 중국과 한반도에 견주어 볼 때, 사람을 쓰러뜨리기 위한 무기도 없고 방어취락이 견고하지 않다는 점에서 이 사실은 확실해 보인다.

서기전 5세기부터 서기전 4세기에 바다를 건너 규슈 북부로 전해진 무기와 환호취락은 이처럼 비교적 평온했던 사회 속에 전란사회의 행동원리가 갑자기 들어왔다는 증거가 될 수 있다. 국립역사민속박물관의 후지오 신이치로藤尾慎一郎 등은 벼농사와 함께 이러한 '전투 사고'가 한반도로부터 전해진 것이 야요이시대에 본격적인 전쟁의 포문을 열었다고 생각한다. 나도 이에 찬성한다.

도래인 대 조몬인, 그들은 전쟁을 했는가?

전투 사고를 가지고 일본열도로 건너온 사람들, 도래인은 어떤 사람들을 대상으로 무기를 겨누고, 어떤 이유로 무기를 휘둘렀을까? 그들의 상대는 조몬시대부터 일본열도에 살고 있던 토착 원주민들로 보는 견해가 많다. 대대로 토착 원주민들이 지켜온 삼림에 도래인이 들어와 땅을 개간해 논을 만들었던 것이 전투의 원인이 되었다고 보는 것이 '도래인 대 조몬인'이라는 전투 도식의 근간이 된다.

이에 대해 흥미로운 자료가 있다. 앞서 소개한 신마치 유적에서 발굴된 인골이다. 한반도계 마제석촉이 왼쪽 넓적다리에 깊이 박힌 이 중년 남성은 뼈를 보면, 토착인, 즉 조몬인의 체격을 갖추고 있다. 게다가 발견된 유골의 치아에서는 조몬시대 이후의 오랜 인습인 발치흔•[拔齒]이 확인되었다. 몸도 영혼도 조몬인처럼 보이는 남자에게 박힌 한반도계 무기. 도래인이 무기를 휘두르며 조몬인을 공격하는 상황이 눈에 선하다. 사실 그러한 장면이 실제로 벌어졌음에 틀림없다.

그러나 조몬인의 체질과 인습을 계승한 것으로 보이는 이 남성의

• 통과의례의 일종으로 치아의 일부를 뽑는 풍습

무덤은 한반도 식의 묘표*를 갖추고 있는 집단묘 가운데 있었다. 그의 무덤은 지석묘**로 불리는 돌을 조합한 한반도식이었다. 신마치 유적에서 발견된 중년 남성은 한반도에 연고를 둔 새로운 장의 풍습을 받아들인 집단에 속해 있었던 것으로 보인다. 그리고 그의 관 아래에 묻힌 젊은이의 두부는 이 집단이 전투를 할 때, 적의 머리를 절단하는 관습을 가지고 있었다는 증거일 것이다. 이러한 관습은 조몬 사회에 없었다.

이렇게 보면, 조몬시대 이후의 토착인들로 구성된 집단도 도래인 집단과 접촉함으로써 벼농사를 비롯한 새로운 생활양식과 행동원리, 그리고 습성을 짧은 기간 안에 받아들였을 가능성이 높다. 전투 사고와 그에 수반되는 무기와 전술, 전장에서의 관습 등도 여기에 포함되어 있었을 것이다. 그렇게 하여 조몬인도 자신들의 전통을 일부 잊어버리는 한편, 도래인 집단도 세대가 교체되면서 고향의 전통이 희석되어간 것으로 보인다. 그리고 마침내 야요이시대에 이르러서는 일본열도의 농경민으로서 서로 융합되어갔다.

도래인이 전투 사고를 지니고 한반도에서 일본열도로 건너왔던 초기는 도래인 대 조몬인이라는 분쟁의 도식도 일부 있었을 것이다. 그러나 얼마 지나지 않아 서로 변질되고 동화되면서 야요이시대에 이르러서는 농경민 간의 전투로 발전했다.

- * 무덤 앞에 세우는 표시 돌
- ** 돌로 만든 선사시대의 무덤, 고인돌이라고도 함.

점점 더 확산되는 전쟁

서기전 5세기부터 서기전 4세기의 규슈 북부에서 발생한 위와 같은 상황은 서기전 3세기경에 이르러 세토우치와 긴키近畿 등 서일본 각지로 확산된다.

가장 먼저 발견되는 것은 규슈 북부에 나타났던 것과 같은 환호취락이다. 고베神戸시의 다이카이大開 유적을 가장 오래된 예로 해서, 히로시마広島현 간나베쵸神辺町의 오미야大宮 유적·간나베고료神辺御領 유적, 오카야마岡山현 야카게쵸矢掛町의 시미즈다니清水谷 유적, 가가와香

자료 3 환호취락이 발견된 오카야마현 야카게쵸의 시미즈타니 유적(야카게쵸교육위원회 제공)

川현 시도쵸志度町**의 가베鴨部·가와타川田 유적, 오사카大阪부 다카츠키高槻시의 아마安満 유적 등이 잘 알려져 있다. 간나베고료 유적과 시미즈다니 유적에서 발견된 환호취락은 환호를 따라 목책이 둘러져 있다.

　환호취락과 더불어 사람을 공격하기 위한 무기가 출토된다. 다만 이 지역의 무기는 규슈 북부의 것과 약간 다르다. 규슈의 것은 돌을 갈아 만든 것인 데 비해, 이 지역의 것은 돌을 쳐서 떼어내 만든 것이다. 타제단검(뗀돌단검)과 타제석촉(뗀돌화살촉)의 전형적인 예가 오사카부 히가시오사카東大阪시와 야오八尾시에 걸쳐 있는 야마가山賀 유적에서 출토되었다. 가장 큰 타제석검은 길이 21.1센티미터, 폭 5.8센티미터로 예리한 날이 세워져 있다. 타제석촉은 조몬시대 이래로 삼각형인 것을 크게 만든 것이 많으나, 버드나무 잎같이 생긴 것도 있다. 이외에 서기전 3세기에도, 동일한 형태의 타제단검과 대형 석촉이 오카야마, 가가와, 도쿠시마德島 등지에서 출토되는 것을 볼 수 있다.

　상처가 난 유해도 발견되었다. 고베시에 위치한 신포新方 유적의 묘지에서 일렬로 매장된 남성 3인의 유골에서 각각 타제석촉이 발견된 것이다. 그중에서도 3호 인골로 불리는 장년에서 중년으로 보이는 탄탄한 체격을 지닌 남성은 머리부터 몸통과 팔에 걸쳐 타제석촉이 17점이나 박혀 있었다. 여러 방향에서 활로 집중 공격을 받은 것 같은데, 이것이 죽음에 이르는 치명상이 되었을 것으로 보인다. 그 밖에 장년 1호 인골의 몸통, 또 다른 장년에서 중년으로 보이는 2호 인

- 　2006년 후쿠야마(福山)시로 변경됨.
- ・・　2002년 사누키(さぬき)시로 변경됨.

골의 가슴에도 각각 하나씩 타제석촉이 박혀 있었다. 확증은 없지만, 일렬로 묻혀 있는 점으로 보아 같은 전투에서 목숨을 잃은 남자들의 무덤일지도 모른다.

규슈 북부보다 100년 정도 더 늦게 위와 같은 전투의 증거가 나타나는 이 지역에서는 전투 발생에 영향을 미친 도래인의 역할도 그렇게 직접적이진 않았던 것 같다. 사실 한반도계 마제석촉과 마제석검 등 도래인 및 그와 관련된 사람들이 실제로 가지고 온 무기가 발견되는 경우는 매우 드물다. 이 지방의 무기인 타제석검과 대형 타제석촉은 돌을 떼어 내

자료 4 긴키 지역에서 가장 오래된 무기. 오사카부 야마가 유적에서 출토(공익재단법인 오사카부문화재센터 제공)

어 형태를 만드는 조몬시대 이후의 전통 기술로 만들어진 것이다.

그러나 석검과 석촉, 즉 단검과 궁시라는 무기의 조합 자체는 도래인이 가지고 온 것과 동일하다. 얼핏 조몬시대의 것처럼 보이는 타제석검과 타제석촉 역시 한반도계 마제석검이나 마제석촉과 동일한 전술을 구사하는 데 사용된 것으로 보인다. 시험 삼아 타제석검과 한반도계 마제석검을 나란히 놓아보면, 기법 차이는 별개로 하더라도 날과 손잡이 형태, 그리고 길이가 매우 유사하다는 것을 알 수 있다. 오사카부문화재조사연구센터의 무라타 사치코村田幸子가 타제석검은 한

반도계 마제석검의 형태를 조몬 식의 타제 기술로 베껴 내어 만들어 낸 것이라고 이야기했는데, 나 역시도 이 의견에 찬성한다. 또한 대형 타제석촉 가운데 유엽형*을 띤 모양과 화살대에 붙이기 위해 슴베**를 만든 유형은 한반도계 마제석촉 특유의 날 형태와 활에 장착하는 방법을 도입한 것임에 틀림없다. 대형 타제석촉 일부도 한반도계 마제석촉 형태를 의식해 만든 것일 터이다.

도래인이 가져온 무기를 조몬시대 이후의 원주민은 꼼꼼히 살펴보았을 것이다. 그들은 무기의 형태를 보고 뭔가 느낀 것이 있었던 것일까? 아니면 그것으로 인한 상처를 입은 탓에 무기의 강력한 위력을 알고 있었던 것일까? 구체적인 사정은 상상에 맡길 수밖에 없지만, 확실한 것은 조몬인들이 그들의 기술로 베껴 내어 타제석검, 타제석촉을 사용하게 되었다는 사실이다. 규슈에서 약간 동쪽으로 떨어져 있는 이 지역의 원주민도 벼농사를 습득하고 야요이시대의 농경민으로 전환되어가는 수 세대 동안 쌀과 함께 들어온 전투 사고를 스스로 자신들의 행동원리 속에 받아들이고, 이를 위한 도구를 만들어냈다. 이때 환호취락도 무기와 함께 도입되었을 것이다.

야요이시대의 제1기 항쟁

규슈 북부 해안보다 약간 늦어졌지만, 이런 과정을 통해 도래인이 가

-     * 버드나무 잎 모양
-     ** 칼과 살촉 등에서 자루나 살대 속에 들어가는 부분

져온 전투 사고는 서기전 3세기경 동쪽으로 확산되었다. 그 경로는 세토우치뿐이 아니었던 것 같다. 최근에 계속해서 발견되고 있는 환호취락은 동해를 따라 마츠에松江시 부근부터 다이센大山 기슭에 걸쳐 있다. 단고丹後에도 환호취락이 알려져 있다. 태평양 해안에 자리 잡은 고치高知현 난코쿠南國시의 다무라田村 유적에서는 이 무렵의 대규모 환호취락이 발견되기도 했다.

앞서 살펴봤듯이, 서기전 5세기부터 서기전 4세기에 걸쳐서 먼저 규슈 북쪽 해안에서 시작한 야요이시대 농경민의 전투는 서기전 3세기 즈음에는 주고쿠中國·시코쿠四國 지역에서 긴키·도카이東海 지역까지 확산되었다. 이 전투는 한반도에서 건너온 전투 사고가 벼농사를 시작하기에 앞서 조금이라도 좋은 장소를 차지하려는 집단 간의 긴장관계라는 '화약'에 불을 붙임으로써 한순간에 발화하기 시작했다고 봐도 무방할 것이다.

벼농사 초기에 규슈로부터 동쪽으로 확산된 전투는 벼농사를 위해 조금이라도 유리한 영역을 확보하려는 농경민 집단 사이에서 비롯되었다. 국립역사민속박물관의 하루나리 히데지春成秀爾는 이 전투가 처음에는 벼농사에 유리한 위치를 선점한 집단과 나중에 그 위치를 노리는 집단이 경작지를 두고 벌인 전투였다고 생각한다. 또한 이 무렵부터 겐카이나다 연안 근처의 평야에서 각 집단의 영역으로 여겨지던 농사를 위한 토지가 이미 부족해지기 시작했다고 보는 견해도 있다. 어찌 되었든 일본열도에서 농경을 갓 시작한 집단들이 각각 힘을 겨뤄서 벼농사에 유리한 장소를 획득하고, 영역을 만들어 집단의 거주지로 확정하기까지 일련의 전투는 계속되었을 것이다. 이것을 본격적인 벼농사의 시작과 함께 열리는 야요이시대의 '제1기 항쟁'이라고 부르고자 한다.

2

격화되는
전   투

규슈 북부의 전사자들

제1기 항쟁 이후 얼마간은 무기가 발달한 양상이나 상처를 입은 인골이 더 늘어가는 현상이 그다지 두드러지지 않는 시기가 도래한다. 전투가 없어졌다고 볼 수는 없지만, 제1기 항쟁을 거쳐 각 집단의 영역이 안정되면서 분쟁이 일단락되는 시기가 있었던 것으로 생각해볼 수 있다.

그러나 규슈 북부에서는 그로부터 수 세대 후인 서기전 3세기부터 서기전 2세기에 들어설 즈음 다시 전투가 격해진 것처럼 보인다. 아마도 벼농사가 본격화되고 인구가 증가함에 따라 그들을 먹여 살릴 토지가 부족해지자, 집단 간에 토지를 둘러싼 대립을 거듭하는 단계에 들어섰던 것으로 보인다.

전투가 격화되었음을 보여주는 여러 가지 증거가 있다. 우선 무기의 발달을 들 수 있다. 앞서 말한 제1기 항쟁에서 사용된 무기가 대부분 한반도에서 건너온 것으로 보이는 데 비해, 이 무렵부터는 규슈 북부에서 독자적으로 융합된 석제 무기가 출토된다. 한반도계 마제석촉을 넓고 짧게 만든 형태와 슴베가 없는 삼각형의 마제석촉은 규슈 북부에서 처음 만들어진 것이다. 마제석검은 한반도에서 건너온 것과 같이 손잡이를 직접 만들지 않고, 나무 같은 것을 사용해 손잡이를 따로 만들어 붙여 사용하는 형태가 만들어졌다. 이 석촉과 석검은 당시 한반도계의 것과 비하면 모두 많은 양을 만드는 데 적합한 간소하고 실용적인 형태를 갖추었다.

게다가 이때부터 청동으로 만든 단검·창·꺾창[戈]이 한반도로부터 새롭게 유입된다. 금속제 무기의 출현이다. 이것들은 서기전 5세기부터 서기전 4세기에 이르러 벼농사와 전투가 전해진 제1의 파급과도 연결된다. 말하자면 제2의 파급 때 도래인이 가지고 들어온 것으로, 얼마 지나지 않아 규슈 북부에서도 만들어지게 된다. 단검 외에 창·꺾창이라는 긴 손잡이를 붙인 새로운 종류의 무기가 출현했다는 점에서 의미가 크다. 창은 기부의 공부鉾部•에 창과 일직선이 되도록 긴 자루를 끼워 결합하여, 양손으로 긴 자루를 쥐고 적을 힘껏 찌른다. 꺾창은 창과 긴 자루가 거의 직각이 되도록 결합한 것으로, 양손으로 긴 자루를 쥐고 안쪽으로 휘둘러 낚아채듯이 적을 벤다. 이 모양은 돌로 만든 마제석과(돌꺾창)에도 나타난다. 긴 자루를 가진 무기의 등장은 전투 장면을 크게 바꾸었을 것이다.

• 자루를 끼울 수 있도록 창 아래 쪽에 만든 구멍

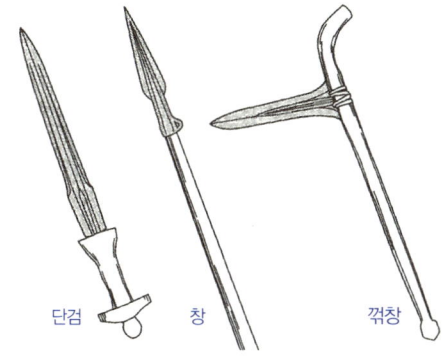

단검 　　　창　　　꺾창

자료 5 단검과 창과 꺾창(松木武彦, 《列島創世記》, 全集日本の歷史 1, 小学館, 2007)

　무기의 발달은 그 이후에도 계속된다. 서기전 1세기경이 되면, 이번에는 철로 만든 단검과 창, 화살촉 등이 한반도에서 전해진다. 그리고 청동 이상으로 강하고 뛰어난 살상력이 인정된 철제 무기는 곧 규슈 북부에서도 만들어지게 된다.
　이와 함께 청동 무기는 주력 실용 무기로서의 짧은 생을 마치고, 그 재질이 보여주는 아름다움을 살려 제사 도구로 발달해간다. 한편, 성능에서도 미적 수준에서도 금속에 미치지 못한 석제 무기는 서기전 1세기경부터 점차 사용하지 않게 되어 서서히 줄어든다.
　빠른 무기의 발달에 호응하듯이 상처를 입은 유해의 수도 급작스럽게 늘어난다. 다행스럽게도 이 지역에서는 유해를 큰 옹(옹관)에 넣어 매장하는 풍습이 있었기 때문에, 인골이 잘 보존되어 무기로 인한 상처 등을 쉽게 발견할 수 있는 상태로 남아 있다. 이 분야의 연구를 주도하고 있는 후쿠오카현교육위원회의 하시구치 타츠야橋口達也의 말에 의하면, 이 시기의 전사자·전상자戰傷者라고 생각되는 유골은 약

70구 정도이다. 그중에는 새롭게 등장한 청동과 철로 만든 무기에 의한 사상자로 보이는 경우도 적지 않다.

예를 들면, 후쿠오카현 지쿠시노筑紫野시의 나가오카永岡 유적에 있는 서기전 2세기경 만들어진 것으로 보이는 묘지에서 발견된 중년 남성의 등허리에는 아래에서 위쪽으로 향하는 각도로 동검이 박혀 있는데, 날끝이 엉덩이뼈[腸骨]에 부딪혀 부러져 있었다. 형질인류학을 공부한 나카하시 타카히로中橋孝博 등의 말에 따르면 날끝 주위에 뼈가 증식되어 있었다고 하는데, 이로 보아 상처를 입은 후에도 한동안은 살아 있었던 것 같다. 또한 같은 묘지에 묻힌 젊은 남성은 뒤에서 허리에 동검이 찔려 날끝이 천골薦骨에 부딪혀 부러졌다. 더구나 복부를 찔렀다고 생각되는 마제석검의 날끝도 출토되었다. 이 젊은이는 적어도 신체의 두 부분에서 치명상을 입었던 것 같다. 하시구치는 당시 치명상을 입은 그가 거의 즉사했을 것이라고 말한다.

또한 서기전 3세기부터 서기전 1세기 사이에 목이 잘린 것으로 보이는 확실한 사례도 있다. 네 군데서 목이 없는 유해가 발견되었다. 당시 사람들의 목은 철로 만든 날로 절단되었을 것이다. 반대로 사람의 머리만을 모아둔 경우도 있다. 두 군데서 사람의 머리만 남은 유해가 발견되었다.

방어 시설로는 환호취락이 계속해서 만들어졌다. 제1기 항쟁 시기의 환호취락이 주로 겐카이나다에 접하고 있는 후쿠오카 평야에 조성되었는 데 비해, 이 시기에는 남쪽의 사가 평야와 그곳과 경계가 되는 미쿠니三国 구릉 일대로 분포가 넓어진다. 전투의 범위가 넓어지고 있었음을 말해주는 것 같다. 더구나 무기를 무덤에 부장하는 풍습

자료 6 동검 날끝이 천골薦骨에 박힌 젊은 남성의 유골. 후쿠오카현 지쿠시노시 나가오카 유적에서 출토(지쿠시노시교육위원회 소장)

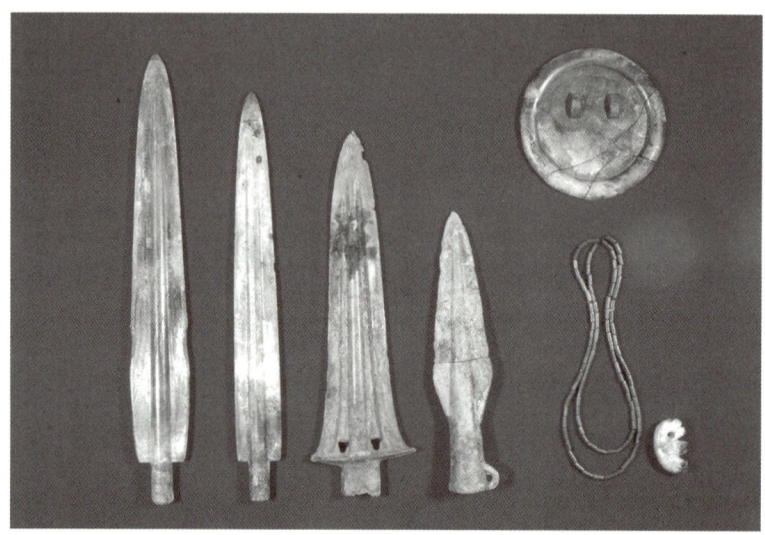

자료 7 위는 후쿠오카현 후쿠오카시 요시타케타카기 유적 3호 목관묘(널무덤)의 껴묻거리. 왼쪽부터 동검 2점, 동과[꺾창], 동모[창]. 아래는 3호 목관묘에서 출토된 유물들(모두 후쿠오카시매장문화재센터 소장)

도 성행한다. 초기에 부장되는 무기는 주로 마제석검 및 청동 단검·창·꺾창이다. 예를 들어 후쿠오카시의 요시타케타카기吉武高木 유적에서는 청동 단검·창·꺾창을 포함한 네 점의 무기와 거울·옥을 부장한 목관묘(널무덤)가 발견되었다. 이 무덤의 주인은 당시 해당 지역을 다스리던 집단의 우두머리였을 것이다. 또한 마찬가지로 청동 검과 창, 꺾창을 한두 점씩 부장한 무덤이 그 주위에 여덟 기, 근처의 요시타케오이시吉武大石 유적에 이런 무덤이 10기 정도가 있다. 이 무덤들의 주인은 귀중한 청동제 무기를 가질 수 있는 높은 신분의 사람으로, 생전에 전투에서 활약을 인정받은 유력한 전사들이었을 것이다.

긴키의 전사자들

한편, 주고쿠·시코쿠 지역과 긴키·도카이 지역에서 다시 격렬한 전투가 증가한 것으로 보이는데, 그 증거가 나타나기 시작하는 것은 제1기 항쟁으로부터 수 세대를 지난 서기전 1세기에 들어왔을 무렵이다. 가장 확실한 증거로는 대형 타제석촉이 발달하고 증가한 것을 들 수 있다. 길이 3센티미터 이상, 때로는 6~7센티미터에 달하는 대형 석촉이 하나의 취락에서 몇백 점이나 출토된다. 또한 타제석검도 양산되고 마제석검도 추가된다. 게다가 규슈 북부만큼은 아니지만 청동과 철제 무기가 출현해 사람들이 사용한 흔적이 있다. 규슈와 마찬가지로 돌로 만든 꺾창도 출토되는데, 다른 점이 있다면 규슈의 것은 마제이고 이쪽은 타제석과이다. 조금씩 전해지던 청동과 철제 무기의 영향을 받아 전통적인 타제 기술에 의존하면서 석제 무기를 계속 개발한 모습을 엿볼 수 있다. 이 지역에서 석제 무기가 점점 줄어들고 본격적으로 철제 무기가 등장한 시점은 규슈 북부보다 약간 늦다.

이 지역은 규슈에 비하면 인골의 잔존 상태가 좋지 않기 때문에 전사자와 전상자의 유해가 많지 않다. 그래도 최근 조사가 시작되면서 유해가 계속 늘어가고 있는데, 지금은 10구 정도가 나온 것으로 알려져 있다. 더 굉장한 것이 있다. 나라현의 시부四分 유적에서 발굴된 유해인데, 하나의 목관에 함께 묻힌 젊은 남녀 유골 각각에 그 흔적이 있다. 여성은 흉부에서 타제석촉이 한 점 발견되었다. 화살에 쏘인 것일까? 남성은 등과 허리 좌우에서 왼쪽 견갑골과 좌우 장골腸骨 쪽으로 철제 무기에 찔리거나 베인 상처가 몇 군데 확인된다. 게다가 왼쪽 눈 주위는 예리한 흉기로 뼈까지 절단되어 있다. 아마 안면이 석류처럼 되었을 것이다. 참살이다.

교토京都시의 히가시츠치카와東土川 유적에서는 일고여덟 점의 마제석검과 12점의 타제석촉에 찔린 인물의 무덤이 발견되었다. 안타깝게도 인골이 남아 있지 않지만, 이 무기들의 출토 위치와 부러진 면을 정밀하게 검토한 결과, 역시 인체를 찌르거나 쏘았을 가능성이 높은 것으로 밝혀졌다. 히가시츠치카와 유적에서 발굴된 유해와 마찬가지로 활로 집중 공격을 받았다고 생각되는 사례가 오사카부 시죠나와테四条畷시의 가리야雁屋 유적, 오카야마시의 시미즈다니 유적 등에서도 발견된다.

동검에 찔린 사람도 있다. 고베시 서쪽 해안에 있는 다마츠타나카玉津田中 유적에서 나온 유해로, 목관에 묻힌 채 발견되었는데 성별을 알 수 없는 30세 정도의 사람이다. 배 부근에 길이 4.8센티미터의 동검 날끝이 있고 새까만 유기질의 먼지 같은 것이 붙어 있다. 생물화학적 방법으로 분석해봤더니 지방 성분이 검출되어 날끝이 사람 몸에 박혀 있었다는 사실이 밝혀졌다.

방어 시설이 충실하게 갖추어지는 것은 규슈 이상일지도 모른다. 먼저 환호취락이다. 주고쿠·시코쿠의 세토나이카이 해 연안과 동해 연안, 긴키의 오사카 평야와 나라 분지, 도카이의 노비濃尾 평야 등에서 지금까지 없던 큰 환호취락이 등장한다. 그중에서도 오사카 평야의 이케가미소네池上曽根 유적[이즈미(和泉)시에서 이즈미오츠(泉大津)시까지], 나라 분지의 가라코唐子·카기鍵 유적[다와라모토쵸(田原本町)], 노비 평야의 아사히朝日 유적[아이치(愛知)현 교스쵸(清洲町)·하루히쵸(春日町)·신카와쵸(新川町)·나고야(名古屋)시]은 지명도를 포함해 이 지역을 대표하는 3대 환호취락이라고 할 수 있다.

모두 적어도 2~3중의 환호와 그 사이에 끼인 토루로 엄중하게 둘러싸여 있다. 환호 바닥과 토루 정상의 높이 차가 3~4미터는 되지 않을까? 누구나 간단히 돌파할 수 있는 것이 아니었을 것이다. 토루 위에는 목책이 있었을지도 모르고, 환호의 바닥은 생활 폐수와 오물이 흙과 뒤섞여 악취가 진동했을 것이다. 마치 한번 빠지면 움직일 수조차 없는 늪과 같았을지도 모른다. 환호는 흙이나 오물 등으로 쉽게 메워지기 때문에 오히려 방어에 도움이 되지 않았을 것이라는 의견도 종종 있지만, 토루의 높이를 생각하면 바닥을 판 직후의 바닥이 진흙과 오물이 쌓인 상태인 것이 깨끗했을 때보다 방어적인 면에서는 훨씬 더 효과를 발휘했을 것으로 생각된다. 게다가 아사히 유적에서는 환호 외측에 난항亂杭*과 녹채鹿砦**로 불리는 방벽 모양의 나무 장애물을 설치했음을 알 수 있다. 아사히 유적으로 들어온 침입자는 난항·녹채·도랑·토루라는 몇 중으로 둘러진 방어선을 돌파해야 했다.

환호취락은 이 시기에 태평양 연안을 따라 훨씬 동쪽의 간토 평야까지 확산되었다. 대부분은 구릉 위에 한 줄의 도랑을 두른 것이다. 다만 간토 지역에서는 이 시기 이전에는 전투의 흔적이 적고, 겨우 이 시기에 이르러서야 야요이시대의 제1기 항쟁에 해당하는 농경 초기의 전투가 시작되었을 가능성이 있는 것으로 보인다.

이상과 같이 주고쿠·시코쿠 지역부터 동쪽 지역까지도 규슈 북부보다 조금 지체되었지만 전투가 가속화되는 시기가 있었다. 우리는 그 사실을 말해주는 수많은 흔적을 찾아볼 수 있다.

누구와 누가 싸웠는가?

서기전 3세기부터 서기전 2세기에 들어설 무렵의 규슈 북부와 서기전 1세기경의 주고쿠·시코쿠와 긴키·도카이에서 가속화된 전투를 야요이시대 '제2기 항쟁'이라고 부르고자 한다. 그렇다면 이때 사람들은 어디서, 누구와 전쟁을 벌였을까?

지역별 무기의 종류와 형태 차이가 이에 대한 실마리를 제공한다.

- • 적의 침입을 막기 위해 말뚝을 불규칙하게 박아 줄로 엮어 놓은 장애물을 말한다.
- •• 적의 침입을 막기 위해 뾰족한 부분이 위를 향하도록 비스듬히 박은 말뚝을 말한다.

지금까지 설명해온 것을 포함해 정리해보면, 규슈 북부에서는 마제의 석검·석과와 석촉, 청동으로 만든 단검·창·꺾창, 그리고 철로 만든 단검·창·화살촉이 발견된다. 이에 비해 주고쿠·시코쿠, 긴키·도카이에서는 타제 형식의 대형 석촉, 타제의 석검·석과 등 타제 무기가 주를 이룬다. 다만 긴키를 중심으로 마제의 석촉·석검도 발견된다. 게다가 규슈 북부만큼은 아니지만, 주고쿠·시코쿠와 긴키에는 청동제와 철제 무기도 있다. 특히 철촉이 꽤 보급되어 있었던 것으로 보인다.

좀 더 세세한 지역색도 확인된다. 타제석검과 대형 타제석촉은 지역에 따라 형태와 재질이 다르다. 예를 들어 주고쿠·시코쿠의 무기들은 가가와현의 가나야마金山에서 채취되는 사누카이트라고 불리는 안산암의 일종으로 만들어지고, 판상으로 쪼개어지기 쉬운 성질을 가지고 있어 하나같이 얇다. 대형 타제석촉은 오카야마 평야와 사누키讚岐 평야에서 매우 발달한다. 각 형태마다 특징이 있는데, 오카야마 평야에서는 유엽형에 슴베가 있는 것과 삼각형 모양이 많고, 사누키 평야에서는 저변이 완만하게 오목한 삼각형인 것이 두드러진다.

긴키의 타제석검과 타제석촉의 재료는 대부분이 오사카와 나라 사이에 있는 니죠잔二上山(후타가미야마라고도 불림) 산에서 채취되는 사누카이트로, 석검·석촉 모두 주고쿠·시코쿠의 것보다도 두껍게 만들어진다. 대형 타제석촉은 긴 삼각형에 슴베가 있는 것과 유엽형에 슴베가 없는 것이 많다. 오사카 평야 중앙부와 나라 분지에서 발굴된 것이 가장 크고 정성스레 만들어진 것으로 보아, 이곳이 발달의 중심지였던 것 같다. 타제석검도 이 지역에서 가장 많이 발견되었다. 북

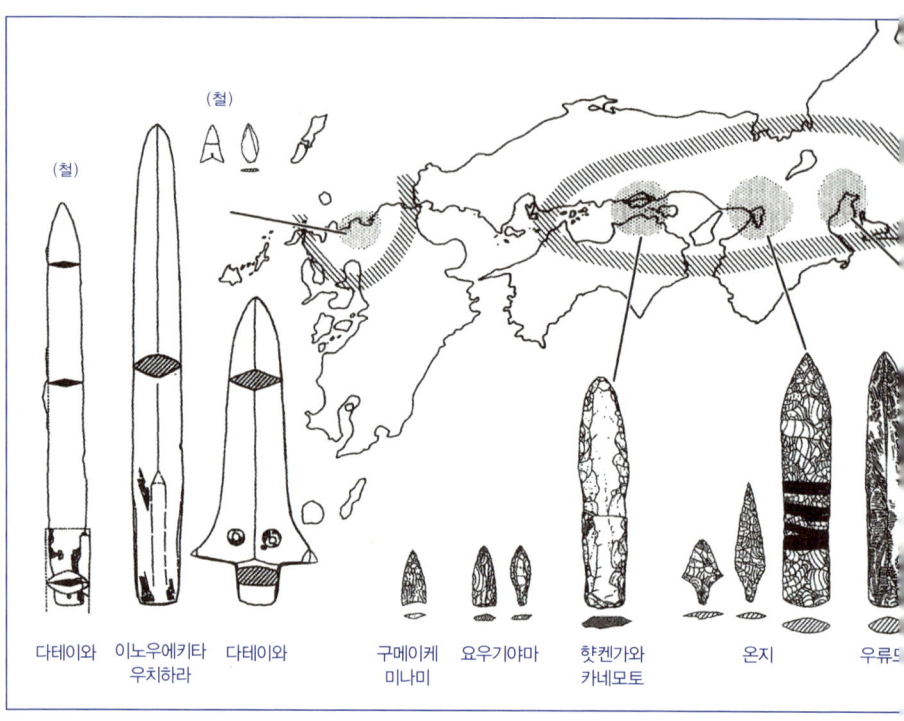

자료 8 서기전 2세기부터 서기전 1세기경의 무기와 전투 범위(松木武彦,〈戰爭の始まりと王權の形成〉,
都出比呂志·田中琢編,《古代史の論点4 權力と國家と戰爭》, 小学館, 1998)

쪽의 요도가와淀川 강 유역과 교토 분지에서는 형태가 약간 정형에서 벗어나거나 이 지역 특유의 것으로 보이는 능형으로 만들어진 대형 타제석촉이 발견된다. 특히 교토 분지에서는 타제석검이 적고, 점판암을 이용한 마제석검이 주류를 이룬다. 한편, 도카이의 이세완伊勢湾 만 연안에서는 타제석검이 약간 적고 타제석촉이 자주 출토된다. 로켓을 연상시키는 긴 오각형에 슴베가 붙은 특징 있는 형태이다.

이처럼 무기의 종류와 형태, 재질이 지역에 따라 다르기 때문에, 어디에서 만들어진 무기인가에 대해 꽤 구체적으로 알 수 있다. 따라서 어딘가에 묻힌 유해에 어디에서 만들어진 무기가 박혀 있는가를 조사함으로써 우리는 당시 일본열도에서 벌어졌던 전투의 교전 상대와 범위를 알 수 있다.

이웃 간의 전투

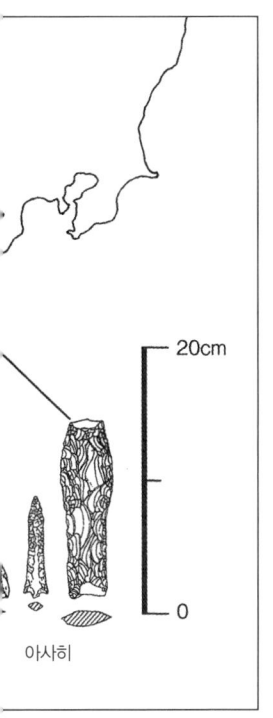
아사히

먼저 규슈 북부의 경우, 유해에 박힌 무기는 거의가 마제 석검·석과 또는 청동 단검 등의 금속제 무기다. 마제의 석검과 석과는 재질 및 형태로 보아 틀림없는 규슈 북부산이라고 할 수 있다. 청동 단검은 주고쿠·시코쿠와 긴키에도 있지만, 압도적으로 보급률이 높은 곳은 역시 규슈 북부이다. 전사자의 목을 칠 때 사용했다고 생각되는 철도도 이 시기에는 아마 여기밖에 없을 것이다. 규슈 북부의 전사자와 전상자는 규슈 북부에서 살던 사람들에 의한 것이라고 결론지을 수 있다.

다른 지역은 어떨까? 오카야마시의 시미즈다니 유적에서 발굴된 목관에 잠들어 있는 유해에 박힌 20점의 타제석촉이 유엽형에 슴베가 붙은 형태이며 가가와현 가나야마산 사누카이트로 만들어진 것으로 볼 때, 오카야마 평야에서 만들어진 것이라는 사실을 알 수 있다. 활을 쏜 것은 아마도 같은 지역, 즉 오카야마 평야의 사람일 것이다.

오사카부의 시죠나와테시에 위치한 가리야 유적 목관에서 출토된 12점의 타제석촉도 이 지역에서 많이 볼 수 있는 형태이며, 니죠잔 산의 사누카이트로 만들어져 있다. 나라현의 시부 유적에서 발굴된 여성의 유해에 꽂힌 채 발견된 타제석촉도 마찬가지이다. 게다가 교토시의 히가시츠치카와 유적에서 나온 유해에 박혀 있었다고 생각되는 일고여덟 점의 마제석검은 찌른 상대의 출신지를 더욱 자세하게 좁힐 수 있는 자료이다. 당시 마제석검을 많이 사용하는 곳은 긴키 중에서도 교토 분지 주변으로 거의 한정되어 있기 때문이다. 히가시츠치카와의 교전 상대는 같은 교토 분지에 있었을 가능성이 높다.

이렇게 보면 야요이시대 제2기 항쟁은 같은 지역 안, 경우에 따라서는 같은 평야나 분지 안의 매우 가까운 곳에 취락을 조성해서 살던 집단들끼리의 전투였다고 생각된다. 같은 지역 안에서의 이해利害를 다투는 이웃 간의 전투였다.

강한 취락과 약한 취락

그러면 이러한 이웃 간의 전투는 어떻게 전개되고 어떤 결과를 초래했을까? 이에 대해서는 앞서 이야기한 나카하시 타카히로의 연구가 흥미롭다.

형질인류학의 나카하시는 고고학의 하시구치 타츠야와 공동으로 규슈 북부에서 무기로 상처가 난 인골, 즉 전사자와 전상자의 분포 시기를 추적해 어떻게 변하는지를 조사했다. 그 결과, 서기전 3세기부터 서기전 2세기에 들어설 무렵까지는 전사자나 전상자가 겐카이 나다에 위치한 평야 중심부에 많았지만, 서기전 1세기경이 되면 평야 중심부에서는 전사자나 전상자가 줄고 평야 외측부와 평야와 평야 사이의 구릉지대 등에서 반대로 그 분포가 늘어난다는 것을 밝혀냈다. 나카하시는 이 현상이 먼저 평야부에서 전투가 격화되었으나 머지않아 진정되었다는 것과 동시에 주변에 다른 영향을 미쳤다는 사실을 보여준다고 말한다.

평야부에서는 일찍 격화된 전투가 수 세대 사이에 일단락된다. 이 사실은 많은 사람을 해하고 죽이던 격한 전투가 한동안 지속되었으나, 그러던 어떤 시기에 질서가 성립되었음을 의미한다. 그리고 전투가 주변으로 번지는 것은 이 질서가 점차 밖으로 확대되었다는 사실을 반영할 수 있을 것이다. 그러면 이 질서란 무엇일까? 실마리가 되는 것이 취락 간의 관계 변화이다.

후쿠오카 평야를 예로 들어보자. 먼저 서기전 3세기경에 벼농사 초기의 제1기 항쟁을 거쳐 20개 정도의 집단이 각각 거주지를 정해 취락을 조성했다. 서기전 2세기에 들어설 무렵이 되면 그 가운데 히에比恵·이타즈케板付·모로오카諸岡·가도타門田의 각 유적군을 생활 거점으로 하는 다섯 개 집단에서만 청동 무기를 부장한 무덤이 등장한다. 청동 무기가 아직 많이 보급되지 않았을 때이므로, 그것을 입수하기 위해서는 어느 정도의 경제력이 필요했다고 생각된다. 이렇게 보면 처음의 20개 집단이 그러한 실력을 가진 집단과 실력이 없는 집단으로 나누어진 것으로 유추할 수 있다. 나아가 서기전 1세기에는 강력한 집단이 앞의 다섯 개에서 한 개로 줄어들어 스구須玖 유적군을 거점으로 한 집단이 후쿠오카 평야에서 생산된 청동 무기 대부분을 독점하게 된다.

이 강력한 집단이 있던 스구 유적군은 현재의 가스가春日시에 있는데, 남쪽에서 후쿠오카 평야로 뻗은 완만한 구릉 위에 형성되었다. 다이토大都시 후쿠오카의 베드타운bed town으로 개발이 진행되어 원래의 모습을 알 수는 없지만, 서기전 1세기부터 서기 1세기에 걸쳐 대취락과 당시의 최첨단 기술을 모은 청동기와 철기 공방, 집단의 장을 묻은 묘지 등이 발견되었다.

특히 스구오카모토須玖岡本 D지점에 있는 우두머리의 무덤은 압권이다. 큰 돌 아래에 있던 대형 옹관 안에서 출토된 것은 약 30점에 이르는 고대 중국산 거울, 고대 중국에서 전래된 보기宝器인 유리벽璧, 곡옥勾玉과 관옥管玉, 동모銅矛 다섯 점, 동검 수 점에 이르는 실로 호화로운 것이었다. 이만큼의 부를 축적한 것과 거울과 유리벽에서 알 수 있듯이, 무덤의 주인은 당시 고대 중국 왕조와 교류를 담당하던 집단의 수장임과 동시에 후쿠오카 평야 일원에서 권위를 떨친 왕이라고 봐도 좋다.

새로운 질서를 만든 전투

평야 일원에서 세력을 떨쳤던 왕과 그의 통솔 아래에 있던 대취락. 그리고 그곳에서 이루어진 고도의 금속무기 생산. 왕을 세워 최첨단 기술력을 자랑하면서 여기에 거주하던 집단은 경제력과 정치력에서 후쿠오카 평야의 다른 집단들보다 더 우위에 있었음에 틀림없다. 스구 유적군에서는 무기를 포함해 석제 도구보다 뛰어난 기능을 가진 철제 도구가 주변 취락보다 일찍 보급된 것으로 보인다. 왕의 정치력과 금속기 생산의 기술력만이 아니라, 실제 생활 수준에서도 스구 집단이 다른 집단보다 우위에 있었던 증거라고 유추할 수 있다. 아마도 왕을 옹립하는 스구 집단은 주변 취락에 사는 집단으로부터 공납을 거두고, 주변 취락은 스구 왕의 지배하에서 철기와 청동기, 고대 중국의 선진 문물 등을 입수할 기회를 가지는 등의 계층적 관계에 있었던 것이 아닐까? 그리고 그 관계야말로 서기전 3세기에서 서기전 1세기까지의 전투가 초래한 질서의 실태였다고 생각할 수 있다.

물론 이 질서를 만든 것은 전투만이 아니다. 이 시기에는 일정한 긴장관계를 유지하면서도 석재, 목재, 산과 바다의 산물 등 조몬시대 이래로 물자의 교환 등에서 보이는 평화적인 교류가 일반적으로 나타났다. 데릴사위, 시집가기 등의 통혼, 연고자와 지인의 장례 등 사람의 왕래도 활발했을 것이다. 일상적 교류와 왕래가 축적되어 만들어낸 정신적 일체성이 있었기 때문에 당시 사람들은 공통의 왕을 섬길 수 있었다.

'구니'들의 탄생

그러나 이 질서는 분명하게 불평등한 계층 질서이다. 그 가운데 현실적으로 어느 집단이 우위에 서서 왕을 배출하는지, 어느 집단이 하위에서 지배를 받게 되는지와 같은 각 집단의 이해가 걸린 문제는 평화적 교섭과 논의만으로는 해결하기 어렵다. 반전평화의 이념이 없던 시대의 일이다. 게다가 벼농사 초창기에 전투 사고를 물려받은 야요이 농경민들이 때가 되었을 때 실력을 다투는 과정으로 들어서기까지 그다지 망설임이 없었다고 보아도 이상하진 않다. 반드시 상대의 우위에 서고 싶다는 생각이 전투 사고와 결합되면 무력을 호소하며 싸우거나 상대에게 무력을 휘둘러 위협하는 등의 행위가 나타난다.

이렇게 하여 평야를 함께 나누고 있던 집단의 서열이 정해지고, 가장 강한 집단의 우두머리가 왕이 되어 토지 분쟁을 조정하거나 수로 준비 등의 공공 사업을 실시하고 큰 마쓰리를 집행했을 것이다. 또한 고대 중국 및 한반도와 통교해서 금속과 기타 문물을 받아들이고 그 답례로 보낼 물자를 징수하거나, 받아들인 금속과 문물을 분배하며 금속을 가공하고 도구를 만드는 작업을 주도하는 등 다양한 활동의 정점에 섰다고 생각된다. 왕을 정점으로 하는 이 질서를 '구니[国]'라고 부르고자 한다.

각지의 구니들

스구 유적군을 중심으로 하는 후쿠오카 평야의 구니는 고대 중국인들에게 '나코쿠奴国'로 불렸다. 서기전 57년에는 전한 왕조로부터 당시 왕의 지위를 인정하는 금인이 하사되기도 했다. 하카타완博多湾 만에 있는 시카노시마志賀島 섬에서 에도江戸시대에 기적적으로 발견된 것이 이것이다. 이외에 규슈 북부에서는 나코쿠의 서쪽에는 마에바루前原시의 미쿠모三雲 유적군을 중심으로 하는 이토시마糸島 평야의 이토코쿠伊都国, 가라츠완唐津湾 만 연안의 마츠라코쿠末盧国가 있고, 동쪽에는 이이즈카飯塚시의 다테이와立岩 유적군을 중심으로 하는 후미코쿠不弥国가 있었다. 또한 겐카이나다에 떠 있는 이키시마壱岐島 섬에는 하루노츠지原ノ辻 유적을 중심으로 하는 이츠시코쿠一支国가 있었다. 이 구니의 이름들이 기록된 중국 역사서 《삼국지三國志》[위서(魏書) 동이전(東夷傳) 왜인조(倭人条), 통상적으로 〈위지왜인전(魏志倭人傳)〉]는 실제 이 나라(구니)들이 존재했던 시기보다 훨씬 뒤인 3세기의 모습을 기술한 것이지만, 각 구니의 실태는 발굴 성과를 통해 서기전 1세기에 형성되었다는 사실이 밝혀졌다.

이 외에도 지쿠고筑後 평야 북부, 나코쿠와 이토코쿠 사이에 있는 사와라早良 평야 등에도 몇 개의 구니가 있었던 것 같다. 서기전 1세기경 평야 주변부에 전사자나 전상자 분포가 확대된 것으로 보이는데, 이것이 당시 이러한 구니들 간의 세력 분쟁이 시작되었음을 반영하는 것이 아닐까? 구니들 간의 전투가 있었다면, 전쟁의 시작을 알리고 지휘하는 것도 왕의 중요한 역할 중 하나였을 것이다.

한편, 주고쿠·시코쿠와 긴키·도카이 지역에서도 서기전 1세기에 들어설 무렵 즈음에 각 평지와 분지에서 주변보다 약간 규모가 큰 취락이 나타난다. 나라 분지의 가라코·카기 유적, 오사카 평야 남부의 이케가미소네 유적, 오사카 평야 북부에 있는 이바라기茨木시의 히가시나라東奈良 유적 등이 그러하다. 대형 취락들은 규모가 클 뿐 아니라, 때로는 '신전'이라 불릴 수 있을 정도의 큰 건물과 청동기 공방을 갖추고 있었다. 그곳에서 발굴된 토기와 석기의 수량도 많다. 아마도 마쓰리와 기술의 중심지 또는 물자 집산지로서 지역의 중심과 같은 존재였을 것이다. 규슈 북부의 스구 유적군 등과 유사한 성격을 갖추었다.

그러나 이 지역은 고대 중국과 한반도로부터 문물을 들여온 문에 해당하는 규슈 북부와 달리, 동쪽 변경이라는 실정 속에 당시까지는 배로 실어온 휘황찬란한 장신구로 몸을 치장하는 왕과 왕족은 없었던 것 같다. 또한 이 지역들은 규슈 북부에 비해 철의 보급이 늦어 기술력도 낮았기 때문에, 왕이 가진 권력의 원천인 금속과 관련한 최첨단 기술 집단도 늦게 생겼으며, 공방 역시 발달에 미숙했던 것 같다. 주고쿠·시코쿠와 긴키·도카이에 있었던 구니의 질서는 규슈 북부보다 훨씬 느슨해서, 오히려 지역 내 다른 집단과의 연합체와 같은 색채가 강했던 것이 아닐까?

3

야요이시대의 전투를 복원하다

전투 참가자와 규모

지금까지는 주로 야요이시대의 전투가 초래한 사회적 관계 변화에 대해 이야기했고 구체적인 전술과 전투 장면에 대해서는 거의 설명하지 않았다. 여기에서는 당시의 전술과 전투 조직, 마쓰리와의 관계 등 전투의 구체적인 모습을 담은 자료가 잘 남아 있는 규슈 북부를 주 대상으로 때로는 대담하게 추정도 섞어가며 복원하고자 한다.

취락 내의 어떤 사람들이 전투에 참가했을까? 다른 민족의 사례를 보면 10대 후반부터 30대, 즉 청년과 장년 남성이 전투의 중심에 서는 경우가 많다. 야요이시대의 것으로 보이는 유적지에서 무기에 상처를 입은 채 발견된 인골의 대부분 역시 청년과 장년 남성인 점으로 보아, 전투의 주체는 청장년 남성이었던 것 같다. 다만 예외도 있다. 나가사키현 히라도平戶시의 네지코根獅子 유적에서는 치명상은 아니었던 것 같으나 중년 여성의 두개골 윗부분에 청동 검 끝이 부러져 박힌 채 발견되었다. 후쿠오카현 지쿠시노시의 나가오카 유적에서는 아래 턱 관절에 이상이 있는 여성 인골 두 구가 발견되었다. 여성이 전쟁터에 서기도 했던 듯하다.

젊은이와 성인 남성이 전투의 주체이지만, 때로는 여성도 참가하는 상황. 이러한 상황에서 생각할 수 있는 가장 가능성이 높은 전투의 장소는 취락이다. 아마 당시의 전투는 상대방 취락으로 쳐들어가 공격하는 방식이 가장 일반적이었다고 봐도 좋을 것이다. 공격과 방어의 장소이기 때문에 취락을 환호와 토루로 둘러 견고하게 만들었던 것이다.

그렇다면 취락을 공격한 사람은 몇 명 정도였을까? 당시의 취락 인구로 추산해보자. 우선 취락 대표인 사가현의 요시노가리吉野ヶ里 유적을 예로 들어보면 인구는 1,000명에서 3,000명 정도로 유추할 수 있다. 중간치를 잡아 2,000명이라고 하자. 그 가운데 남성은 반수인 1,000명이다. 나아가 어린이와 고령자를 제외한 청장년의 비율이 약 3분의 1이 약간 넘는 300명. 여기에 전투를 나간 사이에 취락을 지키는 전력戰力으로 3할 정도 남겨둔다면, 약 200명 정도가 적지인 상대편 취락으로 향하지 않았을까? 원래 요시노가리 유적 등은 구니의 중심이 되는 대취락이다. 지역 내 취락 간의 전투에 참가하는 인원은 구니를 만들어가는 단계에서 가장 적어 수십 명 정도인 경우가 많았을 것이다.

전술과 조직

적의 취락을 공격하러 갈 때의 무장은 어떠했을까? 실제로 유적지에서 출토되는 무기를 보면, 손에 쥐고 사용하는 무기로는 단검이 가장 많고, 꺾창이 다음이다. 석제가 일반적이나 청동제도 있고 서기전 1세기에는 철제 단검과 단도가 출토된다. 창矛은 그다지 많이 출토되지 않는다. 적을 향해 날리는 무기로는 석제와 철제 화살촉을 단 화살이 가장 많이 보이지만, 투석도 있었다. 방어구는 목제의 방패와 갑옷이 출토된다.

다만 이러한 각종 무기가 있지만, 활 부대[弓隊]·단검 부대와 같은 무기 종류별의 전투 부대는 아직 등장하지 않았을 것이다. 수십 명부터 100명 정도가 공격을 목적으로 적의 취락으로 들어가는 방식의 전투에서 이렇게 전투 대대를 무기별로 나누는 것이 유효하다고 생각되지 않아서일 것이다. 무기별로 전투 대대를 구분하는 것은 수천 명에서 수만 명 규모의 전단戰團이 평원에서 대치하는 방식의 전투에서 의미를 가진다. 따라서 이 시기에는 아직 궁시弓矢와 단검, 또는 궁시와 꺾창과 같은 무기를 손에 든 무사가 적의 취락으로 향하는 것이 일반적이었을 것이다.

오히려 청동 단검과 꺾창, 창을 가진 사람과 석제 단검과 꺾창을 든 사람을 구별하는 것이 중요하다. 석제 무기를 가진 사람이 훨씬 많으나 무덤에 고이 묻혀 발굴된 사례는 매우 적다. 보통은 취락에서 출토된다. 이에 비해 청동 무기는 석제 무기보다 수가 적고, 대부분 무덤에 묻힌 상태로 발견된다. 즉 청동 무기는 석제 무기에 비해 더 귀중한 것으로, 주인이 분실한 뒤로도 취락에 버려진 채로 방치되지 않았다. 무기의 주인이 사망할 경우 함께 묻히는 점으로 보아 개인의 재보財寶나 신분을 나타내는 증거와 같은 의미가 강했다고 생각된다. 결국 무기를 소유하는 것은 그 사람의 신분을 나타나는 증표와 같은 것이었다고 생각되지만, 무기인 한 그것은 전장에서의 신분을 알려주는 데 그쳤을 것이다.

다만, 청동 무기는 단순한 신분 표시가 아니라 실제로 사용되기도 했다. 하시구치 타츠야의 조사에 따르면, 청동 무기는 종종 부러진 채로 발견되거나, 부러진 부분이 재마연된 흔적이 있다. 또한 청동 무기가 부장된 무덤에서 석제 무기의 날끝이 출토되는 경우도 있다. 청동 무기를 가진 사람이 전투에서 상처를 입는 경우가 있었을 것이다. 청동 무기의 주인은 당시 전장에서 꽤 높은 신분으로 인정받은 전투의 수장이었다고 생각되는데, 그 신분은 출생이나 혈통만으로 결정되는 것이 아니었던 듯하다. 실제로 전투의 선두에 서서 무기를 휘두르고 활약해 많은 사람에게 인정받음으로써 비로소 유지할 수 있었던 것 같다. 하시구치는 뛰어난 전투 능력과 경험을 가진 장년의 남자가 취락 구성원의 지지를 받아 그 지위에 올랐다고 생각한다.

전투의 한 장면을 재현하다

청동 무기를 가진 막강한 전투 수장 몇 명이 선두에 서고, 손에 석제 무기와 궁시 한 벌을 든 남자들이 전투 부대를 조직하고 용감하게 돌

진한다. 출진할 때의 모습이다. 긴 자루를 단 창은 유달리 키가 높고 빛이 나 대열의 깃발과 같은 역할을 했을지도 모른다. 또한 여성과 아이들은 간절히 기원하는 마음으로 남편과 자식, 아버지를 배웅하지 않았을까? 다른 민족의 사례를 보더라도 전투의 후방까지 여성이 따라가는 경우가 많은 것으로 보아 실제 그러한 경우가 있었을지도 모른다. 이 시대의 일본열도에는 아직 마차도 말도 없었기 때문에 이동수단은 물론 도보이다.

적과 맞서 싸울 취락이 보이는 곳에 도착한다. 상대는 아직 우리의 존재를 눈치 채지 못했다. 30~40미터라고 생각되는 활의 사정거리까지 신중하게 거리를 좁혀나간다. 전투 수장의 호령이 떨어지자 남자들은 제각기 먼저 활에 화살을 메기고, 차례로 시위를 당긴다. 투석을 던지는 사람도 있다. 목책과 토루 너머에서 상대도 응전해 온다. 함성 소리 속에서 휘-휘- 화살 소리가 들린다. 적의 화살에 맞아 고통으로 몸부림치는 자도 있다.

그러나 치명상을 입히기 어려운 궁시와 투석의 응수로는 전투가 좀처럼 끝나지 않는다. 그래서 전투 수장을 선두로 해 용감한 사람이 나무 기둥을 세워 만든 취락의 문을 오르거나 토루와 목책을 넘어 직접 몸으로 적의 방어를 돌파해 취락으로 들어가려 한다. 이 공방으로 적군과 아군이 각각 가세한다. 검을 가진 자, 꺾창을 휘두르는 자. 꺾창에는 60센티미터 정도의 짧은 자루가 달려 있다. 창을 사용하는 자도 있다. 접근전의 시작이다.

뼈에 남은 무기와 그로 인한 상처 부위를 통해 접근전도 어느 정도 재현할 수 있다. 의외로 눈에 띄는 것이 등 쪽 상처다. 앞서 소개한 지

쿠시노시의 나가오카 유적에서 발굴된 두 구의 남성 유해도 등허리에 청동 검이 찔려 있었다. 후쿠오카현 호나미쵸穂波町*의 스다레スダレ 유적에서도 목덜미 부근에서 가슴까지 석검으로 관통된 중년 남성의 인골이 출토되었다. 전투를 할 때 적의 뒤에서 덮치는 경우가 꽤 많았던 것 같다.

물론 정면에서 공격하는 것이 일반적이었을 것이다. 하시구치와 나카하시의 말에 따르면, 팔뚝 바깥쪽 뼈에 부러진 흔적이 확인되는 사례가 몇몇 있는데 이는 정면에서 적이 내려친 무기에 팔을 들어 방어 자세를 취했기 때문에 생긴 것이라고 한다. 나가오카 유적에는 앞서 말한 두 명의 남성 외에도 오른팔 외측의 뼈와 이마부터 오른쪽 눈에 걸쳐 큰 상처를 입은 것으로 보이는 중년 남성의 유해가 발견되었다. 오른팔을 들어 적의 공격을 막았지만 결국 안면에 깊은 상처를 입고 사망한 것은 아닐까?

앞에서 다가오는 적, 뒤에서 공격해오는 적. 접근전은 상당한 난전이었던 것 같다. 다만, 상처가 가장 많은 부위는 등, 팔, 안면으로, 복부에 상처가 난 경우도 있었지만 정면에서 가슴 쪽을 향한 것으로 보이는 상처를 입은 경우는 잘 보이지 않는다. 가장 겨냥하기 쉬운 가슴 쪽에서 상처로 보이는 흔적이 없는 것은 왜일까? 가슴 쪽에 우리 장기를 보호하기 위한 뼈가 없다는 해부학적 이유도 있을지 모르겠지만, 아마도 그 때문에 전쟁에 나서는 사람들이 가슴을 갑옷으로 보호했기 때문일 수도 있다.

* 2006년에 합병되어 이이즈카(飯塚)시로 변경됨.

사람들이 살고 있던 곳에 불을 지르고 화염과 연기가 피어오르는 혼란 중에 접근전의 귀추가 점차 드러난다. 쓰러진 전사의 목이 잘리는 것이 이때일 것이다. 공격한 쪽이 우세한 경우, 방어하는 쪽의 여성과 어린이들에게도 피해가 간다. 어쩌면 여성도 과감하게 응전했을 것이다. 머리에 검이 박힌 채 발견된 네지코 유적의 중년 여성은 전쟁 중에 용감하게 대응하다 쓰러져간 사람이었을지 모른다.

어떤 형태로 전투가 끝났는지는 고고학에서 알 도리가 없다. 다른 민족의 사례를 보더라도 약탈이 목적인 전투의 경우, 공격해서 이긴 쪽이 약탈한 사람과 재산을 가져가면서 일단 상황이 종료되지만, 때에 따라 방어한 사람들의 추격을 받는 경우도 있다고 한다. 원한이 전투의 원인인 경우에는 공격받은 쪽이 살육을 당하는 예도 있는 것 같다.

하나의 사회 안에서도 원인과 규모 차이에 따라 다양한 종류로 전투의 형식이 구별되는 일도 적지 않다. 야요이시대 전투도 소수에 의한 기습과 매복, 취락 이외의 장소에서 대전하는 등을 포함해 실제로는 여러 가지 모습으로 존재했을 것이다. 그러나 발굴된 자료만을 가지고 전투의 모습을 상상하는 데는 한계가 있다. 이 자료들로 보면 지금까지 말한 대로 취락에서의 공방전이 야요이시대 전투의 가장 전형적인 유형이었을 것이다.

4

'사상思想'화하는
전　　　투

사용하기 위한 무기와 보이기 위한 무기

지금까지 봐온 것처럼 서기전 1세기경까지의 전투는 당시 사람들의 사고에 영향을 미쳤던 것으로 보인다. 당시 사람들의 사상 체계 속에서 전투는 어떤 모습으로 규정되었을까? 생각과 사상이라는 형태가 없는 것을 복원하는 작업은 인간이 남긴 물질 자료를 대상으로 연구하는 고고학이 가장 어려워하는 일이다. 그래도 물질 자료에 생긴 현상을 신중하게 검토함으로써 유물이 사용되었을 당시 사람들의 사고와 정신을 엿볼 수 있는 경우가 있다. 그 한 예로 규슈 북부의 무기 조합과 사용 방법의 변화에 주목해보자.

우선, 서기전 3세기부터 서기전 2세기에 들어설 무렵, 한반도로부터 단검·꺾창·창이라고 하는 세 종류의 청동 무기가 전해진다. 이 무렵의 전투 수장의 무덤에 부장된 청동 무기 종류를 보면, 단검이 가장 많았으나 꺾창과 창도 있다. 단검을 가진 전투 수장 외에도 꺾창과 창을 휘두르는 전투 수장도 있었다. 일반 전사의 무덤에 부장된 석제 무기도 검·꺾창의 두 종류가 있다. 또한 취락에서 출토되는 석제 무기 역시 단검이 중심이지만 꺾창도 많다. 단검·꺾창·창이라고 하는 세 종류의 무기는 모두 실제로 적에게 사용하는 접근전용의 무기로서 청동과 돌로 만들어졌으며, 재료에는 차이가 있을지언정 무기로서 역할에 본질적으로 차이가 없었다고 생각된다.

그런데 서기전 1세기경이 되면, 전투 수장의 무덤에 부장된 청동 무기가 단검에 국한된다. 그 후 무기가 철로 만들어지게 되면서 세 종류의 창 가운데 단검만이 실용적인 무기로 계승된다.

그렇다면 꺾창과 창은 어떨까? 꺾창은 서기전 1세기에는 철로도 만들어졌다. 그러나 사실 무기로서는 제대로 사용할 수 없을 정도로 거대한 물건이었다. 청동으로 만들어진 꺾창도 이때 이후 실제로 사용할 수 없을 정도로 크게 만들어진다. 청동으로 만들어진 창도 마찬가지다. 이처럼 서기전 1세기부터 꺾창과 창은 사용할 수 없을 정도로 대형화되고, 대열의 깃발 혹은 숭배 대상, 마쓰리 도구와 같은 종교적인 역할을 띤 성격으로 변해간다. '사용하기 위한 무기'에서 '보이기 위한 무기'로 전환된 것이다.

사용하기 위한 무기로서 하나 남은 단검에도 흥미로운 현상이 나타난다. 단검에 화려한 손잡이가 달리거나, 단검을 수납하는 칼집에 옥을 박아 넣는 등 개인 소유물로서 매우 소중하게 다루어졌던 흔적이 있다. 서기전 1세기의 왕 무덤에서는 한 번에 여러 개의 단검이 출토되었는데, 이 가운데 하나가 약간 특이한 형태를 띠고 있다. 특별한 단검으로 왕이 곁에 끼고 있던 것이다. 이처럼 서기전 1세기경에 단검은 실용적으로 접근전의 무기로서 활발히 이용됨과 동시에 '나의 검', '그 사람의 검', '왕의 검'과 같은 소유주와의 개별적인 연결고리가 생긴다. 속인성屬人性이 높아진 것이다.

단검이 선택된 이유

실제 사용되던 전쟁용 무기에서 멀어져 집단 모두가 우러러보는 정신적 상징으로 모습을 바꾼 꺾창과 창. 실전용 무기의 주력으로 활용되며 소유자의 공을 세우고 그것을 소유한 전사와의 개인적 유대를 강화시켜나간 단검. 이렇게 무기에서 역할 분화가 생긴 이유는 무엇일까? 그 이유를 살펴보는 일은 당시 사람들의 전투에 대한 사상과 전사의 이념을 이해하는 것으로 연결될 것이다.

  일반적으로 말하자면, 전사의 신체와 가장 가까운 곳에 있는 것이 단검이고, 꺾창, 창 순으로 신체로부터 거리를 두게 된다. 더욱 먼 것은 투창, 가장 먼 것이 활이다. 이처럼 단검은 전사에게 물리적·심리적으로 가장 가까운, 손의 연장이라고 할 만한 무기이다. 적의 몸을 찔렀을 때 손에 전해지는 느낌을 가장 잘 체감할 수 있는 무기라고도 할 수 있다. 신체로부터의 거리라는 측면에서 단검은 그것을 휘두르는 전사와의 사이에 일대일의 유대가 가장 생기기 쉬운 무기인 셈이다.

  동시에 단검을 휘둘러 적을 쓰러뜨리기 위해서는 위험을 감수하고 적의 품을 깊숙이 파고들지 않으면 안 된다. 대담함이 필요한 무기이다. 그만큼 단검을 예리하게 다듬어 적을 쓰러뜨릴 때는 검을 사용하는 자신과 그 행위를 지켜보는 다른 사람들의 마음 깊은 곳을 울리는 무언가가 있었을 것이다.

몸으로부터의 거리가 가깝다는 것에 기반하는 속인성과 검이라는 무기를 휘두를 때 적과의 거리가 자아내는 영웅성. 이러한 특징으로 인해 단검은 가장 '그림이 되는' 무기로서 일본열도 중앙부만 아니라, 세계 대부분의 지역에서 마땅히 있어야 할 전사의 이념형과 깊이 관련되어 무기 중에서도 독보적인 성격을 가지고 있었다고 할 수 있다. 단검이 단도가 되거나 기술적으로 발달해 긴 검이나 긴 칼이 되기도 하지만, 실제 손에 쥐는 무기라는 성격에는 큰 변화가 없다.

이에 비해, 꺾창과 창 등 긴 자루가 달린 무기가 검과 칼 이상의 결정적인 효력을 발휘하고, 흔히 말하는 '그림이 되는' 것은 말과 마차를 이용해 속도를 조절하면서 적과의 거리를 충분히 확보해 서로 공격하는 기동적인 전술이 이루어지는 장소에서이다. 이런 전술의 발상지인 고대 중국에서는 꺾창이 마차 위에서, 창이 말 위에서 사용되는 경우가 많다. 그에 대항하기 위해서일까? 보병도 긴 자루가 달린 꺾창을 가지고 있었다. 이렇게 격동적인 기동 전술이 실시되는 곳에서는 검과 칼이 영웅적인 모습을 가지긴 어려웠을 것이다. 나중에 살펴보겠지만 실제로 북방의 기마세력이 남하할지도 모른다는 사실에 항상 두려움을 느끼면서 그들의 전술에 영향을 받은 한반도 남부에서는 검 대신에 창이 그 지위를 획득해 전투 수장의 무덤에 부장된다.

고대 중국의 대규모 기동 전술 속에서 잘 단련되어온 꺾창과 창은 마차도 말도 없이 취락을 무대로 한 수십 명의 백병전을 주로 하는 야

야요이시대 전투에서 본래의 성능이 발휘되기 어려웠다. 토기에 그려진 그림과 실제 출토품을 보면, 야요이시대 꺾창의 자루는 길이 60센티미터 정도로 짧다. 원래의 기능을 상실하고 소규모 백병전에 적합한 형태로 변화된 모습이라고 할 수 있다. 이렇게 해서 꺾창과 창이 드디어 실전 용도로 사용한 주력 무기에서 제외되어가는 한편, 단검은 그 위치에 머무르며 새롭게 추가된 단도와 더불어 전사의 이념형과 결부되어 다음 철제 무기의 시대로 진입하게 된다.

한편, 단검이 이러한 특별한 위치를 점한 상황은 고작 몇몇 자료에 지나지 않지만 규슈 북부 이외에서도 볼 수 있다. 나무로 정성스레 만든 검 집에 넣은 타제석검이 가라코·카기 유적에서 출토되는 것이 그 예이다. '나의 검'으로서 단검의 소유주가 소중히 다루었던 모습을 엿볼 수 있다.

전투에서 마쓰리의 역할

실전용 무기에서 제외되었으나, 꺾창과 창은 깃발이나 마쓰리의 도구로 모습을 바꿔 전투의 종교적인 측면에서 주역을 담당하게 된다. 그 무대로 사용되던 것에는 두 가지가 있다. 하나는 야요이시대 종교 행사에서 가장 중요한 역할을 했던 청동기를 이용한 마쓰리이다. 규슈 북부에서는 실용적으로 사용되던 무기에서 제외된 청동제 꺾창과 창이 거대하게 제작되는데, 특히 창은 마쓰리용 청동기로서 또는 집단과 구니의 깃발로서 숭상되었던 것 같다. 이는 긴 자루 끝이 햇빛을 받아 반짝이면서 전투로 향하는 대열과 전장 속에서 유달리 이목을 끈다는 특징 때문일 것이다.

무사의 혼으로서 한 사람 한 사람이 허리에 차고 있던 에도시대의 칼과 같은 성격을 가지는 것이 단검이라고 하면, 청동제 창과 꺾창은 새털로 장식하고 다이묘大名 행렬을 단장하는 권위의 상징으로 우러러보던 창과 유사한 것이었지 않을까? 이러한 분석이 타당한지의 여부를 떠나, 무기의 형태를 한 것이 집단과 구니를 이루던 사람들로부터 숭상을 받았으며, 무기를 모시는 일이 그들의 정신적 일체감을 높였음을 쉽게 상상할 수 있다. 당시의 사상과 종교에 무기와 전투가 크게 관련되어 있었을 가능성이 높은 것이다.

또 하나는 나무로 만든 무기를 휘두르는 풍습이다. 유물이 양호한 상태로 남아 있는 취락의 유적을 발굴하면, 지금까지 설명해온 석제와 금속제 무기와 별도로 형태는 동일하지만 나무로 만든 무기가 종종 출토된다. 이들은 실용 무기가 아니라 무기를 본뜬 목제품이라는 의미에서 무기형 목제품이라고 부른다.

그 용도에 대해서는 여러 가지를 생각할 수 있다. 예를 들어 전투 동작을 하는 무용에 사용되었다고 보는 설, 지금의 죽도처럼 연습용 무기라고 보는 설, 민족지에서 보듯 가벼운 전투에 사용되었다고 보는 설, 악한 것과 싸워 물리치는 주술의 도구라고 보는 설 등이 그러하다. 어느 쪽을 선택하든 그것이 전투와 관련되는 관습과 의례에 이용되었다는 것은 의심의 여지가 없다.

이 무기형 목제품의 종류를 보면, 단검과 더불어 많이 나타나는 것이 꺾창이다. 그리고 위에서 상정한 의례 행위 속에서 꺾창이 선호되었음을 보여주는 것이 야요이 토기에 새겨진 그림이다. 한 손에 방패를 들고 다른 한 손에 짧은 자루가 달린 꺾창을 휘두르고 있는 인물상이 새겨진 토기가 규슈 북부에서 긴키에 걸친 몇 군데의 장소에서 발견된 바 있다. 야요이 토기의 회화는 실생활보다는 의례와 마쓰리 장면을 묘사한 것이 많기 때문에, 꺾창을 휘두르는 인물도 마쓰리의 일부분이나 의례의 한 장면을 연출한 것이라고 봐도 무방할 것이다.

꺾창을 휘두르는 인물상을 상세하게 조사한 나라국립문화재연구소의 후카사와 요시키深澤芳樹는 이 인물상이 꺾창을 많이 사용하던 고대 중국 전술과 깊은 관계가 있다고 보았다. 야요이 토기의 회화에는 용의 모습이나 지붕 처마 끝이 휘어져 올라가는 망루 등이 묘사되는 것처럼 중국의 사상과 문물을 반영한 것이 등장하는 경우가 있다. 이를 고려하면 꺾창을 가진 사람도 고대 중국에서 전래된 사상과 의례의 한 부분을 보여주고 있을 가능성이 있다.

전투를 찬양하는 '사상'의 탄생

이상과 같이 사용하는 무기에 대한 소유자의 애정, 사람들에게 보이기 위한 무기의 출현, 목제 무기를 휘두르는 의례 등은 야요이시대에 생겨난 사람들의 사상 체계 속에서 전투라는 개념이 깊게 투영되었음을 반영한다. 더구나 그것은 전투를 싫어하고 평화를 이룩해가고자 하는 방향과 거리가 멀다. 전투를 받들고 무기를 숭상하는 행위는 오늘날의 우리가 대부분이 바라는 바와 다른 반대 방향으로 향했다고밖에 생각할 수 없다.

서기전 5세기에서 서기전 4세기에 전투 사고, 즉 무력으로 발생한 문제를 해결하려는 행동원리와 그 도구인 무기가 벼농사와 더불어 일본열도 중앙부에 전해짐으로써 본격적인 집단 간 전투가 시작되었다. 벼농사가 궤도에 올라 인구가 증가하고 토지가 부족해지기 시작하자, 집단은 살아남기 위해 격렬하게 다투게 된다. 이러한 상황에 직면한 사람들이 자신이 속한 집단에 생존과 풍요를 가져다줄 전투와 그 속에서 활약하는 전사와 전투를 이끄는 수장을 칭송할 대상으로 우러러보게 되어도 전혀 이상할 것 없다. 한반도로부터 가져온 전투 사고가 드디어 일본열도에서 살고 있던 사람들이 갖고 있던 사상 체계의 한 축이 되었다. 게다가 이번에는 자신들이 독창적으로 만들어 낸 전장에서의 관습과 전투에 관련된 의례, 전투를 집어 넣은 마쓰리와 신화 등으로 그 축의 주변을 두텁게 덧붙여두었다.

야요이시대의 농경민이 태생적으로 호전적이라고는 할 수 없을 것이다. 그러나 그들이 나고 자란 사회는 분명히 전투를 기리는 사상 체계와 행동원리를 가지고 있다. 어린아이들은 아버지와 형이 전장으로 향하는 모습을 보고, 전투와 관련된 의례에 참가하면서 성장해 다음 세대를 지탱한다. 이렇게 해서 전투 사상이 재생산되는 한, 전투를 초래하는 실질적인 조건이 만약 경감되었다 하더라도 전투가 바로 없어지거나 누그러지는 일은 없었을 것이다. 어떤 사회가 쉽게 전투를 행하는지 아닌지는 그 사회를 지탱하는 사람들이 자란 환경이 어떤 사상을 갖고 있었는지에 따라 크게 좌우되는 것이다.

다음 장에서는 이러한 야요이시대 사회 속에서 전투 수장이 다른 사람들의 신망을 얻어 '영웅'이라고 불리는 존재로 성장한 과정을 살펴보고자 한다.

3장

영웅들의 시대
— 야요이시대에서
　고분시대로

1

고대 국가 이전의 '영웅시대'

호메로스가 그린 영웅의 세계

서기전 8세기 그리스의 음유시인 호메로스가 남겼다고 전해지는 《일리아스》, 《오디세이아》. 이 두 걸작을 중심으로 하는 수많은 서사시가 존재한다. 서기전 13세기부터 서기전 12세기의 지중해를 무대로 한 이 서사시들은 뛰어난 문학작품일 뿐 아니라, 그리스 문명 이전의 고대사회를 복원하는 역사학 연구에서도 대단히 큰 역할을 담당해왔다. 그 키워드 중 하나가 '영웅'이다. 예를 들면, 《일리아스》에 등장하는 그리스군을 모아 트로이 공략에 나서는 미케네의 대왕 아가멤논과 용맹무쌍한 장군이었던 아킬레우스. 무용武勇에 뛰어나고 전투에 나선 사람들의 선두에 서서 싸우며 부상당하고 때로는 목숨까지 잃는 영웅의 모습이 책에 생생하게 묘사되어 있다.

한편, 19세기 후반에 들어서 과학적인 인류학과 민족학이 탄생했을 무렵, 같은 시대의 '미개사회' 안에서 역시 사람들의 선두에 서서 무용을 떨치는 유력자의 모습이 부각되었다. 예를 들어 근대 인류학의 기초를 다진 한 사람으로 평가되는 루이스 모건Lewis Henry Morgan은 북아메리카 원주민 사회로 들어가 그곳의 생활과 제도, 역사를 상세하게 관찰하며, 부족 간의 끊이지 않는 전투 속에서 무예가 뛰어나고 용감한 사람들이 옹립된 군사 지도자로 출현하는 모습을 기록했다.

모건은 당시 북아메리카 원주민과 같은 미개사회를 인류사회의 진화 속에서 이미 과거의 것이 되어버린 고대 그리스와 로마 사회와 동일한 단계에 있는, 이른바 '살아 있는 화석'으로 간주했다. 즉 북아메리카 원주민 사회를 관찰함으로써 고대 그리스·로마 사회의 구체적인 모습을 복원할 수 있다고 생각한 것이다.

오늘날 모건의 이러한 사고에 전면적으로 찬성할 수는 없다. 민족의 개성과 다양성에 주목하고 있는 요즘, 인류사회가 밟아온 길에 지역과 민족을 넘어선 동일성과 보편성이 있다고 확신하는 것은 조금 오래된 사고방식이기 때문이다. 또한 모건이 활동했던 시대의 인류학자들이 기록한 미개사회 모습의 대부분은 실제로 당시 문명사회와의 접촉으로 고유성이 변질되어버린 후일지도 모른다는 의문이 든다.

그러나 세계의 발굴 자료를 보면, 청동기시대와 철기시대 초기 등 실제 고대 국가 제도가 출현하기 직전에 무기가 비약적으로 발달한다는 것을 알 수 있다. 무기들을 부장한 무덤이 다수 출현하는 현상은 국가와 지역을 불문하고 꽤 보편적으로 발견된다. 잠시 떠오르는 것을 열거해봐도 북유럽 지역의 청동기시대에 존재한 투부鬪斧를 껴묻는 습속, 루리스탄Luristan 문화라는 이름으로 알려져 있는 이란 지역의 청동기시대에 존재한 동검과 투부의 부장, 중국 최초의 왕조인 상商나라가 시작될 무렵의 것으로 생각되는 얼리터우[二里頭] 문화 속 동과銅戈* 부장, 한반도 남부 삼한시대 철제 무기와 갑주·마구 부장 등등 끝이 없다. 일본열도의 야요이시대부터 고분시대에 이르기까지 눈에 띄는 특징인 무기 부장묘도 물론 그중의 하나이다.

이렇게 잇따라 나타나는 무기 부장묘의 주인을 생전에 무용을 떨치며 활약했던 군사 지도자로 볼 수 있다면, 세계 어느 지역에서나 고대 국가 제도가 만들어지기 직전에 군사 지도자의 성격을 가진 사람들이 활동하는 시기가 보편적으로 있었다고 봐도 좋을 것이다. 그들을 '영웅'이라 부른다면, 고고학의 견지에서 고대 국가 직전에 '영웅시대'를 설정하는 오랜 사고도 오늘날 다시 재고해볼 가치가 있을 것이다.

야마토타케루와 고분

일본열도 역사상에 이러한 영웅시대가 존재했는지에 대한 문제는 지금으로부터 반세기도 전인 1950년대 전후 고대사 학계에서 큰 논쟁을 불러일으켰다. 거기에 불을 지핀 사람이 전후 역사학의 기초를 다진 한 사람으로 평가되는 이시모다 쇼石母田正이다.

이시모다는 독일 철학자 게오르그 헤겔이 19세기 초에 전개한 영

- 청동제 꺾창

웅에 대한 고찰을 길잡이 삼아 《고사기古事記》와 《일본서기日本書紀》에 나오는 야마토타케루日本武尊와 진무神武 천황에게서 고대 그리스의 아가멤논과 아킬레우스와 공통되는 모습의 잔영을 찾아내었다. 굳이 '잔영'이라고 한 것은 《고사기》와 《일본서기》의 작가와 그들이 속한 8세기의 천황제 고대 국가가 가지고 있던 통치 사상으로 인해, 헤겔이 말하는 영웅으로서의 본래 성격이 왜곡되었다고 보기 때문이다.

물론 야마토타케루라는 인물이 실재했을 가능성은 낮다. 그러나 이시모다는 《고사기》와 《일본서기》가 쓰인 8세기에서 수백 년을 거슬러 올라가, 일본열도에서 고대 국가의 형태가 점점 완성되어가는 여정에서 민중의 이해를 대표해 전투를 승리로 이끌고 간 군사적 유력자가 생생하게 약동하던 시대가 실재했다고 보았다. 그리고 이러한 영웅들의 모습은 8세기 당시 정치를 이끌던 귀족의 뇌리에 남아 있었으며, 당시 귀족들이 그 기억을 황실 중심의 통치 사상으로 윤색해서 왜곡시킨 결과가 역전의 영웅으로 불리는 야마토타케루라고 말한다.

그러나 이시모다의 영웅시대론은 적극적으로 평가되지 못하고 많은 반론에 부딪혔다. 결국 이시모다는 '영웅시대'라는 단어를 더 이상 입 밖에 내지 못하게 되었다. 여기에는 여러 가지 원인이 있겠지만, 철학자 헤겔의 영웅론을 천칭으로 삼아 훨씬 오래된 그리스의 고대 영웅과 비교하는 스케일 자체가 황국사관을 극복하고 순식간에 과학성을 증대시켜 고증면에서도 이론면에서도 세밀하고 엄밀해지고 있던 1950년경의 고대사학의 정교한 틀 안에 들어갈 수 없었기 때문일 것이다.

그러나 한편으로 이시모다가 상정한 영웅시대에 해당하는 4~5세기의 고분 대부분에서 철제 갑옷과 투구, 검과 칼, 화살촉과 같은 무기가 다량으로 부장된 사실이 점차 밝혀지기 시작했다. 무기로 둘러싸여 영면에 든 주인공은 아마도 생전에 전쟁터에서 권위를 인정받고, 갑옷이나 투구와 같은 군장으로 몸을 치장함으로써 사회적인 지위를 드러내는 군사 지휘자로서의 성격이 강했던 유력자였을 것이다. 야마토타케루의 모습에서 이시모다 쇼가 그 면모를 겨우 파악했듯, 갑주로 몸을 보호하고 싸우는 그들은 고대 국가의 여명을 고하는 영웅들의 이미지와 확실히 겹치는 부분이 있다.

영웅할거시대인 고분시대

영웅이라는 개념을 이용해 역사를 서술하기에 앞서 주의할 부분이 몇 개 있다.

 하나는 일본에서 과학적이고 민주적인 역사학이 처음 시작된 것이 제2차 세계대전에서 패전한 후라는 것이다. 바로 그 시점에서 이시모다가 영웅시대론을 제창한 의도를 파악해야 한다. 그 의도란 일본 고대 국가는 당초부터 천황을 중심으로 한 일체―體로서 탄생된 것이 아니라, 각지의 많은 유력자들이 서로 싸우는 격동 속에서 형성되었음을 주장하는 것, 즉 '만세일계'*의 황국사관을 극복하는 것이었다. 지금 이러한 생각을 가지고 일본열도 내 고분을 보면 다른 지역들의

- 일본 황실의 혈통이 단절된 적 없이 한 핏줄로 이어져 있다고 주장하는 견해

무덤과 구별되는 점들을 발견할 수 있다. 다나카 미가쿠田中琢가 강조하듯이 이집트 피라미드(파라오의 무덤)와 고대 중국의 황제릉과 달리, 고분은 규슈에서 도호쿠 남부까지 어디에서나 축조되어 있다는 점이 주의를 끈다. 분구 길이 200미터를 넘는 전방후원분前方後圓墳은 나라奈良현 등의 긴키 중앙부에서도 대왕릉과 천황릉에 준하는 수준이라고 할 수 있지만, 그 정도의 고분은 오카야마현·군마群馬현·미야자키宮崎현 등 지방에도 존재한다.

  그렇지만 오늘날 고분시대를 연구하는 데서 야마토大和 정권이나 대왕 정권이라는 용어가 종종 사용되는 점에서도 엿볼 수 있듯이, 이 사실이 제대로 평가되지 못하고 있다. 고분시대의 약 400년간을 통틀어서 일관되게 중앙으로서 긴키 지역의 우월성이 강조되는 경향이 있다. 역시 긴키 지역의 세력과 대왕을 기반으로 일본열도 내 고대 국가가 형성되었다고 보는 도식을 읽어낼 수 있다.

  긴키만이 아니라 기타 지역에서 축조된 대고분에서도 국가의 형성을 엿볼 수 있다. 그곳에는 갑주·도검刀劍·궁시 등의 무기와 무구가 대량으로 부장되었다. 많은 무기·무구와 더불어 영면에 든 영웅이 고분시대에는 일본열도 여기저기에서 군림하며 격전을 벌였다. 그중의 한 사람이 스스로를 대왕이라고 내세웠을 테지만, 그와 거의 같은 무기를 가지고 같은 형태와 크기의 무덤에 들어가는 권위를 가진 영웅이 다른 곳에도 있었다. 이 영웅들 간에, 달리 말하면 긴키를 포함한 각지의 지방 세력 간에 전개된 경쟁과 협력의 복잡한 관계가 만들어 낸 역동적인 활동을 배제하고서는 야요이시대에서 고분시대로 이행하는 과정을 이해할 수 없다. 약동하는 영웅들의 모습을 드러냄으로써 지금까지의 긴키 중심 역사관에서는 볼 수 없었던 고대 국가 형성 과정의 동적인 측면이 드러날 것이다.

영웅은 왜 칭송받는가

영웅이라는 개념을 사용할 때 주의할 두 번째 사항이 있다. 왜 사람들은 영웅을 칭송하고 숭배할까?

우리는 영웅을 좋아한다. 영웅의 대명사 같은 나폴레옹을 살펴보자. 지금까지 몇만 명이 그의 일대기를 연구하고, 전 세계적으로 몇천만 명이 그의 전기를 읽고 설레어 했던가? 나폴레옹 외에도 나라마다, 민족마다 영웅이 있다. 이들은 각 나라 사람들 사이에서 많이 회자되고 칭송받아왔다. 일본에도 있다. 미나모토노 요시츠네源義経, 오다 노부나가織田信長, 오이시 쿠라노스케大石内蔵助 등등. 그들은 몇만 번 사람들의 입에 올랐으며, 그들의 일대기는 무대에서, 또 다른 곳에서 이야기로 얼마나 많이 공연되어왔던가? 극과 영화만이 아니라, 영웅을 소재로 한 그림과 음악도 많다.

예술과 예능 세계에서 사람들은 지금도 한 시대의 영웅을 묘사하고 연기한다. 다른 사람들은 연기로, 그림으로 부활한 영웅을 보고 공감하며 동경한다. 고대 사람들이 서사시로 영웅을 묘사하고 계속 회자한 것과 공통되는 부분이 있다. 또한 그것은 어쩌면 영웅으로 군림한 자신들의 두령을 위해 큰 고분을 만들고 많은 무기와 함께 그를 묻어서 저세상으로 보낸 고분시대 일본열도 사람들이 가지고 있던 마음과도 연결될 것이다.

 그렇다면 고려해야 할 것이 하나 있다. 영웅은 언제나 전투와 전쟁을 배경으로 등장한다는 사실이다. 전투라는 배경 없이는 영웅도 존재하지 않는다. 고대 사람들과 우리의 가슴을 뜨겁게 달구는 것은 무기를 가지고 난관을 넘어 적을 무너뜨리는 영웅의 모습이다. 그렇기 때문에 영웅에 공감하는 것은 전투를 긍정하는 것이다. 이성적으로는 반대해도 감성적으로는 전투라는 살육 행위를 받아들이고 있는 것이다. 생각하기에 따라서 영웅은 살육자다. 이것이 바로 영웅이 가진 어두운 측면이다.

영웅은 상징으로 존재한다

호메로스의 서사시를 보면, 영웅은 많은 사람을 통솔하고 그들의 이해를 대표해서 전투의 선두에 선다. 사람들은 영웅을 자신들의 이상형으로 보고, 상징으로 받아들이고, 그와 함께 싸운다. 지금까지는 역사학에서 국가 형성기의 무력은 권력을 장악한 유력자가 자신의 지배하에 있는 사람들을 억압하기 위해 강제적으로 축적해온 것이라고 여기기 일쑤였지만, 서사시로 보면 영웅시대에 무력이 존재한 방식은 아무래도 그런 식이 아니었던 것 같다. 유력자와 그의 지배하에 있던 사람들 사이에는 공통된 이해와 목적이 있었다. 이들은 그 목적을 바탕으로 단결했고 무력을 행사하기에 이른다. 이 행위에는 지혜와 용기가 뛰어난 유력자가 더욱 강력한 무장을 장착하고 군사적인 지휘권을 휘두르는 것을 다른 사람들이 용인하고 환영한다는 배경이 깔려 있다.

이 점이야말로 깊이 생각해봐야 할 문제가 아닐까? 국가의 힘은, 특히 그중에서도 무력은 전 세계 곳곳에서 오랜 세월 동안 많은 사람을 괴롭혔다. 그러나 그 출발점은 고대 국가의 무력의 전신이라고 할 수 있는 영웅시대의 무력이었다. 이 시대의 무력은 사람들 사이에서 억지로 끌어낸 것이 아니라 오히려 사람들의 합의에 의해 유력자, 즉 영웅에게 모아지는 측면이 강했던 것 같다.

이 합의의 원천에 무력과 투쟁이라는 것에 대한 동경과 외경이라는 인간 심리가 잠재해 있는 것은 아닐까? 지금의 우리도 힘을 쥐어짠 투쟁의 장면과 격투기를 보면 흥분하고, 승자에게는 특별한 감정을 이입한다. 또한 강대하고 날카롭고 예민한 무기와 그 무기가 움직이는 것을 실제 눈으로 보면 공포감을 느끼는 한편, 그것과는 미묘하게 다른 일종의 고양감高揚感을 느끼는 경우가 있다. 이러한 마음이 인간이라는 생물종 고유의 본능에 뿌리내린 것인지, 후천적으로 만들어진 것인지는 섣불리 판단할 수 없다. 그렇지만 국가가 형성되기 전, 영웅시대의 사람들이 이미 그러한 정신 구조를 가지고 있었음은 거의 틀림없을 것이다.

'노골적인 무력 지배' 일원론에서 벗어나다

지배·피지배 관계가 생겼을 때, 지배하는 쪽의 물리적인 강제만이 아니라 지배되는 쪽의 관념적인 합의가 작용한다는 생각은 최근의 사회학과 역사학에서도 비교적 잘 드러난다. 여기서 말하는 합의의 원천으로서 지금까지 주로 주목받아온 것이 바로 종교의 힘이다. 예를 들어 특정 혈육의 인물만이 신과 선조의 영靈과 접촉할 수 있다는 관념을 가진 사람들은 그 인물, 즉 왕과 귀족이 자신들을 지배하는 것을 용인하고 환영한다.

결국 이러한 관념을 통해서 사람들은 왕과 귀족으로부터 큰 은혜를 받았다고 느끼고, 그 은혜를 공물이나 노동 봉사, 때로는 자신의 목숨을 바치는 것으로 갚게 된다. 여기에서 종교에 의한 합의에 뿌리내린 전제 지배가 형성된다. 그것은 신과 선조의 영 등 눈에 보이지 않는 초자연적 힘에 대한 외경과 동경이라는 인간 고유의 심리에 뿌리내린 것이라고 할 수 있다.

한편, 무력에 대해서는 다른 역할이 강조되어오고 있다. 위와 같은 종교의 정신적 또는 관념적 역할과는 대조를 이루는, 실제로 강제적으로 지배를 지탱하는 물리적인 역할이 그것이다. 유력자가 사람들에게서 무력을 박탈하고, 독점해서 군대를 만들어 자신의 욕망을 위해 군사 원정을 실시하거나, 사람들을 폭력으로 억압하는 구도이다. 그러나 지금까지 봐온 것처럼 국가가 형성되기 전의 무력은 사람들의 합의를 이끌어 유력자 곁으로 모이게 만들었다. 군사적인 지휘권을 휘두르는 것을 허락받은 유력자는 영웅으로서 사람들에게 환영받았던 것으로 보인다.

영웅의 권위로 보호받고, 자신들의 군사적 이상형이기도 한 영웅과 함께 싸움으로써 사람들 사이에서는 영웅을 정점으로 한 일체감이 형성된다. 다음의 국가사회로 이어지는 군사적인 통제는 폭력이 아니라 사람들의 이러한 합의에 의해 만들어진 측면을 가지고 있었을 가능성이 높다. '무武', 즉 힘에 대한 동경과 공감이 이 합의의 원천이 되었다고 생각되지만, 인간 고유의 심리에 뿌리내린 합의를 만들어낸다는 점에서 보면 무력에도 종교와 같은 역할을 기대할 수 있다.

무기와 전쟁에 대한 종래의 생각은 물리적 강제력으로서의 측면만이 중요시되는 경향이 있었다. 말하자면 '노골적인 무력 지배' 일원론이다. 그러나 이것으로는 무력의 역사 중에서 극히 일부밖에는 파악할 수 없다. 지금부터 영웅이라는 개념을 하나의 키워드로 이용하면서 당시 사람들이 전투와 무력에 대해 품어온 관념이 어떻게 만들어지고 변했는지에 주의하며 야요이시대부터 고분시대에 걸친 일본열도의 무기와 전쟁 양상의 변천을 추적하고자 한다.

2

단검·대도·동촉으로 무장을 혁신하다

철제 단검의 보급

제2장에서는 야요이시대의 일본열도에서 농경사회가 형성되면서 전투가 본격화되기 시작한 양상을 묘사했다. 당시 집단을 이룬 사람들은 인구 증가와 자원 부족을 해소하기 위해 목숨을 걸고 계속해서 다른 집단과 전투를 해야 했다. 그 가운데 전투라는 행위와 그 속에서 활약한 전사를 칭송하는 사상이 서기전 1세기 야요이시대 중반 무렵까지 규슈 북부를 중심으로 먼저 뿌리내리고, 세토우치와 긴키로 확산되어가고 있었다. 그 후 서기 1세기부터 3세기의 고분시대 무렵까지 이 사상은 어떻게 전개되었을까? 무기와 전쟁에서 부상당한 것으로 보이는 인골의 모습을 바탕으로 전술의 변화부터 추적해보자.

첫 번째는 실용 무기로서 단검의 정착이다. 이미 앞 장에서 살펴봤듯이, 검·창·꺾창이라는 3종의 접근전용 무기 가운데, 전사가 휘두르는 실용 무기로서 검이 점차 그 지위를 독점하기 시작했다. 창·꺾창은 숭배의 대상 또는 마쓰리의 행사장에서 사용되는 종교적인 무기의 역할을 담당하게 되었다. 이 역할 분담은 서기 1세기에 이르면 더욱 분명해져 규슈 북부에서 전사의 무덤에 부장되는 무기는 거의 모두가 검이 차지하는 데 비해, 창과 꺾창은 그 후 2세기에 걸쳐 점점 대형화되고 완전하게 숭배를 위한 무기로 변화되어버린다.

검이 출토된 사례는 주로 규슈 북부에 많지만, 긴키·간토에서도 최근 들어 이 시기 이전의 사례가 하나둘 발견되고 있다. 이런 점과 세토우치와 긴키에서 그때까지 사용되어오던 석제 검이 사라져가는 것으로 보아, 서기 1세기의 규슈에서 간토 부근에 이르기까지 넓은 범위에서 접근전용 무기로서 철검이 보급되기 시작했다고 봐도 무방할 것이다. 이들은 동시대 대륙의 철검에 비해 두껍고 짧은 간소화된 독특한 형태를 띠고 있어 일본열도 안에서 생산되었을 가능성이 높다고 한다.

서기 2세기, 특히 후반경이 되면 철제 단검이 급증하는데, 무덤에 부장되는 것이 대부분을 차지한다. 에히메대학교의 무라카미 야스유키村上恭通에 따르면, 철제 단검 가운데에는 극단적으로 짧은 것이 있고, 날을 담금질한 사례도 아직 알려져 있지 않아 실제로 무기로 사용했는지는 의문이라고 한다.

이는 서기 1세기에서 2세기의 무기와 전투의 관념적인 측면을 고려하는 데 대단히 중요한 견해로 나중에 다시 언급하겠다. 다만 이 시기 철제 단검 중에는 사람을 공격하기에 충분한 길이와 두께를 가진 것도 많고, 날을 담금질한 예도 많다. 따라서 무라카미가 말하는 실용성이 없는 모형 같은 단검이 출현하는 한편, 접근전용 실용 무기로서의 철제 단검이 서기 2세기 후반에는 규슈 북부를 기점으로 세토우치, 긴키에서 동일본 쪽까지 확산되었다고 볼 수 있다. 이 무렵에 나가노長野현 기지마다이라무라木島平村의 네즈카根塚 유적과 군마현 시부카와渋川시에 위치한 아리마有馬 유적의 예에서 보이는 것처럼 길이가 50센티미터를 넘는 장검도 출현한다.

대도大刀의 등장

두 번째는 칼이라는 새로운 접근전용 무기의 등장이다. 칼은 청동으로 제작되는 경우가 드문데, 일본열도에서 출토된 것은 전부 철제이다. 양측에 날을 세운 좌우 대칭형의 검이 오로지 상대를 찌르는 동작밖에 할 수 없는 데 비해, 한쪽에는 날을, 또 다른 한쪽에는 강인한 칼등을 장착한 칼은 상대를 찌르는 것도 가능하고, 가격한 후에 베는 새로운 동작도 할 수 있다. 이러한 사용방식을 장점으로 가진 칼은, 상대를 가격한다고 했을 경우 충격에 약한 청동으로 만들어봐야 바로 부러져버린다. 고도의 기술로 잘 부서지지 않는 철을 더욱 단단하게 단련해 만들어야 비로소 효력을 발휘한다.

칼은 원래 고대 중국에서 발생한 무기로, 서기전 1세기에 실용화되었다고 한다. 당시에는 최신의 귀중한 무기였지만, 서기 1세기 무렵에는 동아시아 각지로 확산된다. 일본열도에서도 서기 1세기가 되면 무기로서 충분한 기능을 발휘하는 길이 50센티미터 이상의 대도가 먼저 규슈 북부에 출현하고, 그 후 동쪽으로 조금씩 확산되어가는 모습을 볼 수 있다. 전장에서 칼이 사용된 증거도 있다. 후쿠오카현 오고리小郡시의 요코쿠마키츠네즈카橫隈狐塚 유적 옹관에 묻힌 성인 남성은 대퇴골에 분명하게 칼에 의한 것으로 보이는 베인 상처가 남아 있다. 더구나 이 남성은 목도 잘려 있었다. 서기 1세기의 사례이다. 돗토리鳥取현 아오야쵸靑谷町의 아오야카미지치靑谷上寺地 유적에서 발견된 서기 2세기의 인골 중에도 예리하게 베인 상처가 있는 사례가 몇몇 있다.

다만, 실제 칼의 출토 수는 검에 비해 매우 적다. 칼은 서술한 바와 같이 제작하는 데에 고도의 기술을 필요로 했기 때문에 야요이시대 일본열도에서는 아직 만들 수 없어, 대부분이 중국 대륙이나 한반도를 경유해 수입되었기 때문이다.

교토대학교의 오카무라 히데노리岡村秀典는 서기 1세기경의 대도가 후쿠오카현 마에바루시의 이와라야리미조井原鑓溝 유적과 사가현 가라츠시의 사쿠라노바바櫻馬場 유적 등 규슈 북부 구니의 왕으로 보이는 인물의 무덤에서 출토되었다는 점에 주목한다. 그리고 대도는 후한 왕조의 황제가 보낸 것으로, 규슈 북부의 왕들이 소지하고 있던 것이라고 생각한다. 무덤들에서 역시 후한에서 입수한 거울이 많이 출토되는 점으로 보아 그럴 가능성이 높다.

다만, 대도는 왕의 무덤만이 아니라 약간 급이 낮은 전투 수장의 무덤에서도 발견되어, 앞서 살펴보았듯이 전장에서 사용된 행적도 보인다. 적다고는 해도 대도를 소지하고 있던 사람이 왕만이 아니었던 것 같다. 이 사람들은 왕이 후한에서 받은 대도를 다시 나누어줄

때 입수했다고도 생각되고, 고대 중국에서 한반도와 일본열도 주변으로 유통된 대도를 스스로의 힘으로 입수했다고도 볼 수 있다.

서기 2세기 후반경이 되면, 대도가 규슈의 동쪽 지역에서도 출토되는데, 주목되는 점은 그 분포가 확실하게 동해 측에 치우쳐 있다는 사실이다. 산인山陰·단고·호쿠리쿠北陸 등은 규슈 북부와 긴키 중앙부보다도 대도가 부장된 사례가 많다. 이렇게 편중된 분포는 이 시기의 대도가 반드시 규슈와 긴키의 선진 지역을 통해 각지로 유입된 것이 아님을 말해준다. 오히려 바다를 매개로 해서 한반도 및 대

자료 9 대도. 왼쪽은 사가현 요시노가리쵸 요코다 유적에서 출토, 오른쪽은 요시노가리쵸 후타츠카야마二塚山 유적에서 출토(사가현립박물관 제공)

륙에 접해 있기 때문에, 대도는 동해 쪽에 많을 것이다. 결국 동해 쪽에 자리한 강력한 힘을 가진 집단이 지리적 이점을 살려, 대도 등의 무기와 기타 문물·자원을 취급하는 해상교역 집단과 접촉하거나, 스스로 동해의 해상교역에 뛰어들어 다른 곳보다 빨리 대륙과 한반도로부터 최신예 무기를 입수했다고 생각된다.

다만, 동해에서 깊숙이 들어간 곳에 위치한 긴키 중앙부에도 대도가 유입되지 않았던 것은 아니다. 나라현 덴리天理시의 도다이지야마

東大寺山 고분에서 출토된 전장 110센티미터의 대도 도신부刀身部에는 금으로 상감한 '中平(중평)'이라는 문자가 있다. '中平'은 2세기 후반 후한의 연호이고, 상감이란 새겨 넣은 부분에 금 등을 끼워 넣는 것이다. 어쩌면 이 대도는 고대 중국 왕조의 중심지에서 만들어진 권위 있는 물건이었을 것이다. 이러한 물건이 2세기에 야마토로 유입되어 고분이 축조된 4세기까지 전해진 것이라고 한다면, 긴키 중앙부 등에서 활약한 유력자도 자유로운 해상교역과 다른 길로, 즉 고대 중국 왕조와의 정치적인 교섭을 통해 최신예 무기를 손에 넣을 기회를 가졌던 셈이 된다. 〈위지왜인전〉에도 3세기에 히미코가 고대 중국 황제로부터 하사받은 물건들 가운데 거울 등과 더불어 '5척 칼 둘五尺刀二口'이라는 부분이 나온다. 말할 것도 없이 철제의 긴 대도이다.

동촉의 유행

서력기원 후 무기가 변화한 양상에서 마지막으로 이야기할 것이 있다. 바로 청동제 화살촉, 즉 동촉의 유행이다. 검 등과 달리 화살촉은 철제보다 청동제가 더 늦게 보급되는데, 본격적으로 널리 퍼지는 것은 서기 1세기경이다. 동촉도 당시 고대 중국에서 사용하던 무기로, 단면 삼각형인 '삼익식三翼式'과 단면 원형의 축 양측에 날개 모양으로 뻗어 있는 '양익식兩翼式'이 있다. 두 종류 모두 고대 중국으로부터 수입한 것이라고 인정되나, 곧 각각의 계통을 잇는 것이 일본열도에서도 만들어지기 시작한다. 거푸집은 현재 규슈에서밖에 발견되지 않

자료 10 동촉. 나라현에서 출토
(나라현립가시하라고고학연구소 부속박물관 제공)

지만, 긴키에서 미제품이 출토되고, 도카이에서는 철촉의 수 배에 이르는 양의 동촉이 출토되었다. 고대 중국에서 유입된 동촉은 대체로 서기 1세기 중에 본격적으로 제작되고 사용되어 일본열도 곳곳으로 확산되었음이 확실하다.

대부분의 동촉은 같은 시기의 철촉에 비해 작고 가볍다. 큰 것도 있으나 대부분은 길이 4센티미터 미만, 중량 3그램 정도이다. 이 때문에 동촉을 실용 무기가 아니라고 보는 설이 있었다. 그러나 돗토리현의 아오야카미지치 유적에서 이 작은 동촉이 인골에 깊이 박힌 사례가 몇몇 발견된 점으로 보아, 전장에서 사용되었음은 의심의 여지가 없다. 원래부터 고대 중국에서 발발했던 전쟁에 이용된 동촉도 결코 크지 않다.

뛰어난 성능을 가진 무기를 대량으로 만들다

동촉을 대인용 무기로 본다면, 이것이 소형이며 가볍다는 것은 어떤 의미를 가지는 것일까? 우선 화살촉이 가볍다면 그것을 단 화살도 짧아야 한다. 화살이 똑바로 날기 위해서는 중량의 균형이 중요하기 때문이다. 그리고 화살이 짧으면 활의 길이도 제한된다. 실제 대륙의 활은 벽화에서 표현된 것이나 출토품을 봐도 전장 1미터 정도의 것이 많고, 이는 일본열도의 야요이시대 유적에서 발견되는 활의 평균치보다 약간 짧다. 다만 이 대륙의 짧은 활은 만궁彎弓이라고 하며, 시위를 당길 때의 휜 방향과 반대 쪽에 시위를 걸어 당기는 강력한 것이었다고 생각된다. 짧으면서 강력한 활로 조그마한 화살촉을 단 경량의 활을 발사하면, 빠른 속도를 낼 수 있고 예리한 관통력과 긴 비거리를 얻을 수 있다.

일본열도에서 서기 1세기 이후에는 만궁이 출토된 예는 알려진 바 없다. 그러나 사가현 가라츠시의 나바타케 유적에서는 서기전 5세기에서 서기전 4세기로 거슬러 올라가는 짧은 만궁이 발견되었다. 원래 나무로 만들어진 활은 부패되기 쉽다. 따라서 현재 남아 있는 고작 몇몇 자료가 어느 정도의 실상을 이야기해주는지 알 수 없다는 점도 고려해보면 서기 1세기에도 동촉을 단 경량의 활을 날리기 위한 강력한 단궁이 있었다고 봐도 좋을 것이다. 사실 〈위지왜인전〉에는 왜로부터 고대 중국 황제에게 헌상된 물품들의 하나로서, '단궁'의 이름이 전해지고 있다. 서기 일본열도에는 작지만 가벼운 동촉을 단 화살을 날리는 짧고 강력한 활이 있었을 가능성이 높다.

자료 11 동촉 거푸집. 후쿠오카현 가스가시 스구사카모토 유적(사카모토 지구)에서 출토(가스가시교육위원회 제공)

동촉은 또 다른 특성을 가지고 있다. 같은 형태·같은 크기, 더구나 같은 무게의 화살촉을 집중적으로 대량 생산할 수 있다는 이점이다. 1998년 후쿠오카현 가스가春日市시의 스구사카모토須玖坂本 유적에서 발견된 동촉 거푸집은 중국의 양익식 계보를 잇는 실용적인 소형 동촉을 한 번에 50개나 만들어낼 수 있다. 이 거푸집은 사암의 한 면을 편평하게 연마하고, 동촉 형태를 균등하게 나누어 깎아내어 만든 것으로 50개의 동촉을 모두 같은 형태·같은 크기·같은 무게로 세공한 흔적이 확인된다. 이 거푸집을 한 번 사용하면 50개, 두 번 사용하면 100개의 같은 형태·같은 크기·같은 무게의 동촉 다발을 만들 수 있었다.

궁도弓道 경험자라면 실감할 수 있겠지만, 궁시의 명중도는 활을 쏘는 조건이 좌우한다. 즉 얼마나 매번 같은 조건에서 활을 발사할 수 있느냐에 따라 화살의 명중도가 정해진다. 같은 길이와 무게로 균형을 유지한 균질한 화살을 같은 방향, 같은 발사속도로 쏘아 올릴 경우 화살은 항상 같은 곳에 집중한다. 이 가운데 방향과 발사 속도는 사수의 실력 나름이겠지만, 같은 길이와 무게의 화살을 많이 만드는 것은 당시의 기술에 달려 있다. 그중에서도 가장 중요한 것은 얼마나 균질한 화살촉을 다량으로 만들어낼 수 있는가이다.

철촉의 경우는 서로 다른 소재에서 하나씩 두드려 만들기 때문에 치수와 무게를 균질하게 맞추어 다량으로 생산하기 어렵다. 특히 긴키로부터 동쪽 지역은 서기 3세기경까지 단타鍛打로 철기를 만드는 기술이 미숙했다고 이야기된다. 대륙에서조차 철촉을 본격적으로 만들기 시작한 것은 서기전 1세기의 일로, 서기 1세기가 되어도 동촉이 전투용 화살촉의 주력이었다고 생각해도 무리가 없다. 이 시대 일본열도에서 균질한 화살의 다발을 대량으로 생산하는 명제에 확실하게 부응할 수 있었던 것은 철촉보다 동촉이었다고 봐야 한다.

무기와 전투 기술의 혁신

이상의 검토를 통해 서기 1세기부터 3세기에 들어설 무렵까지의 기간, 즉 야요이시대 후반의 일본열도에서는 꽤 큰 규모로 무장의 혁신이 진행되었음이 밝혀졌다. 그 하나가 바로 '철검'이라는 일본열도산 철제 무기와 제작 기술의 보급이다. 이 기간에 무기 재질이 '돌'에서 '금속'으로 쇄신되었는데, 무장의 혁신은 이때 거의 완전히 달성되었다.

그리고 다른 하나는 대도와 동촉이라는 고대 중국에서 발생한 무기가 대량으로 도입된 것이다. 주로 고대 중국에서 만들어진 제품으로 유입되었다고 생각되는 대도는 적을 치고 노리는 종래의 검으로는 할 수 없었던 공격법을 가능하게 만듦으로써 접근전의 전술을 혁신시켰을 것이다. 또한 비거리가 나오는 작고 가벼운 활을 대량으로 균질하게 만들어낼 수 있는 동촉의 생산 기술이 뿌리 내리면서 궁시의 전술 내용도 변했다고 생각된다. 구체적으로 말하자면, 각각의 화살의 무게와 균형이 다른 석촉과 철촉으로는 어려웠던 전법, 즉 더욱 멀리 있는 적에게 더욱 많은 화살을 더욱 정확하게 집중시키는 소사掃射 전법이 이 무기의 수입으로 더 쉬워졌다.

소형이면서도 가벼운 동촉을 단 화살을 쏘는 무기로 바로 앞에서는 단궁을 상정했지만, 동촉의 본고장인 고대 중국에서는 이것을 쏘는 데에 발사대와 방아쇠를 단 쇠뇌[弩]가 사용된다. 중국계 무장의 도입이 진행된 야요이시대 후반의 일본열도에 쇠뇌가 전해졌을 가능성이 크다고 예상되지만 지금까지는 자료가 없었다. 그러나 1999년 시마네島根현 이즈모出雲시에 위치한 히메바라니시姫原西 유적의 3세기경이 중심일 것으로 생각되는 층에서 쇠뇌 발사대 같은 목제품이 발견되었다. 이것이 실용품인지 어떤지에 대해서는 의견이 갈리고 있다. 일단 사례가 더 축적되어야 자세히 알 수 있겠지만, 이 시기 일본열도에서 쇠뇌가 이용되었을 가능성을 진지하게 논의할 단계에 접어들었다고 할 수 있다.

쇠뇌의 실용 여부를 떠나 유효한 소사 전법이 가능해졌다는 것은 적과 아군 사이의 거리를 더 멀게 만들고 더 많은 사람이 참가하는 집단전이 발달했음을 짐작할 수 있게 한다. 이를 통해 생각할 수 있는 것은 2세기부터 3세기에 들어설 무렵, 나무로 만든 방패의 출토 사례가 서일본 각지에서 매우 많아진다는 점이다. 전사가 한 손에 들고 상대의 무기를 피하는 '쥐는 방패'와 전진에 나란히 세워 적의 활을 막는 '놓아두는 방패'가 있는데, 후자가 특히 많이 발굴되는 것 같다. 아직 확증은 없지만, 서기전까지 주류를 점했다고 생각되는 전투는 적은 인원으로 마을을 공격하는 형식이었다. 놓아두는 방패가 증가한 것은 이와 이질적인 야전이나 회전會戰*을 포함한 본격적인 집단전이 이 무렵부터 시작되었을 가능성이 높다는 점을 시사한다. 1세기까지 충분히 많이 보이던 마을의 환호가 3세기에 들어서면 동일본 일부를 제외하고 거의 사라지게 되는데, 이것은 오사카대학교의 쓰데 히로시都出比呂志가 말하듯이 전투방식이 마을 공격에서 야전으로 변화되었음을 나타내는 것이라고 봐도 좋을 것이다.

• 대규모 병력이 일정 지역에 모여 벌이는 전투

3　한반도의 철을 찾아 바다를 건넌 왜인들

고대 중국 문물에 대한 동경

무기와 전투 기술의 혁신을 초래한 야요이시대 후반, 즉 1세기부터 3세기에 들어설 무렵까지의 전투를 야요이시대 '제3기 항쟁'이라고 부른다면 이 항쟁은 누구와 누구의, 또는 어디와 어디의 전투였을까?

이 질문에 대답하는 하나의 방법은 서기전의 제2기 항쟁에서 나타난 전투를 고찰하는 데서 시도했던 것과 같다. 바로 지역별 무기의 종류와 형태의 차이를 파악한 뒤에 각 지역의 무기 확산의 모습을 조사해보는 것이다. 그러나 이미 살펴본 대로 서력기원 후에는 철검이든 철도이든 또는 동촉이든 간에 규슈에서 동일본까지 넓은 범위에서 거의 같은 형태의 무기가 사용되어온 것으로 보아, 무기의 지역색이라는 것은 매우 옅어진다.

예전에 나는 이 현상을 규슈에서 동일본에 걸쳐 각지의 유력 집단이 섞여 싸우게 된 결과로 보았다. 이 시기의 전투를 통해 각 집단은 무기를 교류하면서 모방하기 시작했으며, 이에 따라 넓은 범위에 걸쳐 비슷한 무기가 출토되었다고 본 것이다. 그러나 이 시기에 존재했던 취락 등의 양상을 보면, 무기 형태가 서로 섞일 정도로 격한 전투가 장기간에 걸쳐 반복된 흔적이 거의 없다. 이러한 해석은 이제 더 이상 성립되지 않는 듯하다.

그러면 이를 대신하는 새로운 해석을 내릴 수 있을까? 힌트의 하나가 거울이다. 서력기원 후부터 눈에 띄는 현상이 있다. 바로 고대 중국의 거울이 일본열도로 다량으로 유입되기 시작한 것이다. 서기 1세기경까지는 규슈 북부의 왕과 유력자가 후한의 거울을 다수 입수하는데, 2세기 후반에 이르러 후한 멸망의 동란기에는 일단 유입량이 줄어드는 듯하다. 그러다 계속해서 3세기의 삼국시대에 다시 많은 거울이 일본열도로 들어오고 이번에는 세토우치와 긴키의 유력자들에게 집중되어 전해지는 경향이 보인다.

1세기부터 3세기의 유력자들 사이에서 보이는 일관된 고대 중국 문물에 대한 동경이 같은 시기의 중국계 무장이 활발하게 도입되는 움직임의 저류로 깔려 있었을 것이다. 즉 각지의 유력자와 전투 수장이 대도·동촉 또는 쇠뇌와 같은 선진적인 중국계 무기를 대륙에서 혹은 한반도를 통해 경유하거나 동해와 동중국해의 해상교역자를 통해 각각 입수한 결과, 대륙계라는 공통점을 가진 무기의 넓은 분포권이 일본열도에 광범위하게 형성되었다고 볼 수 있다.

이 시기에 널리 퍼지는 무기 가운데, 검만이 대부분 일본열도산인 점은 앞서 설명한 대로이다. 검의 형태를 자세히 보면 규슈 북부에서는 비교적 길고 충분한 두께를 가진 것이 많고, 주부와 간토에서는 소형으로 얇고 비실용기로 의심이 드는 제품이 많다. 따라서 검은 일본열도 안의 다양한 지역에서 생산되었을 가능성이 높다.

다만, 검 가운데서도 2세기부터 3세기에 들어설 무렵에 출현하는 길이 50센티미터 이상의 장검은 일본열도의 기술로 제작되었다고 보기 어렵다. 이것들은 고대 중국에서 만들어졌거나 또는 한반도에서 만들어진 것으로 생각된다. 사실 나가노현의 네즈카 유적에서 출토된 장검은 손잡이 부분에 한반도풍의 디자인이라고 여겨지는 궐수蕨手형 장식이 붙어 있기 때문에 거의 확실히 한반도에서 만들어진 것으로 보인다. 네즈카 유적은 나가노현에서도 동해에 가까운 곳에 있다. 이 장검은 규슈나 긴키를 거치지 않고 동해의 교류관계를 통해 한반도에서 직접 이 지역으로 유입되었을 것이다.

무기와 전투 기술이 활용된 '왜국난倭国亂'

서기 1세기부터 3세기 무렵의 전투에 대한 구체적인 경과를 고고학 자료로 복원하는 것은 불가능에 가깝다. 기댈 곳은 극히 적은 문헌자료뿐이다. 〈위지왜인전〉에는 일본열도 중앙부, 즉 왜에서 발생한 2세기부터 3세기에 걸친 정치적 변동에 대해 언급되어 있는 부분이 있다. 거기에는 이렇게 쓰여 있다. "왜에서는 원래 남성을 왕으로 세웠지만, 그러한 상태가 70~80년 정도 계속되자 혼란에 빠져 서로가 공격하면서 세월이 흘렀다. 그래서 한 여성을 공동으로 옹립하여 왕으로 삼았는데, 이름 지어 히미코라고 하였다."

여기에 기록된 혼란의 시기는 《후한서後漢書》 등과 같은 다른 문헌에서 보이듯 2세기 후반에 해당할 가능성이 높다. 그러므로 남성을 왕으로 삼던 시기는 그로부터 70~80년 거슬러 올라가는 1세기 말이나 2세기 초이고, 히미코가 왕으로 추대된 것은 3세기에 들어설 무렵일 것이다. 혼란이 있기 전 남성의 왕에 대해서는 한 명의 남자 왕이 70~80년간 재위했다는 의미인지, 그 사이에 남성을 왕으로 세우도록 되어 있어 몇 대 동안 계속해서 남성이 왕의 역할을 했다는 의미인지는 명확하지 않다. 확실한 것은 남자 왕부터 히미코까지 자신의 실력으로 왕위를 차지한 전제군주가 아니라, 각 유력 집단의 장 가운데에서 추대되는 존재였다는 점이다. 그리고 이 왕의 지위가 각 유력 집단 간의 전투 대상이 되었던 것으로 보인다.

여기에서 말하는 왕이란 왜인의 정치적 대표권자로서 고대 중국 왕조가 공식적으로 인정한 존재이다. 다카쿠라 히로아키高倉洋彰에 따르면, 이보다 앞선 서기전 단계에는 앞서 소개한 후쿠오카현 가스가시의 스구오카모토 유적 D호 옹관에 묻힌 인골 등은 고대 중국 왕조가 공식적으로 인정한 존재로 봐도 무방하다고 한다. 이 옹관에는 약 30점의 거울을 비롯해, 다른 지역에서 볼 수 없을 정도로 많은 양의 고대 중국 문물이 부장되어 있다. 또한 그의 통솔 아래에 있던 스구 유적군은 유리 제품과 금속기 생산 면에서 '야요이 테크노폴리스'라고 불릴 정도의 선진 기술을 자랑하며 융성했다. 이러한 점으로 볼 때, 왜인사회에서 왕의 지위는 신분이 가져다주는 정치적 위신만이 아니라, 선진 문물을 획득하는 데 유리한 확보로 이어졌을 것이다.

왜왕의 지위 분쟁은 고대 중국의 선진 문물을 유리하게 획득할 수 있는 입장에 서기 위한 것이었다. 이를 둘러싸고 규슈는 물론 각지의 유력 집단들이 서로 싸우게 된 것이 〈위지왜인전〉이 전하는 2세기 후반에 벌어진 왜국난의 내용이다. 왜국난은 이 시기에 도입된 무기와 전투 기술이 활용되는 배경이 된 것으로 보인다.

한반도로 건너가는 왜인

〈위지왜인전〉에 기록되어 있는 것은 오로지 고대 중국과 왜와의 교류에 관한 기록이다. 그러나 유력자가 입수한 무기 가운데 한반도에서 만들어진 것으로 보이는 것이 있는 바로 유추하건대, 왜의 유력자와 전투 수장들은 당시 한반도와도 밀접한 교류관계를 맺고 있었다.

《삼국사기三國史記》를 보면 1세기에 3회, 2세기에 6회, 3세기에 11회에 걸쳐 '왜인', '왜병', '왜국' 등이 신라 땅과 그 주변에 나타나 내습來襲하거나 통교를 요구했다는 내용이 담겨 있다. 예를 들어 서기 14년에는 왜인이 배 100척을 가지고 당시 신라 땅을 공격해 해안의 민가를 습격했다는 기록이 있고, 193년에는 굶주린 왜인 1,000여 명이 식량을 얻기 위해 한반도로 건너왔다는 흥미로운 기술이 확인된다.

원래 이 역사서는 12세기 한반도를 지배하던 고려의 조정에서 편찬한 것이기 때문에 옛 시대에 대한 내용의 신빙성이 매우 의심스럽다. 그렇다고는 해도 고대사의 요시다 아키라吉田晶도 이야기했듯이 왜의 침공을 받았던 때의 고려 조정 입장에서 보자면 굴욕적인 역사적 사실을 굳이 만들어 기술했다고 보기 어렵다. 따라서 어쩌면 이 책을 편찬할 때 이용한 오래된 원본 사료 속에 이러한 기록이 포함되어 있었을 것이다. 물론 그러한 사료들도 신빙성이 높지 않지만, 대체로 1세기 이후 왜인이 한반도로 들어와 그곳의 집단과 교류하며 때로는 문제를 일으켜 무력을 행사하는 상황이 꽤 빈번하게 발생했을 가능성은 엿볼 수 있다.

이러한 왜인의 행동 목적에는 당시 한반도의 선진 문물을 확보하는 데에 있었을 것이다. 앞서 살펴본 네즈카 유적의 한반도풍의 장검이 좋은 예이다. 또한 한반도를 통괄하기 위한 출장기관으로서 고대 중국 왕조가 지금의 평양 인근에 설치한 낙랑군 등을 통해 상당한 양의 중국계 문물이 한반도에 유입되었는데, 이들도 또한 왜인들의 관심의 대상이 되었다고 생각된다. 이 시기 일본열도 내의 중국계 문물은 고대 중국에서 직접 들어오는 것도 적지 않았지만, 한반도를 경유해 유입된 것도 있었을 것이다.

왜인과 철

게다가 왜인이 한반도로 건너간 또 하나의 큰 목적이 있다. 바로 철이다. 1세기부터 3세기라고 하면 가장 먼저 철기가 확산되기 시작한 규슈 북부를 포함해 그 이외의 일본열도 각지에도 철기가 전해져 석기와 거의 교체되던 시기에 해당한다. 그 사이에 일본열도에서는 철의 수요가 착실하게 증가하고 있었는데, 그 수요를 충족시킬 정도로 일본열도 안에서 철이 생산된 흔적은 아직 확실히 발견되지 않았다. 통설대로 이 단계에 철기 소재의 대부분은 일본열도 외부에서 유입되었다고 생각해도 좋을 것이다. 입수처를 몇몇 추정할 수 있는데, 주된 것은 가장 왜와 가까운 곳에 있고 오래전부터 철 자원을 개발하고 있던 한반도 남부였다고 생각된다.

무라카미 야스유키는 규슈 북부의 왜인들이 자발적으로 한반도 남부의 철산지로 들어가 제철을 했을 가능성이 있다고 설명한다. 한편 철 소재와 제품을 중개하는 왜계와 한반도계 교역집단과 같은 사람들을 통한 상행위도 있었다. 또한 이후의 364년에 백제 왕은 왜국의 사자에게 철을 소재로 만든 철정鐵鋌(철을 늘인 판) 40매를 보내왔다고 《일본서기》에 기록되어 있다. 이러한 양 유력자들 간의 정치적 증답贈答과 공적인 교환·수입 등도 오래전부터 있어왔을 것이다.

이렇듯 일본열도는 한반도 남부로부터 철 소재를 입수하기 시작했는데, 앞서 이야기한 대로 다양한 형태로 수입이 이루어진 것 같다. 철 소재를 입수하기 위해 오는 왜인의 집단도 하나가 아니었던 것 같다. 왜국 왕들의 집단도 있고, 다른 유력 집단도 있었을 것이다. 교역자와 같은 사람들도 왜인 중에 있었다고 생각된다. 게다가 규슈 북부처럼 철의 가공 기술이 발달한 지역도 있었지만, 긴키의 동쪽 지역과 같이 기술 발달이 뒤쳐진 곳이 있었기 때문에 한반도에서 가지고 오는 철의 형태도 소재부터 제품까지 다양했을 것임에 틀림없다. 물론 왜인들 사이에서도 철 소재와 관련한 제품의 교환과 유통도 상당히 활발했을 것이다.

그런데 어떤 형태라 할지라도 왜인의 입장에서는 다른 민족의 영역으로 들어가 그들의 소중한 자원과 물품을 받아오거나 요청하는 것이므로, 그에 상응하는 직접적·간접적 대가를 갖추어야 했을 것이다. 소재이든 제품이든 외부 사회로부터 철을 얻는 한, 대가를 지불할 경제력이 필요했을 것이고 정치적인 교섭력, 때로는 강력한 무장을 갖추는 것이 철을 유리하게 확보할 수 있는 조건이 되었다고 생각된다.

《삼국지》〈위서한전변진조魏書韓傳弁辰條〉의 기술에 따르면, 왜인만이 아니라 한韓·예濊 등의 다른 민족도 한반도 남부의 철을 얻기 위해 왔다고 한다. 어느 정도 조정이 이루어졌겠지만, 권익과 대상代償을 둘러싸고 그들 상호 간에 그리고 지역민들과의 사이에 긴장과 대립이 발생하지 않았다고 보는 것이 오히려 부자연스럽다. 그렇다고 한다면 철을 찾아서 한반도를 왕래하는 왜인들이 무방비 상태였다고 생각할 수 없다. 아마 일정한 무장을 갖추고 있었을 것이다. 그 무력을 실제로 행사하는 경우가 어느 정도였는지 불분명하지만, 적어도 무장하는 것 자체가 가지고 있는 위협의 효과를 의식하고 있었을 것이다. 또한 귀중한 재물을 가지고 긴 여정을 안전하게 왕래하기 위해서는 무장이 불가결하다는 것은 역사상의 장거리 교역 집단의 모습에서 쉽게 알 수 있다.

전투의 배경

지금까지의 검토를 통해 서기 1세기부터 3세기에 발생한 야요이시대 제3기 항쟁의 성격에 대해 짐작할 수 있게 되었다.

그중 하나가 고대 중국 왕조에 대한 왜인의 대표권자—왜국왕—의 지위를 둘러싼 각지의 유력자들 간의 경쟁이다. 또 하나는 철 자원 입수를 둘러싸고 일어났다고 생각되는 한반도 남부의 지역 집단과 타 민족과의 긴장, 그리고 그곳에서 발생한 왜인 유력자들 간의 대립이다. 이 두 가지 대립과 항쟁은 실제로 동일한 사항에 대한 다른 측면이라고 생각된다. 왜냐하면 서기전 2세기 말 이후 고대 중국 왕조는 낙랑군과 대방군이라는 출장 기관을 통해서 한반도를 엄중하게 감시하고 있었기 때문이다. 고대사를 연구하는 야마오 유키히사山尾幸久의 말에 따르면 한반도의 귀중한 산물인 철 자원을 원활하게 입수하기 위해서는 한반도를 감시하던 고대 중국 왕조와 친분을 유지하지 않으면 안 되었을 가능성이 있다.

이처럼 서기 1세기 이후 왜인이 고대 중국 왕조에 사신을 보내고, 통교를 요청하며 그 대표자인 왜국 왕이라는 지위를 두고 경쟁한 것은 선진 문물만을 위해서가 아니었다. 당시 무기 중 으뜸의 재료로 사용된 철이라는 기초 자원을 유리하게 입수하기 위해서라는 의도가 근본적으로 깔려 있었을 것이다.

새로운 사회 변동을 일으킨 '철'

원래 당시의 왜인은 여기에서 말하는 선진 문물과 철을 별개로 취급하지 않았을 것이다. 휘황찬란한 직물과 거울과 무장은 철을 이용하는 개명開明적인 세상에서 살고 있는 귀인들의 복장과 소유물이다. 그

것으로 몸을 치장하는 것 자체가 철기 사용을 일상화하는 생활양식에 뿌리내린 문화의 행위이고, 철기가 주체가 되는 생활을 영위하는 것 자체가 철기사회를 규제하는 세계관·종교관과 사물에 대한 생각에 속하는 것이 되기 때문이다.

물론 물질 자원으로서의 철을 도입했다는 사실만을 봐도 당시 사회가 매우 큰 경제적 효과를 누리고 있었음을 추측할 수 있다. 앞에서 이미 봐온 것처럼, 농경사회는 언젠가 마주하게 될 인구 증가와 자원 부족 속에서 집단 간의 무력 항쟁을 격화시키고, 규슈 북부에서는 집단의 계층질서로서 구니를, 다른 지역에서는 매우 느슨한 집단 간의 군을 만들었다. 이들이 인구에 알맞은 생산을 유지하기 위해서는 더욱 철저하게 자원을 개발할 수밖에 없다.

1세기부터 3세기에 걸쳐 종래부터 있던 전통적인 대취락도 곳에 따라 남아 있는 한편, 다른 장소에서도 대취락이 발생하고 평야 주변부와 그곳에서 떨어진 구릉 위와 산간부에 많은 소취락이 출현하는 현상이 나타나는데, 특히 세토우치보다 동쪽에 위치한 지역에서 종종 확인된다. 이는 그러한 자원 개발이 실행에 옮겨진 결과일 것이다. 그때까지의 대취락을 유지한 채, 주변을 철저하게 확대·개량시키던 집단도 있는 반면, 피폐한 경지를 버리고 새로운 들판을 개척하고 마을을 통째로 이동한 대집단도 있었다. 또한 인구가 넘쳐나던 평야에 위치한 마을에서 산으로 들어가 농사를 지을 땅을 개척한 사람들도 많았음에 틀림없다. 1세기부터 3세기 사이에는 이러한 여러 가지 취락 조성 등 재개발의 시도가 각지에서 실행되었다고 생각된다.

이 시기의 각지에서 보이는 취락의 눈부신 변동은 이 취락 재개발을 반영한다. 과거에는 어려웠던 대지와 경사지를 경지화하는 데 큰 역할을 했던 것이 철도끼[鐵斧]·철괭이[鐵鍬] 등의 철제 개간 도구와 경작구였다. 뛰어난 도구도 있는 반면 그에 미치지 못하는 조악한 것도 있었다. 때로는 아직 석제 도구의 도움을 빌리지 않으면 안 되는 지역도 있었다. 그러나 철제 도구를 사용하는 작업을 늘려가는 것이 종래 그 토지에서 불가능했던 개간과 경작을 서서히 가능케 하면서, 위와 같은 자원 및 취락 재개발에 힘을 보태주었음은 확실하다.

이처럼 철은 대체로 1세기부터 3세기 이후의 구니와 각 지역 집단의 생존과 발전을 반증하는 중요한 경제적 역할을 담당한다. 다만 이것은 당시까지의 돌을 철로 바꾸는 단순한 기술혁신으로만 이해할 수 없고, 왜인도 그렇게 의식하지 않았다. 앞서 서술한 바와 같이 철을 안정적으로 오랫동안 확보하기 위해서는 또 다른 것이 필요했다. 예를 들어 동아시아 정치 세계라는 클럽의 회원권과 그에 상응하는 문화 수준에 뿌리내린 일정한 생활양식과 무장이라는 완력 등이다. 그것들 없이 고대 중국이나 한반도에서 철만 가지고 오는 것은 불가능했다. 그리고 철 자체가 가지고 있는 생산력만이 아니라, 오히려 철과 밀접하게 관련되면서 필요하다고 여겨지는 이들 요소가 다음의 고분시대로 향한 정치적·사회적 변화를 이끌어내었다.

4　영웅의 등장

영웅상의 원점原點

앞서 이야기한 상황을 구체적으로 그려보면 일본열도의 고대 국가 여명기에 존재했던 영웅들의 모습이 어렴풋하게 떠오른다.

앞 장에서 봐온 대로 이미 서기전에 자원 쟁탈을 앞세운 집단 간의 항쟁이 계속되는 가운데, 전투라고 하는 행위와 함께 그곳에서 활약하던 전사와 전쟁의 수장을 칭송하는 사상이 규슈 북부를 중심으로 만들어졌다. 그러나 서력기원 후에 이르러 이들이 싸우는 목적이 되는 자원 중에서도 집단의 새로운 생존과 발전을 위한 토지와 취락의 재개발을 가능케 하는 철의 중요성이 높아진다. 그와 더불어 철의 산지인 한반도 남부와의 교류와 한반도 남부를 예의 주시하고 있던 고대 중국 왕조와의 관계라고 하는 글로벌한 시야에서의 경쟁이 격해졌다. 전투 수장이 활약하는 무력 항쟁도 이웃 집단 간의 전투에서 대륙과 한반도를 향한 교통로를 무대로 하기 시작한다. 이제껏 부딪히는 경우가 없었던 타 지역의 집단을 상대로 전투의 규모가 변한 것이다.

거의 미지의 세계였던 외부 사회를 무대로 전투와 교섭을 경험하고 승리를 경험해온 전투 수장들은 한편에서는 전투와 교섭의 과정에서 입수한 외부의 선진 문물로 자신들을 치장했다. 그리고 또 한편으로 집단의 사람들에게 생존과 번영을 뒷받침하는 생산 수단으로서 또는 그들이 동경하는 개명적 생활 재료로서의 철을 입수할 것을 보증했다. 이렇게 해서 전투 수장이 가진 힘은 점차 당시 사람들이 우러러보는 대상이 된다. 전투 수장은 많은 이의 칭송을 받기에 이른다.

앞서 살펴보았듯이 영웅은 탁월한 무력을 가지고 있으면서도 많은 사람의 이해를 대표하고 그 선두에 서서 싸우는 존재이다. 이러한 점에서 보면 서기전까지의 전투 수장들에게서도 확실하게 그 편린을 엿볼 수 있다. 그러나 당시 이들의 전투 상대 대부분은 일상적 세계에서 한 발도 나아가본 적 없는 마을들이었다. 이에 비해 서력기원 후 전투 수장들의 전투 무대와 적은 외부, 즉 비일상 세계에 속하는 것이었다.

그 배후에는 외부 세계가 크게 펼쳐져 있다. 그들을 통해 비일상 공간과 연결되어 있다는 점들이야말로 영웅의 조건이 된다. 당시 많은 사람은 영웅들의 활동과 그들이 몸에 치장하는 본 적도 없는 선진 문물을 통해 '바깥' 세계를 의식했다. 그리고 스스로 자신의 모습을 그들에게 빗댐으로써 바깥 세계와의 대결과 대화를 체험하고, 그것을 통해 '우리들'이라는 공통의 귀속의식을 만들어내었다. 영웅의 모습은 자기 자신의 모습이었고, 그들에게 만반의 무장과 강대한 위신을 부여하는 것은 우리들의 힘을 강화시키고, 그 지위를 높이는 것을 의미했다.

무기 부장의 확산

고고학적 방법으로 전투 수장이 바깥 세계와의 대결과 대화를 통해 영웅이 되어가는 모습을 구체적으로 복원할 수 있을까? 그 유력한 재료가 무기를 부장한 무덤이다. 이 무덤의 양상이 변화해가는 과정을 보면서 전투 수장이 영웅으로 성장하는 모습을 살펴보자.

앞 장에서 살펴보았듯이 서기전 1세기에는 무기를 부장한 무덤이 거의 규슈 북부에 한정되어 있었다. 그곳에는 청동 및 철제 단검을 한 자루씩 부장한 전투 수장들의 무덤이 있었다. 그리고 그들이 있던 구니의 중심부에는 수 점의 단검 외에 고대 중국에서 전래된 유리벽과 많은 수의 거울을 부장한 왕의 무덤이 있었다. 고대 중국과의 교섭을 통해 입수한 선진 문물로 치장하고 지배하고 있던 집단에게 가장 빨리 철기를 보급한 서기전 1세기의 규슈 북부의 왕은 왜인 사회에 처음으로 등장한 영웅적 존재라고 해도 좋을 것이다. 몇 번인가 언급한 후쿠오카현의 스구오카모토 유적 D지점의 옹관묘와 마에바루前原시˙의 미쿠모미나미쇼지三雲南小路 유적 1호 옹관이 이에 해

- 2010년 이토시마(糸島)시로 변경됨.

당한다.

다만, 서기전 1세기에는 규슈 북부를 제외한 지역에 아직 철기가 충분히 보급되지 않았다. 이 지역들은 지역 내 물자 거래를 경제적인 골격으로 하는 사회여서 외부 사회로 웅비를 펼칠 태세를 본격적으로 갖추지 못했다. 따라서 당시 규슈 북부의 사회는 아직 일본열도 내의 다른 지역과 상당히 격심한 경쟁 없이 철과 선진 문물을 확보할 수 있었던 것 같다.

서기 1세기에 들어서면 철이 점차 동쪽 지역으로 침투한다. 그러나 무덤의 경우를 살피면 아직 규슈 북부에 철이 우세하게 많은 것으로 보인다. 철제 단검과 드물게 철도를 한 자루씩 부장한 전투 수장의 무덤은 당시까지 규슈 북부가 월등히 많다. 왕의 무덤으로는 후쿠오카현 마에바루시에 위치한 이와라야리미조 유적의 옹관묘가 있고, 박재품舶載品* 같은 대도와 고대 중국에서 입수한 것으로 보이는 거울이 많이 부장되어 있다. 다만 이 시기에는 규슈 북부에서도 약간 떨어진 장소에 마찬가지로 대도와, 약간 적은 수이긴 하지만 고대 중국 거울을 부장한 사가현 가라츠시에 위치한 사쿠라노바바 유적의 옹관묘 같은 예가 출현한다. 또한 훨씬 먼 동쪽의 교토부의 동해 쪽 단고 지역에 속하는 나카군中郡 오미야쵸大宮町**의 미사카진자三坂神社 유적과 사사카左坂 유적에서는 세 군데의 매장 시설에서 각각 철도가 한 자루씩 출토되었고, 그중 두 자루는 중국과 관련 있는 소환두도素環頭

*   수입되어 들어온 물품
**   2004년 교단고(京丹後)시로 합병됨.

3장 영웅들의 시대

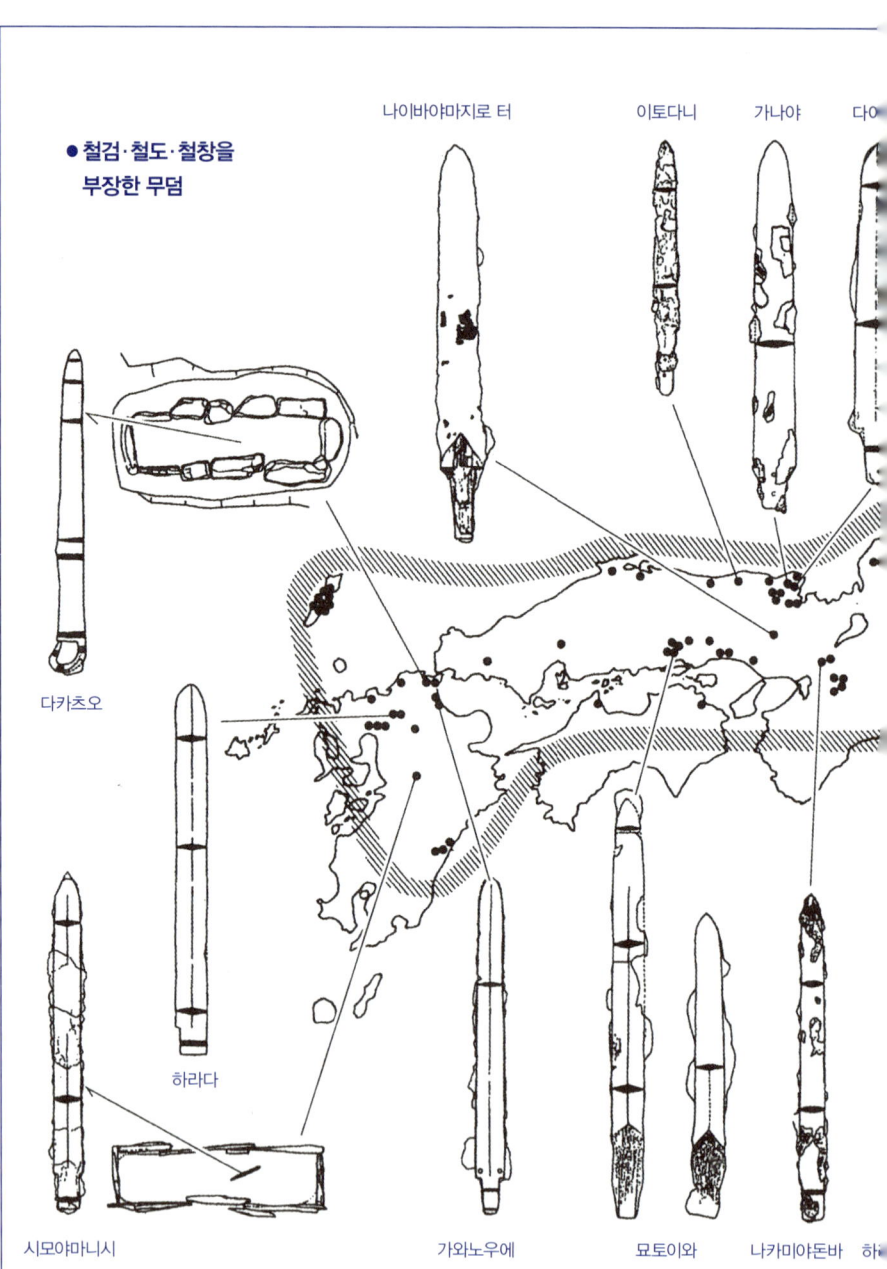

● 철검·철도·철창을 부장한 무덤

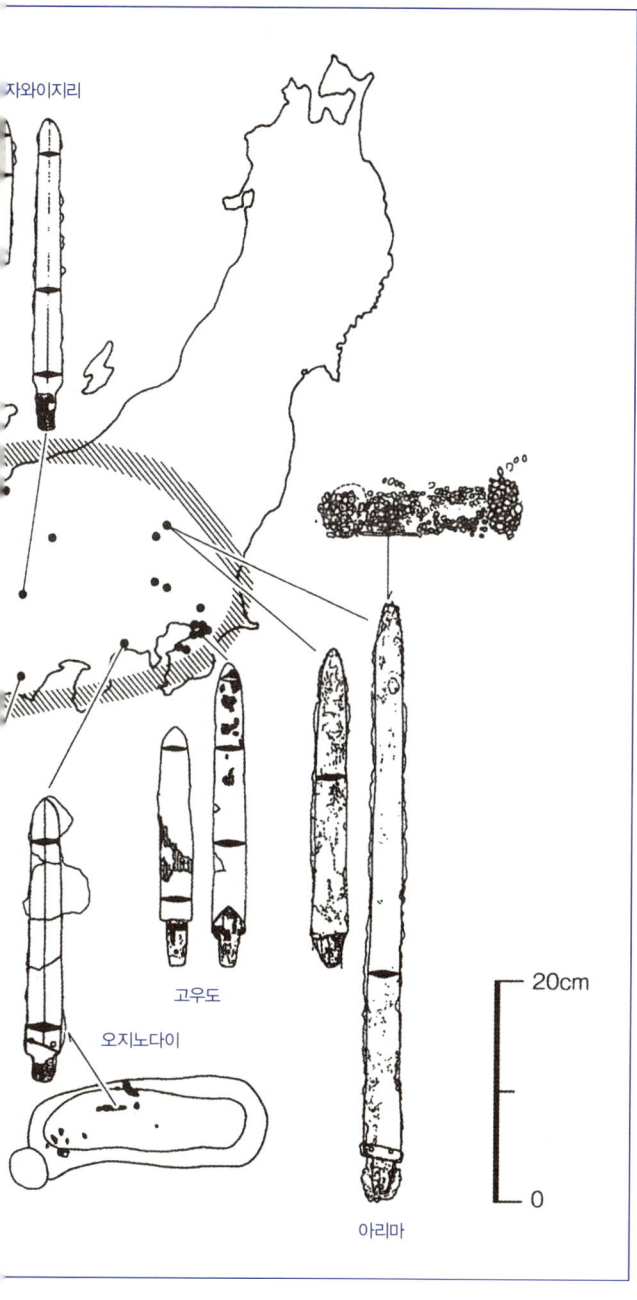

자료 12 2세기부터 3세기 후반의 무기와 전투의 범위

刀*이다. 이들은 분구묘墳丘墓**에 있는 많은 매장품 중의 하나로 그것들의 주인은 전투 수장급이었다고 생각되는데, 어쩌면 이들은 한반도와 대륙으로의 길을 독자적으로 개척해 중국계 무장을 손에 넣었을 것이다. 규슈 북부의 왕만이 철과 중국계 문물을 거의 독점하는 시대가 끝나가고 있었다.

전투 수장들의 큰 분구묘

2세기에는 철검, 때로는 철도를 한 자루씩 부장한 전투 수장의 무덤이 규슈만이 아니라 세토우치·긴키를 거쳐 호쿠리쿠·주부·간토 등의 각지로 널리 보급된다. 그중에는 앞서 소개한 나가노현의 네즈카 유적에서 출토된 장검처럼 분명히 한반도계인 것으로 보이는 것들도 포함되어 있어, 그들이 외부 세계로 웅비한 모습을 엿볼 수 있다. 철과 선진 문물을 둘러싼 경쟁이 왜인사회를 엄습하기 시작했다.

 2세기 후반이 되면 무기를 부장한 무덤 중에서 한층 더 큰 분구를 독점하고 일반적인 것과는 다른 특별한 형태의 매장 시설을 가진 유형이 출현한다. 이러한 움직임이 가장 빠른 곳이 대륙과 한반도와 바로 접해 있는 산인에서 호쿠리쿠까지의 동해 쪽 지역이다. 이 지역의 분구묘는 흙을 높이 쌓아 올린 사각형 분구에 네모서리가 돌출된 것[사우

- 손잡이 끝에 다른 장식 없이 둥근 고리만 있는 칼
- 땅을 굴착하여 매장 시설을 설치하고 봉토를 쌓는 봉토분과 달리, 먼저 봉분처럼 흙을 쌓고, 쌓은 부분을 다시 굴착하여 매장 시설을 조성한 무덤

돌출형(四隅突出型) 분구묘]이 많다. 이 중에는 40×30미터, 높이 4.5미터의 분구를 자랑하는 2세기 후반의 시마네현 이즈모시의 니시다니西谷 3호 분구묘와 후쿠이福井현 시미즈쵸清水町*의 오바야마小羽山 30호 분구묘처럼 대규모인 것도 있다. 그리고 중앙에는 한 사람 내지 두 사람의 선택받은 인물을 위해 특별한 매장 시설을 만들고, 전투 수장의 상징인 철검과 철도를 부장한 것이 많다. 니시다니 3호의 경우, 붉은 주朱**를 깐 이중구조의 큰 목관에 철검 한 자루가 옥玉과 더불어 부장되어 있다.

산인과 호쿠리쿠 사이에 있는 단고 지역에서도 네모서리가 돌출되

자료 13 교토부 요사노쵸 오후로미나미 분구묘에서 출토된 목관의 흔적. 바로 앞이 머리 부분(요사노쵸교육위원회 제공)

3장 영웅들의 시대   123

지 않았지만 방형의 큰 분구를 가진 무덤이 축조된다. 11자루의 철검과 유례가 없는 푸른 유리팔찌와 청동제 팔찌를 가진 이와타키쵸岩滝町***의 오후로미나미大風呂南 분구묘와 매장 시설이 불분명하지만 한 변이 약 40미터나 되는 대규모 방형 분구를 자랑하는 미네야마쵸峰山町****의 아카사카이마이赤坂今井 분구묘 등은 특히 특출나다.

한편 세토나이카이 해 쪽에서는 오카야마현 구라시키倉敷시의 다테츠키楯築 분구묘가 주목을 끈다. 이 무덤은 원형 본체 양측이 대형台形으로 돌출된 독특한 형태를 가졌으며, 전장은 추정 약 60미터로 야요이시대 최대급이다. 본체 사면과 편평한 정상부에는 큰 입석이 몇 개나 있고, 지금은 이 장소의 신이 깃들어 있다고 생각되는 거대한 거북 형상의 석조물도 원래는 이 무덤에 딸려 있었다. 분구 중앙에는 산인의 니시다니 3호와 동일한 이중구조의 목관이 있고, 어마어마한 양의 주와 함께 역시 검 한 자루와 다수의 옥류가 부장되어 있었다.

왜국난의 주인공들

앞서 살펴본 것과 같이 대형 분구묘는 전투 수장 중에서도 특히 탁월하고 특별한 인물로 구별된 사람들의 무덤이다. 먼저 대부분 반드시

- • 2006년에 후쿠이시로 편입됨.
- •• 수은으로 이루어진 황화 광물로 이루어진 안료로, 붉은 색을 띠고 있어 고대 무덤 안에 벽사의 의미로 뿌려지곤 함.
- ••• 2006년 합병되어 요사노쵸(与謝野町)로 변경됨.
- •••• 2004년 합병되어 교단고시로 변경됨.

부장되는 철검과 철도는 그들이 전투 수장으로서의 전통적 성질을 가지고 있었음을 반영한다. 게다가 니시다니 3호와 다테츠키의 이중 구조 목관은 고대 중국의 영향을 받았다고 생각되는데, 그 주인이 활동한 세계가 고대 중국과의 관계를 시야에 넣은 국제적인 것이었음을 보여준다. 아마도 전투 수장 중에서도 한층 더 걸출한 면모를 지니며 고대 중국을 핵으로 하는 동아시아와의 대외교류 속에서 크게 위엄을 떨친 인물일 것이다.

그들을 위해 축조된 분구에는 탁월하고 특별한 인물의 지위와 공적을 널리 드러내고자 하는 사람들이 가진 외경의 마음과 자랑스러움이 표현되어 있다. 그러한 의미로 대형 분구묘들의 주인공들은 이번 장에서 살펴본 야요이시대 영웅의 성격에 가장 가까운 인물이었다고 생각된다.

이 인물들이 활동한 시기는 바로 왜국난이라고 기록된 2세기 후반에 해당한다. 이 영웅들이야말로 선진 문물과 철을 우선적으로 획득할 수 있는 왜왕의 지위를 둘러싸고 각지에서 할거하고, 유·무형의 여러 전투를 겪으며 많은 다른 지역 사람들과 경합을 벌였던 주인공들이었음에 틀림없다. 그 가운데서도 특히 탁월한 무덤을 조성한 다테츠키의 주인 등은 왜왕의 지위에 가장 가까운 대영웅이었을지 모른다.

동일본의 전투 리더

한편, 주부와 간토라는 동일본 각지에서도 같은 시기에 철검 한 자루를 부장하는 전투 수장의 무덤이 매우 많아진다. 또한 네즈카 유적에서 출토된 한반도풍 장검과 야요이시대에서는 가장 긴 길이를 자랑하는 군마현의 아리마 유적에서 출토된 장검 등이 말해주듯이, 이 지역 집단도 철과 선진 문물을 둘러싼 왜인사회의 경쟁에 참가하고 실리를 얻었을 것이다.

그러나 3세기에 들어설 무렵에 서일본에서 나타난 것과 같은 크고 높은 분구를 가진 무덤이 존재했는지 확실하지 않다. 3세기 중반 정도가 되어야 도쿄완東京灣 만에 면한 지바千葉현 이치하라市原시와 기사라즈木更津시 주변에 조금 출토되는 정도이다.

수입된 훌륭한 장검을 넣은 네즈카와 아리마의 무덤은 일반 집단묘와 비교해 그다지 차이가 없는 크기와 형태를 가지고 있다는 점이 이 지역의 일반적인 상황을 말해주고 있다. 또한 3세기에 들어설 무렵에는 이후의 전방후방분과 전방후원분을 앞서는 형태의 무덤이 출현하는데, 모두 작고 군을 이루는 경우가 많아 독립된 높은 분구, 특별한 형태의 매장 시설, 풍부한 부장 물품 등을 가진 예는 알려져 있지 않다.

즉 이 동쪽 지역에서는 전투 수장 가운데서 대두된 일반인들과 다른 지위와 권위를 얻은 영웅적인 특징을 지닌 유력자가 아직 나오지 않았을 가능성이 높다. 각 집단의 전투 수장들이 각자의 생각대로 활동하고 철과 선진 문물을 조달하는, 영웅의 요람기라고 할 만한 단계에 있었던 것이다.

5

영웅숭배 사상

검 전사에 대한 관념

야요이시대도 저물어갈 무렵, 철과 선진 문물을 둘러싼 왜인사회 각지의 경쟁 속에서 영웅적 유력자와 진취적 기상으로 충만한 동쪽 지역의 전투 수장들이 출현한다. 2세기 후반부터 3세기 전반에 걸쳐 조성된 각지의 분구묘와 집단묘에 잠든 그들이 왜국난이라고 고대 중국에서 일컬어지는 항쟁의 주역이었을 것이다. 이 항쟁이 어떤 결말을 맞이했는지에 대해서는 다음 장에서 살펴보자. 이 장에서 마지막으로 살펴보고 싶은 것은 영웅들과 전투 수장들이 실제로 어떤 모습의 인물로 당시 사람들의 눈에 비치고 칭송되었는가 하는 점이다.

야요이시대 전반에 있던 단검·꺾창·창이라는 3종의 무기 가운데 서기전 1세기경에는 단검만이 실전용 무기로 남아 전투 수장의 무덤에 부장되었다는 사실을 이미 이야기했다. 전투 수장은 단검을 휘두르는 전사로서의 모습으로 땅에 묻힌 것이다.

단검 부장은 서력기원 후가 되어도 계속된다. 앞에서 살펴보았듯이 3세기에 들어설 무렵에는 이 풍습이 주부와 간토 지역까지 널리 퍼진다. 또한 전투 수장 가운데서 대두된 영웅으로서의 유력자도 마찬가지로 그들의 주검 한쪽 편에는 단검이 놓여 있다. 단검을 찬 유력자의 모습은 당시 일반 사람들이 품은 전사상과 영웅상의 진수였음에 거의 틀림없다.

그러나 서기 1세기부터 3세기까지 대도라는 신예 중국계 무기가 도입되면서 단검은 실제 전투에서 시대에 뒤처지게 되었다. 그러나 그렇더라도 동해 측과 동쪽 지역의 선진적인 전투 수장의 일부를 제외하고서 단검 부장이 계속된다는 점은 이 무기가 오히려 전사의 상징적 무기로서 특별하게 여겨졌음을 말해준다.

그렇다면 부장된 단검 중에 실제 사용하기에는 너무나 얇고 짧은 것이 출토된다는 사실에 대해서도 설명할 수 있다. 이들은 실용 무기로서가 아니라, 처음부터 전사를 상징하는 단검 형태를 띤 의기로서, 소유자의 생전에 또는 죽음에 맞추어 제작된 것이다. 3세기에 들어서면 단검을 일부러 구부려 무덤 안에 넣은 사례가 보이는데, 그 단검이 죽은 전사의 혼과 깊이 연결되어 있다고 생각한 사람들이 있었던 것 같다. 단검 부장은 죽은 전사를 보내기 위해 필요한 행위였다고 생각했음에 틀림없다.

이처럼 1세기부터 3세기에 걸쳐 발생한 전투를 통해 만들어진 전사의 모습은 사람들로부터 동경의 대상이 되었다. 그들은 단검을 찬 채로 적지 깊숙한 곳으로 파고드는 용감한 보병 전사의 이미지를 갖고 있다. 집단 간, 지역 간 경쟁의 한편에서는 이러한 전사에 대한 관념이 일본열도 내 광범위한 지역에서 공유되었던 것이다.

일본은 검, 한국은 창

이 사실은 한반도 남부의 무기 부장의 모습과 비교하면 더욱 확실해진다. 한반도에서 전투 수장이 매장된 무덤으로 보이는 사례 가운데에서 3세기 이전으로 거슬러 올라가는 것을 조사해보면, 왜의 단검에 비해 창을 부장하는 경우가 압도적으로 많다. 한반도 남부의 사람들 사이에서는 긴 자루를 단 창을 휘두르는 모습이 전사상과 영웅상의 핵심이 되었던 것이다.

물론 한반도 남부에는 검도 꺾창도 칼도 있었다. 그 가운데 전사에 가장 가까운 무기로 창이 선택된 이유는 이미 앞 장에서 설명했다. 즉 기병 전술을 가진 고구려 등의 북방계 집단으로부터 늘 압박을 받고, 그에 대항하지 않으면 안 되었던 이 지역 전사 수장들에게는 검보다 기병 전술에서 효력을 발휘하는 창이야말로 목숨을 지키고 공적을 세우기 위한 가장 믿음직스러운 무기였던 것이다.

이렇게 해서 3세기까지 일본열도에서는 주로 검 전사가, 한반도 남부에서는 주로 창 전사가 사람들로부터 숭상받는 전투 수장의 이념형 또는 영웅상의 중심 요소가 되었다. 그리고 이는 양 지역 사람들이 각각 왜인·한인으로서의 정체성을 형성하고 같은 민족으로 통합되어갈 때 매우 중요한 역할을 한 것으로 보인다.

요즘은 '민족' 또는 '인종 집단ethnic group'의 개념에 대해 형질적·육체적인 요소보다는 언어·상징 체계·세계관 등 눈에 보이지 않는 문화적 요소의 공통성이 중요해지는 경향이 있다. 민족이 어떻게 형성되었는지를 논하기 위해서는 물론 이 모두를 종합적으로 검토해야 할 것이다. 다만 전투라는 측면에서 보면, 하나의 전사상 또는 영웅상을 공유하는 것은 민족이 가지는 중요한 요소 중 하나가 될 수 있다.

영웅 안에서 정체성을 이끌어내다

이번 장에서는 자원을 둘러싼 야요이시대 전투 속에서 생겨난 전투 수장이 영웅이라고 불릴 만한 존재가 되어가는 모습을 살펴보았다. 마지막으로 내용을 정리하자면 다음과 같다.

벼농사를 중심으로 한 농경을 본격적인 궤도에 올린 일본열도 중앙부의 사람들은 다음으로 늘어나는 인구를 부양하기 위해 새로운 토지 개발이라는 과제에 직면했다. 농지를 개척하고 수확을 높이기 위해서는 돌이나 나무보다는 철제 도구가 유효하다. 이 철을 손에 넣기 위해서는 한반도와 동해를 무대로 한 국제관계와 그 교역망에 뛰어들지 않으면 안 되었고, 그에 상응하는 실력과 문화 수준이 필요하게 되었다.

이러한 사회적 상황이 영웅을 낳았다고 할 수 있다. 이제껏 물 분쟁이나 토지 분쟁의 선두에 서서 많은 사람의 지지를 얻은 전투 수장은, 이번에는 더 넓은 범위로 경합관계에 이름을 올려 힘을 떨치고, 철 도구와 선진 문물을 지지자들에게 가져다주었다. 사람들도 또한 그것을 가져다주는 영웅을 숭배하고 그 무장과 지위를 인정했다. 사람들에게는 자신들의 영웅이 강하고 위대한 것이 안녕과 행복으로 연결되는 길이었다. 왜국난 시기에 보이는 분구묘의 대형화는 자타가 인정하는 강대한 영웅의 출현, 그들 사이에 위신을 둔 경쟁이 있었음을 말해준다.

영웅은 사람들에게 물질적 만족을 가져다주고, 그 대가로 사람들은 영웅에게 위신과 지위를 부여한다. 경제 활동으로서 전쟁 행위에서의 역할 분화와 양자 사이에 발생한 유형과 무형의 이득 교환은 야요이시대 후반 이후의 사회 시스템의 일면을 책임지는 것이다. 이윽고 고분으로 발전하는 분구묘에서 이루어지는 마쓰리는 영웅과 사람들과의 이러한 관계를 선명하게 반영한다.

더구나 대외 활동을 통해 내부 세계와 외부 세계를 연결하는 영웅의 출현도 일본열도 사람들에게 '우리들'이라는 의식을 품게 만드는 하나의 큰 계기가 되었다. 검 전사로서 채택한 영웅의 복장에서 왜인들이 자각한 정체성을 이끌어낼 수 있다.

다음 장에서는 고분시대에 들어서 대외적인 교류의 기운과 긴장관계가 한층 더 심화되는 가운데, 주도자인 영웅의 활동이 점차 왕성해지는 모습과 영웅들이 서로 결합해 군사적 지배자로의 길을 밟게 되는 양상을 살펴보자.

4장

왜군의 탄생
— '경제 전쟁'으로서의
대외 전쟁

1 | 도시 국가적인 고대사회, '왜倭'

공화제 폴리스군과 전제 제국

많은 사람에게 이득을 가져다주는 대신에 위신을 획득하는 영웅. 호메로스의 서사시에 나오는 서기전 14세기부터 서기전 13세기까지의 그리스 영웅과 동일한 존재가 야요이시대 후반에 해당하는 1세기부터 3세기에 걸쳐 일본열도에서도 계속해서 나타났을 것이라는 이야기는 앞서 이미 했다. 그렇다면 이러한 영웅들은 그 후 사회 변화와 더불어 어떤 모습으로 변모했을까?

그리스의 경우, 영웅시대부터 서기전 6세기경에 본격화되는 폴리스 시민사회 시대까지 700~800년간의 실상은 아직 분명히 밝혀지지 않았다. 특히 그 전반에 해당하는 서기전 12세기부터 서기전 8세기는 암흑시대로 불리며, 새로운 민족의 침입 등으로 전통적인 문화가 무너질 것 같은 혼란기였다고 유추된다. 그리고 이 암흑시대가 끝날 무렵, '폴리스'라고 불리는 일종의 도시국가가 그리스의 여러 지역에서 출현하는데, 초기의 정치 형태는 왕을 중심으로 한 귀족들이 군사와 교역을 독점하여 부를 누리고, 일반 사람들을 지배하는 양상이었다고 한다.

지금에 와서는 암흑시대에 대해서는 어느 정도 고고학적으로 해명되어 영웅시대와의 사이에 나름의 연속성도 있었다는 사실이 밝혀졌다. 많은 사람이 도래해서 다양한 활동을 하며 그리스 전역을 누비고 다니던 격동의 시대이긴 했지만, 그때까지 민족과 집단의 존재가 완전하게 끊어지는 사태는 없었던 것 같다. 그렇다면 역시 정석대로 사람들의 이해를 떠맡은 영웅이 어느덧 부를 장악하고 사람들에게 권력을 휘두르는 지배자로 변하는 과정이 그리스에서도 있었을 것이다.

왕과 귀족이 군림하여 사람들을 지배하는 도시국가와 같은 형태는 메소포타미아에서도 출현한다. 그 연대는 그리스의 폴리스시대를 훨씬 거슬러 올라가는데, 서기전 3,000년경 중반이 전성기였던 것으로 보인다. 이 시기에 티그리스 강과 유프라테스 강이 만들어낸 비옥한 대평야에 우르, 우르크, 라가시 등의 도시국가가 죽 늘어서게 된다.

이 도시국가들은 서기전 6,000년경 전반 곡물을 재배하기 시작한 이래, 긴 세월을 거쳐 농경취락을 바탕으로 발전해왔다. 아마 그 도중에 영웅시대를 거쳐 서기전 4,000년경 초부터 이들 취락이 도시로 탈바꿈해가면서 영웅들도 지배자로 변모했을 것이다.

이렇게 해서 영웅에서 지배자로 전환된 왕들이 각자가 거느리고 있던 도시국가 또는 소왕국을 전제 지배한 것으로 보인다. 그들이 지배한 왕국들이 즐비하게 늘어서 서로 대치하는 구도가 그리스에서도 메소포타미아에서도 있었음을 일관되게 지적할 수 있다. 이와 같은 상황은 고대 제국이 발생하기 전의 중국과 인도, 이집트에서도 확인할 수 있다.

문제는 그 후이다. 먼저 그리스에서는 도시국가를 지배하던 왕과 귀족에 대항해 일반 시민이 점차 힘을 모은다. 그리고 자신들의 다양한 권리를 요구하며 투쟁한 끝에 승리를 거머쥐고, 결국에는 공화제의 폴리스 사회를 탄생시키기에 이른다. 이렇게 생겨난 폴리스들은 서로 종종 싸우고 때로는 동맹을 맺기도 했지만, 하나의 제국으로 통일되지는 않았다.

한편, 메소포타미아에서는 도시국가 간에 수차례 벌어진 전쟁의 결과, 아카드, 우르, 카시트 등의 통일 왕조가 차례로 출현했다. 그 후 서기전 8세기부터 서기전 7세기에 전제 국가의 형태를 띤 아시리아 제국이 나타났다. 그 사이 통일 왕조와 제국의 왕은 신성화된 전제군주로서 귀족과 관료를 복종시키고, 일반 사람들을 지배하게 된다. 이집트에서도 분립해 있던 소왕국이 상이집트·하이집트 두 왕국으로 통일되고, 마침내 서기전 3,000년경에 이르러 광대한 왕국이 탄생한다. 그 왕이 파라오로서 절대적 권력을 장악했음은 이미 누구나 알고 있는 역사적 사실이다.

그리스의 공화제 폴리스군, 메소포타미아의 전제 제국. 잘 알려져 있듯 경제학과 역사학에서 위대한 족적을 남긴 칼 마르크스의 사고에 비추어볼 때, 이 두 길의 분기점은 어디에 있으며 양자를 나눈 근본적 요인이 어디에 뿌리내리고 있었을까?

매우 닮은 그리스와 일본열도

이 문제에 관해 고려해야 할 것이 있다. 바로 일본열도가 위에서 제시한 두 가지 유형 중에서 어느 쪽에 속하는가 하는 점이다. 물론 그리스의 공화제 폴리스군과 메소포타미아의 전제 제국은 양 극단에 있는 것이라 중간에 속하는 유형이 다양하게 존재한다. 그러나 일본열도가 비교적 어느 쪽에 가까운가라는 점에 대해서는 이 책의 주제인 일본열도 안에서 벌어진 전쟁의 특징을 생각하는 데 매우 중요한 문제이다. 따라서 여기서는 대략적이나마 살펴보기로 한다.

일본의 역사학계에서는 일관되게 일본 고대 국가가 아시아적 국가라고 이야기한다. 신성화된 천황을 정점으로 관료와 귀족이 일반 사람들을 지배하는, 메소포타미아나 이집트의 전제 국가와 동일한 구도이다. 다만, 이 구도는 6세기 말부터 7세기 전후에 확립된 율령 국가를 분석한 데서 만들어진 것이다. 율령 지배 자체가 아시아적 전제 국가인 고대 중국의 수, 당 제국으로부터 나온 것이므로 주로 그곳에서 복원되는 일본 고대 국가의 모습이 아시아적 국가의 색채를 띠고 있는 것은 당연할지도 모른다.

그러나 율령 국가의 천황 전제와 그것이 성립하기 직전, 5~6세기 고분의 양상으로부터 추론할 수 있는 정치 체제의 모습과의 사이에는 큰 차이가 있다. 앞에서 이야기했듯이 고분은 이집트의 피라미드, 고대 중국의 황제릉과 달리, 규슈에서 도호쿠東北 남부까지 어디에서나 축조된다. 분구 길이 200미터를 넘는 초대형 고분이 긴키만이 아니라, 남규슈와 북간토까지 분포한다. 이들이 왕권의 소재를 나타내는 것이라면 아주 특이한 양상을 보인다. 5세기부터 6세기까지 왜의 정치 구조를 살펴보자. 가장 강한 왕권을 가진 대왕이 긴키에 있었고, 그 외의 각지에도 세력을 떨친 왕들이 줄지어 서 있는 상황이다. 중앙집권의 전제 체제와는 매우 거리가 먼 모습이다.

일본열도 각지에 점점이 축조된 대고분. 지금 이 대고분을 폴리스로 치환해보면, 그 위치가 각 지역에 도시국가가 즐비하게 늘어선 그리스의 공간 구조에 가깝다는 것을 느낄 수 있을 것이다.

원래 그리스와 일본열도는 지형적 조건이 매우 비슷하다. 먼저 그리스는 삼면, 일본열도는 사방이라는 차이가 있지만, 모두 바다에 둘러싸여 있다. 그리스는 지중해, 일본열도는 동중국해와 동해의 해상 교역망 정중앙에 위치한다. 다음으로 모두 큰 평원이 거의 없고 아담한 평야와 분지 등의 작은 지역으로 분단된 지형을 가졌으며, 도시국가와 대고분은 그러한 소지역을 위주로 운영된다. 게다가 이들의 폐쇄된 평야는 주변 바다를 향해 열려 있어, 태평양 측과 동해 측, 그들과 세토나이카이 해 측 또는 이오니아 해 측과 에게 해 측의 각 평야는 척추가 되는 산맥을 사이에 두고 서로 등을 마주하고 있는 형태이다. 이른바 수많은 외향적인 작은 세계가 등을 맞대고 늘어서 있는 것 같은 사회이다. 이는 대평원과 큰 하천을 중앙에 두고 서로 마주 보는 메소포타미아, 이집트, 중국 등의 내향적 사회와 좋은 대조를 이룬다.

그리스와 일본열도와의 유사성은 지금까지 종종 지적된 바 있다. 도시국가와 대고분의 분포가 보여주는 공간 구조가 닮아 있는 점도 많은 사람이 인지하고 있었을 것이다. 그럼에도 불구하고 결과적으로 섣불리 일본 고대 국가를 아시아형 전제 국가라고 여기게 된 것은 고분시대의 분권적 사회 구조가 그다지 정당하게 평가되지 못했기 때문이라고 생각한다. 어느 쪽인가 하면, 고대 그리스와 같은 분립적 사회가 생기기 쉬운 지리적 '조건'과 중앙집권의 아시아형 전제 국가가 형성되었다고 하는 '결과'와의 뒤틀림을 오늘날의 상황으로는 잘 설명할 수 없다.

전쟁의 유형으로 고대 국가의 형태를 알 수 있다

이는 이 책만으로 대응할 수 있는 문제가 아니다. 다만 일본열도의 고대 국가가 진정으로 아시아형 전제 국가로 성장했는지, 아니면 그리스에 가까운 방향성을 내포하며 성장했는지를 밝히기 위한 수단의 하나로써 그 과정에서 일어났던 전쟁과 군사 조직의 성격을 바로 꿰뚫어보는 것이 유효할 것이다.

메소포타미아나 이집트의 예가 단적으로 보여주듯이, 아시아형 사회에서 보이는 도시국가에서 전제 제국으로의 여정은 군사적인 정복 과정이라고 할 수 있다. 강력한 군사력을 가진 도시국가의 왕이 귀족과 함께 군대를 조직하고 실제로 대립하는 도시국가나 소왕국을 공격해 무너뜨리거나, 군사력으로 위협해서 자신의 지배하에 두는 과정이다. 이곳에서 점차 강대한 군사력과 위신이 왕에게 집중되고 국가적인 군대 조직이 완비된다. 나아가 제국이 생겨난 후에도 종종 왕은 조직의 정점에 서서 스스로 군사적 원정을 수행하고 영토를 넓혀가며 위신을 확대했다.

  한편, 그리스에서는 도시국가 간의 항쟁이 정치적인 정복과 통합으로 이어지지 않았으며, 각 국가들이 일시적으로 군사동맹은 맺었지만 그리스 전체에 통일적인 군대 조직이 생기지 않았다. 그렇기 때문인지 왕과 귀족에게 군사력이 집중되는 일이 없었고, 오히려 일반 사람들이 무장해 전투에 참가함으로써 자신의 지위를 스스로 높였던 것으로 보인다.

  일본열도는 어땠을까? 만약 처음부터 아시아형 전제 국가로의 길을 밟아나갔다면 국토 통일이라고도 할 수 있는 정복전쟁, 그것을 조절하는 강력한 한 사람인 왕의 출현, 왕에게 집중되는 군사력, 그것을 전제로 한 통일된 군사 조직의 완비 등이 하나하나 인정될 것이다.

  지금부터는 이러한 시점을 하나의 큰 축으로 삼아, 일본열도 내에서 고대 국가가 형성되어가는 과정을 전쟁이라는 측면에서 추적해보고자 한다. 무기와 전술만이 아니라, 그와 관련되는 관념과 사상이 어떻게 형성되었는지를 중요 포인트로 삼아 이야기를 진행해보도록 한다.

2 히미코卑弥呼의 등장

타협의 산물, 여왕 히미코

서기 2세기의 왜국난에서 싸우던 영웅들은 그 후 어떻게 되었을까? 〈위지왜인전〉에 따르면 왜국난은 영웅적 힘을 가지고 있었던 유력자 중 한 명의 군사적 승리로 끝난 것이 아니었다. 그것은 이른바 타협의 산물로서, 유력자들이 한 사람의 여성을 자신들 위에 서는 왕으로 옹립함으로써 종료되었다. 그것이 바로 히미코이다.

이 타협의 전제에는 그들끼리의 전투를 이어가다가는 철과 선진 문물을 확보하는 동아시아의 여러 세력과의 경쟁에서 모두가 패배를 맞이하고 끝나버릴 수도 있을 것이라는 공통의 위기감이 있었을 것이다. 오히려 자신들을 대표하는 권한을 가진 자를 동아시아 세계 속에서 부끄럽지 않은 훌륭한 왕으로 내세워 그 지위를 고대 중국 왕조로부터 인정받게 함으로써, 철과 선진 문물 확보에 유리한 입장을 점하고자 하는 의도가 담겨 있다. 독점이 안 되더라도 그 왕권을 선봉으로 삼아, 철과 선진 문물을 안정적으로 확보하기 위해 일부 영웅들이 히미코 옹립에 힘쓴 것이다. 따라서 239년[경초(景初) 3년]에 히미코가 '친위왜왕親魏倭王'의 칭호를 당시 중국 대륙을 지배하던 위나라의 황제로부터 받아 왜인사회의 대표권자로 정식 인정을 받은 시점에서 일단 그들의 소기 목적은 달성되었다.

왕으로 세워졌을 때, 히미코는 아직 소녀라고 할 정도로 어렸던 것 같다. 그 당시 히미코를 추대한 영웅들은 장년이나 청년이었을 것이므로, 그들의 무덤 대부분이 노년까지 산 히미코 무덤보다 십수 년에서 수십 년 더 오래되었다고 봐도 좋다.

히미코가 죽은 해는 명확하지 않지만, 3세기 중반인 것은 확실하다. 따라서 3세기 초부터 전반 정도에 걸쳐 축조된 큰 분구묘 가운데 히미코를 추대한 영웅들의 무덤이 있게 된다. 게다가 조금 더 상상의 날개를 펼쳐 보이자면 생전에 동지이자 동료이기도 했던 영웅들은 서로의 장의에 참가했을 것이다. 히미코도 자신을 옹립한 공로자들의 장의에 관여했을 것이고, 때로는 직접 장의를 집행했을지도 모른다. 즉 이 무덤들은 말하자면, 각 영웅들이 지배하던 집단이 주도하는 '사적私的' 장의라는 성질 외에 야마타이코쿠邪馬台国의 '국영' 장의라고도 할 만한 공적인 성질도 가지고 있었을 것이다. 그렇기 때문에 이들은 그때까지의 각 지역의 전통적 묘제와는 선을 그으면서도 형태와 내용에서 공통성을 가지기 시작했던 것은 아닐까?

그렇게 생각할 때 두드러지게 눈에 띄는 것이 있다. 바로 3세기 초부터 전반에 걸쳐, 세토우치에서 긴키에 몇몇 출현하는 원형의 본체

자료 14 호케노야마 분구묘(나라현립가시하라고고학연구소 제공)

한 개소에 제단처럼 돌출되어 있는 분구묘이다. 가가와현 다카마츠高松시의 즈루오진자鶴尾神社 4호, 도쿠시마현 나루토鳴門시의 하기와라萩原 1호, 오카야마현 소자總社시의 미야야마宮山, 오카야마시의 야토우지야마矢藤治山, 효고兵庫현 가코가와加古川시의 사이죠西条 52호, 나라현 사쿠라이桜井시의 호케노야마ホケノ山 등의 분구묘가 여기에 해당한다. 이들은 분구 형태가 공통될 뿐만 아니라, 개석蓋石도 없으며 약간 위쪽이 열린 수혈식 석실堅穴式石室을 이용한다는 점에서도 유사하다.

더욱 흥미로운 것은 이들 모두가 무기나 옥류 외에 고대 중국에서 만들어진 것으로 보이는 거울을 한 점씩 가지고 있다는 점이다. 거울은 히미코가 '즐겨 사용하던 물건'으로서 고대 중국 왕조로부터 들여왔다고 〈위지왜인전〉에 기록되어 있다. 히미코가 왕으로 옹립된 것은 무녀로서 종교적인 자질이 있었기 때문이었다고 생각되는데, 그 종교의 제기가 거울이었을 가능성이 높다. 히미코를 지지하던 영웅들이 이 무덤에 거울을 한 점씩 부장한 것은, 말하자면 히미코를 최고위급 사제로 하는 거울의 종교에 귀의한 표식이라고 할 수 있다.

제단이 딸린 원형의 무덤, 수혈식 석실, 거울 부장을 공통 분모로 하는 유사한 분구묘를 3세기 초에서 전반에 걸쳐 축조한 것으로 보인다. 그리고 세토우치 동반부에서 긴키 중앙부에 걸친 지역이 히미코를 추대한 영웅들이 존재했던 범위에 속했을 것이다.

히미코 대 구나코쿠 狗奴国

그러나 히미코도 왜인사회의 모든 영웅들로부터 지지를 받은 것이 아니었다. 〈위지왜인전〉에는 247년[정시(正始) 8년] 기사에 히미코가 '남쪽'에 있는 구나코쿠의 남자 왕 히코미코卑弓弥呼[히미코코(卑弥弓呼)로도 쓰임]와 예전부터 사이가 좋지 않아 교전했다는 구절이 있다. "구나코쿠는 여왕에게 속하지 않고"라고 〈위지왜인전〉에 기록되어 있는 것으로 보아 처음부터 히미코를 왕으로 추대하는 것에 찬동하지 않았던 것 같다.

구나코쿠의 위치는 야마타이코쿠를 규슈 북부로 보는 설에서는 규슈 중부 또는 남부가 된다. 야마타이코쿠 긴키설로 보면, 〈위지왜인

전〉에 기록된 방위가 가라츠시 부근에 위치했던 마츠라코쿠의 동쪽으로 실제로는 90도 정도 틀어져 있으므로, 구나코쿠는 긴키 동쪽에 해당한다. 최근 고고학에서는 도카이 지역으로 보는 설이 유력하다.

앞서 살펴본 것처럼, 세토우치 동부에서 긴키 중앙부를 히미코의 지지기반이라고 한다면 범위는 의외로 좁아진다. 그 바깥쪽에 있던 산인이나 호쿠리쿠에서 여전히 사우돌출형 분구묘와 대도 부장이 두드러지고, 단고에서는 풍부한 부장품을 자랑하는 방형 분구묘가 조영되는 등 영웅들의 동정은 왜국난 시대와 다를 바 없다. 거울을 거의 부장하지 않았던 점으로 보아서도 이들 동해 쪽의 영웅들은 히미코의 신령스런 위력에 굴복하지 않았던 것 같다.

도카이에서도 방형으로 제단 같은 돌출부가 붙은 특징 있는 분구묘가 이즈음에 나타난다. 주요 분포 지역은 도카이를 중심으로 오우미近江부터 호쿠리쿠, 주부, 간토에 이른다. 부장품을 통해 알 수 있는 예가 거의 없지만, 거울 부장은 매우 드물다. 히미코를 지지하지 않고, 독자적으로 상호관계를 긴밀히 해오던 영웅들의 모습을 엿볼 수 있다. 그 맹주가 남자 왕인 히코미코이지 않았을까?

이러한 동해 쪽과 동일본의 영웅들은 히미코가 등장한 후에도 그 지배하에 들어가지 않고 여전히 한반도와 교섭하거나 동해의 해상교역을 중개하며 철과 선진 문물을 자유롭게 획득할 수 있었다고 생각된다. 구나코쿠를 동일본이라고 한다면, 종래부터의 자유로운 취득권을 유지하려는 이 영웅들과 고대 중국 왕조로부터 인정을 받았다는 사실을 등에 업은 채, 이른바 공적 확보권을 노리는 히미코 지지 세력과의 사이에서 이해를 둘러싼 대립이 히미코와 구나코쿠의 항쟁으로 번졌을 것이다.

구나코쿠를 공격하다 지친 히미코 측은 위나라 황제에게 원조를 구했다. 황제는 사자를 앞세워 조서와 군기를 사용하여 이에 대응했다. 247년의 일이다. 오카무라 히데노리에 따르면, 이는 종주국으로서 복속국에 대한 군사 지원을 나타내는 것이므로 기록에 구체적으로 나와 있지 않지만, 위나라로부터 히미코 측에 무기가 공여되었을 가능성이 있다고 한다. 나중에 이야기하겠지만, 치세 후반경에 히미코를 지지했다고 보이는 유력자들의 무덤에서 손잡이 끝이 고리 모양인 대도가 출토된다. '소환도素環刀'로 불리는 고대 중국 왕조풍의 대도이다. 오카무라는 이 소환도 가운데 247년 군사 지원을 할 때 위나라에서 히미코 측으로 보내진 것이 있을 것이라고 생각한다. 소환도는 히미코 측의 최신예 무기로서 전투에서 위력을 발휘했을 것이다.

이에 맞서는 구나코쿠 측의 무장을 알기 어렵지만, 마찬가지로 히미코의 지배하에 들어가지 않았던 동해 측에서 소환도가 아닌 보통의 손잡이가 달린 대도가 많이 출토된다. 시마네현매장문화재센터의 이케부치 슌이치池淵俊一에 따르면, 이것은 소환도의 손잡이 고리를 잘라낸 형태라고 한다. 왜 이렇게 했는지 알 도리가 없지만, 히미코 측의 것과 일부러 형태를 다르게 한 무기로 무장한 세력이 있었다는 점은 주목할 만하다.

한편, 일찍이 왜왕을 배출하던 규슈 북부의 동태는 어떠할까? 규슈 북부는 철 소재와 그 기술의 원천인 한반도 남부에 가깝다는 지리적 이점을 통해 더욱 우수한 철 도구를 생산하는 능력을 가지고 있었다. 다시 말하자면 철기 특산지라고도 할 수 있는 지역이었다. 이러한 기술을 확보하고 이를 통해 유리한 조건으로 질 좋은 철기를 입수하는 일은 여왕을 옹립한 세력에게 하나의 큰 과제였다고 생각된다. 〈위지 왜인전〉에는 그 중심의 하나로, "후쿠오카현 마에바루前原시* 부근의 이토코쿠가 처음부터 '여왕국'의 세력하에 있었다"고 기록되어 있다. 이 여왕국을 야마타이코쿠로 봐도 된다면, 히미코의 세력이 이 과제를 실현했던 것이 된다.

다만, 이 시기의 이토코쿠라고 한다면, 수수께끼로 가득한 히라바루平原 분구묘가 있다. 14×10.5미터의 작고 낮은 방형 분구이지만, 이 중심에 큰 통나무를 파내어 만든 할죽형 목관割竹形木棺이 묻혀 있는데, 관 안에는 옥류, 관 위에는 소환도, 관 주변의 네모서리에는 일부를 남기고 조각낸 거울 40매가 놓여 있었다. 여기에는 직경 46.5센티미터라는 일본 최대 크기의 거울 다섯 매를 필두로 많은 일본열도제 거울이 포함되어 있다. 소환도에 거울이라는 요소는 히미코 세력의 지배를 받았던 것으로 추측되는 나라의 분구묘와 공통되나, 거울의 종류, 거울의 수가 매우 많은 점, 부장 방식으로 보면 매우 이질적이다. 무덤의 주인은 독자적인 종교적 의식과 힘을 가진 예사롭지 않은 권위자일 것이다. 비록 이 장소가 히미코의 통제하에 있었다고 해도 세토우치 동부와 긴키 중앙부 등의 호위 세력과는 약간 거리를 둔 지위를 확보했던 것으로 볼 수 있다.

이상과 같이 야마타이코쿠를 중심으로 하는 히미코 정권은 왜인사회 전체를 반석의 통제하에 두지 못했던 것 같다.

- 2010년 이토시마(糸島)시로 통합됨.

친위왜왕의 무덤 만들기

〈위지왜인전〉에 따르면 247년 위나라로부터 군사지원을 받은 지 얼마 지나지 않아 히미코가 사망한다. 구나코쿠와의 항쟁이 어떻게 결말이 났는지 알 수 없다.

히미코의 무덤은 "큰 무덤을 만들었다. 직경 100보"라고 〈위지왜인전〉에 기록되어 있듯이 중국 대륙까지 소문이 날 정도로 거대하다. 100보는 약 150미터에 해당한다. 이 크기로 3세기 전반에 만들어진 분묘라고 하면, 직경 150미터의 원형 본체에 제단이 딸린 나라현 사쿠라이시의 하시하카箸墓가 먼저 떠오른다.

만약 하시하카가 히미코의 무덤이라고 한다면 어떨까? 이제껏 죽은 영웅들의 무덤에 비해 그 크기가 제단을 포함한 길이로 수 배(분구 전체의 길이는 280미터), 부피는 수십 배에 이른다. 형태는 야마타이코쿠 유력자의 공식 분묘 형태가 되고 있던 원형 본체에 제단이 붙은 유형을 답습하고 있다. 한편으로 원형 본체는 올려다보도록 높게 5단으로 쌓여 있고, 제단은 장대하게, 사람들이 가까이 다가오지 못하도록 사면 형태로 축조되어 있다. 분구 표면에는 위엄 있어 보이도록 돌을 깔았다. 게다가 좌우가 거의 대칭인데, 정밀 설계와 높은 시공 기술의 산물이다. 전통적인 형태를 더욱 강고하고 장대한 건축물로 쌓아 올린 모습이라고 할 수 있다.

하시하카의 거대함은 역시 야마토 평야의 광활함과 그것이 부양하는 많은 인구를 반증하는 것일지도 모른다. 그러나 그것을 반영한다고 해도 너무나 거대한 하시하카의 출현은 급작스럽다. 그 직전까지

자료 15 하시하카 고분(나라현립가시하라고고학연구소 제공)

긴키 중앙부가 일본열도의 다른 지역보다 현격한 차이를 보인다는 양상이 인정되지 않는다.

여기에서 히미코가 세토우치 동부와 긴키를 중심으로 하는 각지의 영웅으로부터 옹립된 존재임을 떠올려보자. 그들이 고대 중국 왕조를 배경으로 철과 선진 문물을 유리하게 확보하기 위해서는 그 기치가 되는 히미코를 고대 중국 왕조를 중심으로 하는 당시 국제질서에서 높은 지위를 점하게 만들어야 했다. 히미코는 주변 민족과 왜인 사회 사이에서 절대적인 권위를 가지지 않으면 안 되었다. 황제와 왕족을 분묘에 매장하는 풍습이 있던 동아시아 사회 속에서 왕의 무덤을 크게 만드는 것은 그 지위와 권위를 대외적으로 주장하기 위한 유효한 수단이었을 것이다. 히미코를 지지하는 유력자들에게 그 무덤을 장대하게 만드는 것은 자신의 이득으로 이어지는 것이기도 했다. 실로 그 규모는 동아시아의 국제적인 정치역학이 작용한 결과라고 봐야 할 것이다. 일본열도 안에서의 좁은 시점으로는 절대 이해할 수 없다.

더구나 하시하카를 효시로 하는 이 단계의 야마토의 거대 분묘에는 오카야마 지역의 분구묘에서 탄생한 큰 기대형 토기가 종종 놓여진다. 또한 분구에 많은 돌이 이용되는 것은 시코쿠 동부에서 시작된 것으로 보이는 요소이다. 거울도 한 점이 아니라 때로는 30~40점에 이르기까지 다량으로 부장되는데, 이는 규슈 북부의 전통일 것이다. 이처럼 거대 분묘 가운데 각지의 무덤 만들기 전통이 한곳에 모여 있는 것은, 각지 유력자의 합의와 협력을 바탕으로 축조되었기 때문이다.

이상으로 히미코의 무덤은 긴키를 중심으로 한 히미코를 지지하는 각지의 영웅들이 자신의 이권을 확보하기 위한 정치 전략으로 고대 중국 중심의 동아시아 국제사회를 강하게 의식해 만들어낸 것이다. 단순한 무덤의 의미를 넘어선 정치적 건조물, 그것이 고분이다.

포스트 히미코의 전쟁

〈위지왜인전〉에는 "히미코의 사후, 남자 왕이 세워졌지만 통제가 되지 않아 항쟁이 일어 1,000명 이상이 죽었다"고 기록되어 있다. 그래서 다시 젊은 여성을 왕으로 추대하게 된다. 히미코의 일족으로 13세가 되는 이요壹与[도요(台与)라고도 한다]이다. 다른 기록에 따르면, 이요로 보이는 여왕이 266년에 서진西晉에 사자를 파견했다. 이 사건들은 히미코가 죽고 난 지 20년이라는 짧은 기간에 일어났던 것 같다.

히미코 사후의 항쟁이란 아마 세토우치에서 긴키 중앙부를 중심으로 하는 구 히미코 지지 세력의 내분일 것이다. 지지 세력의 일원이었던 영웅 중 한 사람이 왕위를 넘보았지만 반발에 부딪혔을지도 모른다. 원래부터 일본열도의 더 넓은 범위는 구나코쿠와의 전투가 말해주듯이 히미코가 살아 있을 때부터 이미 통제에서 벗어나 있었다. 그리고 이 세력들도 구 히미코 지지 세력의 내분에 편승해 패권에 대한 의욕을 불태우고 있었기 때문에, 이 항쟁은 2세기의 왜국난의 재현과 같은 상태로 도달했을 가능성이 있다.

이 항쟁을 고고학 자료로 뒷받침하기는 어렵다. 다만 히미코의 무덤이 하시하카 고분이라면, 그와 거의 동시이거나 약간 늦은 큰 고분들은 히미코 치세 후반의 구나코쿠와의 전투에서 '히미코의 죽음, 내분, 이요의 옹립'이라는 격동의 시대를 연출한 영웅들의 무덤일 것으로 생각된다. 따라서 이 대고분들의 내용과 분포를 살펴봄으로써 이 항쟁의 구도를 엿볼 수 있을 것이다.

분구 길이가 100미터를 넘는 이 시기 고분을 서쪽부터 나열해 보면, 후쿠오카현 간다쵸苅田町의 이시즈카야마石塚山(분구 길이 110미터), 오카야마시의 우라마챠우스야마浦間茶臼山(분구 길이 140미터), 효고현 히메지姫路시의 요로히사고즈카丁瓢塚(분구 길이 104미터), 오사카부 다카츠키시의 벤텐야마弁天山 A1호(분구 길이 120미터), 가타노交野시의 모리[森] 1호(분구 길이 106미터), 교토부 야마시로쵸山城町•의 즈바이오츠카야마椿井大塚山(분구 길이 180미터), 나라현 덴리시의 나카야마오츠카中山大塚(분구 길이 120미터), 구로즈카黑塚(분구 길이 127미터), 니시토노즈카西殿塚(분구 길이 219미터), 바쿠치야마馬口山(분구 길이 110미터)가 있다. 그리고 이 모두는 원형 본체의 한 편에 제단상의 돌출부가 있는 형태로, 하시하카 고분도 포함해 모두 전방후원분이라고 부르도록 한다.

분포 범위는 2세기 후반에 발생한 왜국난 속에서 히미코를 옹립한 영웅들의 무덤 분포 범위와 거의 다르지 않다. 이시즈카야마 고분만 규슈에 있는데, 후쿠오카현에서도 동쪽의 부젠豊前 지역에 속한다. 오히려 세토우치에 포함된다. 다른 지역의 이 단계 무덤을 보면, 산인에서는 사우돌출형 분구묘의 전통을 잇는 장방형 분구묘가 축조되고, 단고에서는 방형 분구묘가 이어진다. 호쿠리쿠와 주부에서는 방형 본체에 제단이 달린 분구묘가 널리 퍼진다. 이러한 점을 통해 말할 수 있는 것은 이요의 시대가 되어서도 직접적인 지지 기반의 범위가 구 히미코 지지 세력의 범위를 그다지 크게 넘어서지 않았을 것이라는 점이다.

또 하나 주의할 것은 그 범위 안에서의 각각의 전방후원분 규모이다. 확실히 긴키 중앙부의 야마토에는 219미터의 니시토노즈카 고분이 있다. 그러나 이것조차도 하시하카보다 작고, 나카야마오츠카·구로츠카·바쿠치야마 등은 긴키의 다른 지역과 세토우치의 대형 전방

• 2007년 기즈가와(木津川)시에 합병됨.

후원분과 다를 바 없으며, 오히려 그에 미치지 못하는 모습을 보인다.

이러한 양상으로 보아 야마토 세력이 다른 지역의 영웅이 무덤을 만드는 것에 관여하고 전방후원분 조영을 '인가'하며, 그 규모를 결정했다고 보기 어렵다. 긴키·세토우치 각지의 대형 전방후원분은 여왕을 지지하고 그 막료가 된 유력한 영웅들이 맹주인 여왕과 가깝다는 것을 표현해서 여왕의 묘에 준하는 형식의 무덤을 스스로 조영했다고 보는 편이 실상에 가깝지 않을까?

이상과 같이 파악하면, 히미코의 치세 이후 그 죽음과 왕위 쟁탈을 거쳐 이요가 옹립되는 시점이 되어서도 각지의 세력은 아직 자립성을 유지하고, 각각의 세력에 뿌리를 내린 영웅들은 서로 경쟁적 입장에 있었다고밖에 볼 수 없다. 세토우치·긴키의 여왕 지지 기반 안에서조차 패권이 아직 불안정했다. 철과 선진 문물 확보를 둘러싼 각지 영웅들의 대립은 여왕을 지지하는 세력 속에서의 주도권 쟁탈, 여왕을 지지하는 세력과 그 외 세력과의 길항拮抗이라는 이중의 대립축이 형성되어 있었지만 여전히 해소될 조짐이 없었다.

3

거대 고분의
시   대

고분은 어떻게 널리 퍼졌는가

앞에서 살펴보았듯이 각지 세력의 정치적인 통합, 다시 말해 고분이 축조되었다고 해도 영웅 간의 정복과 피정복이 눈에 보이듯 진행된 것은 아니다. 서로 상대를 견제하거나 여왕을 등에 업고 동맹을 맺으며, 경쟁을 부추기면서 정치적 자립을 유지하는 상황이 급작스레 바뀌는 경우는 없었다.

그러한 측면에서 각지의 영웅과 그 지배하에 있던 사람들 사이에 사상과 종교 면에서 큰 공통 기반이 만들어지게 된 점에 대해 주목할 필요가 있다. 그 선도적 역할을 주도한 것이 고분이다. 앞서 이야기했듯이 고분은 친위왜왕에 힘입은 바가 컸던 여왕 히미코가 죽었을 때, 그를 지지하던 각지 영웅들이 고대 중국과 일본열도 안팎의 대항 세력에게 여왕의, 나아가서는 자신들의 권위를 과시하기 위해 각자의 재력과 도구를 내세워 축조한 것에서 시작되었다. 더구나 쓰데 히로시가 말했듯이 초기 고분에는 사자死者를 북침北枕으로 묻는 관습과 유해 옆에 같이 놓은 삼각연신수경三角緣神獸鏡 도안에서 보이는 신선사상 등 고대 중국의 종교관념도 농후하게 담겨 있다.

따라서 여왕의 무덤으로 만들어진 최초의 대형 전방후원분은 긴키와 세토우치, 또는 규슈 각지에서 배양된 장의 전통과 고대 중국 사상이 혼합된 이른바 관념의 도가니이고, 여기에서 여왕국 독자의 새로운 의례와 종교 체계가 창출되었다고 볼 수 있다.

여왕의 대고분, 그리고 그와 결부되는 의례와 종교는 여왕묘에 준하는 무덤을 조영하는 막료급의 대영웅들에 의해 먼저 긴키와 세토우치 각지로 전해졌다. 교토의 즈바이오츠카야마, 오카야마의 우라마챠우스야마, 후쿠오카의 이시즈카야마 등의 각 고분이 그러하다. 나아가 대영웅들의 장의에 관여한 지역 내 중소 실력자도 자신들의 무덤 형태와 의례 내용에 그 요소의 일부를 도입했을 것이다. 또한 긴키와 세토우치 이외 지역의 영웅들 무덤에서도 보이듯 당시 장대한 여왕묘의 외형과 의례 내용은 어떤 형태로든 큰 영향을 미쳤던 것 같다.

여왕과 영웅의 대고분에서 더 하위의 계층과 긴키와 세토우치 이외 지역의 무덤에 전해지거나 도입된 요소 가운데, 지금까지 구체적으로 주목받아온 것은 다음의 네 가지이다. 첫 번째는 무덤 형태를 전방후원형으로 축조하는 것, 두 번째는 장대한 수혈식 석실을 만드는 것, 세 번째는 거울, 특히 삼각연신수경이라는 특별한 형식의 거울을 주변에 다수 배치하는 것, 네 번째는 하니와埴輪와 특제 토기를 분구에 세우는 것이다.

무위武威와 생산노동 지도자의 상징, 철을 이용한 마쓰리

앞에서 언급한 네 가지 요소는 지금까지 오랜 기간 연구자의 관심을 받았다. 그 결과 네 가지 요소의 전파 양상은 다양한 방면에서 검토되어왔다. 그러나 지금까지 제대로 된 평가를 받지는 못했지만, 앞서 설명한 무덤에 전해진 네 가지 요소보다 훨씬 넓으며, 예외도 적고, 또 작은 분묘까지 전해진 중요한 요소가 있다. 바로 철기 부장이다.

물론 철기 부장 자체는 야요이시대부터 있었다. 지금까지 주의를 기울여 살펴본 단검과 대도 부장이 그것이다. 또한 무기 외에 작은 칼 등의 공구가 부장되는 경우도 있다. 그러나 이들은 한 매장 시설에 겨우 한두 점만 부장되었다.

대영웅의 무덤 등 초기 대형 고분에서는 수십 점에서 수백 점에 이르는 막대한 양의 철기가 부장된다. 교토의 즈바이오츠카야마 고분을 예로 들면, 철로 만들어진 투구가 한 점, 대도가 일곱 점 이상, 단검이 십수 점, 화살이 200점 이상, 그 외 농구인 낫, 공구인 도끼·끌·칼, 어구인 작살 등이 100점 가까이 정도 출토되었다. 최근 조사된 나라현의 구로즈카 고분에서도 각종 무기와 도구가 출토되었는데, 양에서 다소 차이가 있지만 대체로 양상은 매우 유사하다.

이러한 막대한 양의 철기 부장은 무엇을 말해주는 것일까? 단서를 얻기 위해 보존이 양호한 구로즈카 고분을 예로 들어 부장품 배치를 살펴보자. 우선 관 안쪽 유해의 두부 쪽에 거울이 한 점, 몸체 옆에 단검과 대도가 한 점씩 놓여 있었다. 거울은 이 인물의 맹주였던 여왕이 깃든 종교 도구이고, 단검은 야요이시대 이후에 이어지는 전통적인 전사의 상징이다. 대도는 고대 중국으로부터 수입된 최신 병기로서, 무덤의 주인이 생전에 몸에 지니고 다녔던 것인 듯하다. 다음에 관 바깥쪽에는 먼저 다리 부분에 갑옷인지 투구인지 분명하지 않지만 비늘 같은 형태의 작은 철판[소찰(小札)]을 많이 엮어 만든 방어구가 있었다. 이것도 중국 대륙에서 들여온 것으로 장군이나 상급 병사가 몸에 걸친 것이다. 게다가 유해의 머리 쪽에는 고대 중국의 신선사상의 도상이 새겨진 삼각연신수경 33매가 관 안의 인물을 죽어서도 보호할듯이 둘러져 있다.

　이러한 상태에서 복원할 수 있는 고분의 주인은 야요이시대 이후의 전통을 가지는 단검 전사로서 여왕이 집행하는 거울 종교에 귀의한 고

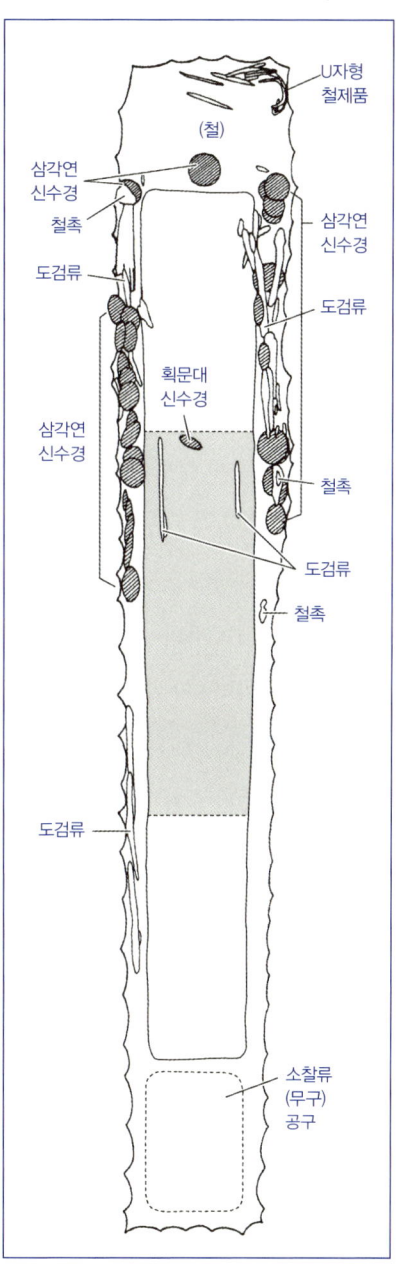

자료 16 구로즈카 고분의 껴묻거리 배치. 음영 부분이 인체의 위치. 위가 머리(奈良県立橿原考古学研究所 編, 「黒塚古墳調査概報」, 学生社, 1998에서 일부 수정)

4장 왜군의 탄생　　157

대 중국풍의 군장을 걸친 무인이라고 할 수 있다. 즈바이오츠카야마와 구로즈카 고분의 주인은 아마도 히미코 치세 후반의 막료로서 고대 중국 왕조로부터 '솔선중랑장率先中郎將'이라든지 '솔선교위率先校尉'라는 장군 칭호를 부여받았을 것 같은 수준의 힘을 가진 유력자로 판단되므로, 고대 중국 왕조시대의 장군 모습으로 묻혀 있는 것이 당연하다고 할 수 있다.

부장품으로 추정할 수 있는 주인공의 모습은 이뿐이 아니다. 관 바깥에 삼각연신수경에 섞여 개인이 일반적으로 가질 법한 수를 훨씬 넘는 검과 대도 등의 철 무기가 놓여 있고, 관 안쪽의 다리 부근에는 농구·공구·어구로 구성되는 철제 생산용 도구가 놓여 있다. 대량의 무기와 생산용구는 고분 주인의 소유물이라기보다 주인이 죽었을 때 장의 참례자가 바치거나 장의용 도구로 특별히 제작되어 공헌된 것일 터이다. 사실 고분에 다량으로 부장된 철기를 보면, 제대로 된 날이 서 있지 않은 칼이나 작은 농기구와 공구처럼 실제로는 사용할 수 없는 모방품이 많다.

한편 이런 모형을 일부러 만들면서까지 고분 주인의 유해에 철제 무기와 생산용구를 부장하는 데는 매우 큰 사상적 이유가 있었을 것이다. 어쩌면 철제 무기의 공헌은 죽은 이의 무위를, 생산용구의 봉납은 농림수산의 결실을 뒷받침하는 철제 도구를 사용함으로써 생산 활동을 통괄하는 무덤 주인의 지도력과 영력을 각각 의미하는 것은 아니었을까?

이 무렵의 대고분 부장 의례에 반영된 영웅상은 이상과 같이 두 가지 모습을 갖고 있다. 하나는 여왕의 막료이자, 고대 중국 왕조의 장군이라는 위엄에 찬 통치자 내지는 군정가의 모습. 또 다른 하나는 집단의 사람들에게 철과 선진 문물을 가져다주는 전사로서 무용을 칭송받고, 동시에 생산노동의 지도자로서의 신뢰를 모으는 순박한 영웅의 모습이다. 그리고 이러한 영웅상을 연출하기 위한 도구가 다름 아닌 철제품이다. 철제 도구로 가득 찬 마쓰리의 이미지는 고분의 배경으로서 종교 체계에 속하는 하나의 본질을 표현하고 있을 가능성이 높다.

고분은 단순한 무덤이 아니다. 죽은 자의 힘을 기리고 그 힘을 후계자에게 계승하는 장소이다. 이 장소에서 집행된 철도를 이용해 무위와 생산력을 체현하는 영웅의 송별의식. 이러한 의식 내용을 구현화하는 철기의 많은 부장은 양적으로는 대형 고분에 미치지 못할지라도 각지 중소 분묘로 확실히 전해졌다. 이 분묘들은 대영웅의 지배 하에서, 또는 작은 세력이나마 독립을 이루고 당시 대륙에서 철과 선진 문물을 확보해서 많은 사람을 지배하던 집단의 생활을 보증하던 토착 실력자들의 무덤이지 않았을까?

비어 있던 100년의 시간

이요로 추측되는 여왕이 중국 대륙에 사신을 보냈다고 기록되어 있는 266년을 끝으로, 그 후 약 100년간 고대 중국의 역사서와 기타 문헌자료에 왜국이나 왜인의 이름이 나오지 않는다. 공백의 100년이다.

가장 큰 이유는 고대 중국의 정치적 혼란에 있다. 이요가 사신을 보낸 서진西晉 왕조는 얼마 지나지 않아 약해지고, 고대 중국 왕조가 한반도를 통괄하는 거점이었던 낙랑군은 313년 한반도 북부의 고구려에 멸망당했다. 3년 뒤에 결국 서진 왕조도 멸망하고, 그 후 100여 년간 중국은 '5호16국五胡十六國시대'로 불리는 혼란기를 맞이했다. 작은 왕조들이 들어서며 발흥과 멸망을 반복하던 시대. 기록도 완전하게 남아 있지 않은 이유이다. 그리고 한편으로는 고대 중국의 지배력 약화를 틈타 한반도와 일본열도에서 독자적인 왕조와 정권이 힘을 키우려는 시기이기도 했다.

이 격동 속에서 왜의 영웅들이 어떤 움직임을 보여주었는지에 대해서는 구체적으로 알기 어렵다. 다만《삼국사기》에 3세기 후반부터 4세기 전반까지 공백의 100년간 약 10회에 걸쳐 왜인과 왜병이 신라 땅을 공격해 교전했다는 내용과 왜국왕이 통혼을 요구하러 오는 등의 통교 기록을 찾아볼 수 있다. 이 모두를 신뢰할 수 있는지의 문제를 차치하고, 문헌 공백기에도 왜인들이 변함없이 한반도를 오고가며 활동했을 가능성은 인정된다.

어쩌면 이 활동을 담당한 최대 세력은 이요와 그 후계자인 여왕 내지는 왕과 그 지지자 연합, 지역적으로는 긴키 중앙부와 세토우치의 영웅들일 것이다. 그러나 당시는 산인과 단고의 방분, 동일본의 전방후방분도 건재하고, 규슈 북부에서는 토착적 색채가 짙은 소형 전방후원분이 변함없이 유행한다. 무덤의 주인들이 야마토의 왜왕과 그 연합세력을 따르며 한반도 등과 교섭한 것이 아니었던 듯하다. 각자 연합하고 또는 단독으로 철과 선진 문물 확보에 나서는 등 독자적인 경제 활동을 이어갔음을 부정할 역사적 자료는 없다.

왜왕 세력의 확대

이러한 상황은 4세기 중반에 이르러 돌변한다. 이 시기에 긴키 중앙부의 야마토에서는 전傳 스진崇神릉[별칭 야나기모토안돈야마(柳本行燈), 분구 길이 240미터]에 이어 전傳 게이코景行릉[시부타니무카이야마(渋谷向山), 분구 길이 300미터]이 축조되는데, 왜왕의 무덤으로서는 오랜만에 하시하카를 넘어서는 거대한 규모의 무덤이 완성된다. 긴키 이외의 지역과 세토우치에서도 길이 100미터를 넘는 고분이 조영된다.

또 놓칠 수 없는 것이 있다. 바로 지금까지의 전방후원분 분포 범위 밖에서 다른 형태의 고분을 축조하던 산인, 단고, 호쿠리쿠, 동일본 등에서도 수혈식 석실을 가진 대형 전방후원분이 출현하는 점이다. 돗토리현 하와이쵸羽合町*의 우마노야마馬ノ山 4호(분구 길이 100미터), 교토부 가야쵸加悦町**의 에비스야마蛭子山(분구 길이 145미터), 시즈오카静岡현 이와타磐田시의 쇼린잔松林山(분구 길이 107미터), 야마나시山梨현 나카미치쵸中道町***의 조시즈카銚子塚(분구 길이 169미터), 나가노현 고쿄쿠更埴시****의 모리쇼군즈카森將軍塚(분구 길이 100미터) 등이다. 수혈식 석실은 없지만 간토에서도 군마현 마에바시前橋시의 덴진야마天神山(분구 길이 129미터)와 같은 대형 전방후원분이 출현한다.

이처럼 왕과 영웅의 고분 조영에 에너지를 쏟아부으며 철의 힘을

- • 2004년 합병되어 유리하마쵸(湯梨浜町)로 변경됨.
- •• 2006년 합병되어 요사노쵸로 변경됨.
- ••• 2006년 고후(甲府)시에 편입됨.
- •••• 2003년 합병되어 치쿠마(千曲)시로 변경됨.

배경으로 한 무위와 생산 활동의 지도자임을 나타내는 마쓰리를 대대적으로 집행하려는 움직임은 4세기 중반에 이르러 긴키 중앙부에 있었던 왜왕의 지배하에서 활성화되었다. 동시에 왜왕과 막료와 같은 형태의 무덤을 조영하고 같은 형식의 장의를 시행함으로써 왜왕과의 관계를 표현하는 영웅이 이 단계에 들어서 비로소 긴키 중앙부와 세토우치 이외의 지역에서도 나타났다.

이는 그 지역 영웅들의 일부가 그들의 사명이라고 할 수 있는 철과 선진 문물 확보를 위해서 대외 활동을 할 때에는 왜왕의 권위를 이용하고 그와 연합해 행동하는 길을 선택하게 되었다는 사실을 반영하는 것이다. 어째서 그러한 움직임이 활발해졌는지는 정확히 알 수는 없으나, 고대 중국 왕조가 약해진 사이에 국가를 형성하려는 움직임이 거세지고, 정세가 긴박하게 흘러가던 한반도 등과 같은 동아시아 세계로 뛰어들어 경제 활동을 계속하기 위해서는 단독으로 행동하기보다는 어느 정도의 규모로 연합하는 편이 유리하다고 판단했기 때문일지도 모른다. 또한 장대한 전방후원분을 축조하고 귀중한 철기를 아낌없이 부장한 왜왕들의 무덤 마쓰리를 본 다른 지역의 영웅들이 그에 대한 일종의 선망을 품고 그 사회에 속하기를 바라는 심리적 원인도 작용했을 것이다.

종교에 담겨 있는 '물자유통 시스템'

같은 종교와 관념을 공유하고 장의에 서로 참여하며 밀접한 관계에 있던 영웅들이 맹주이기도 하고 동료이기도 한 왜왕을 중심으로 생전부터 서로 교류를 더 깊게 하면서, 철과 선진 문물을 획득하기 위해 다양한 기획과 활동을 공동으로 진행해왔다는 점을 쉽게 추측할 수 있을 것이다. 그들 사이에는 왜왕의 리더십을 바탕으로 공동으로 입수한 철과 문물을 나눠 갖거나 또는 서로 증여하는 것과 같은 경제적인 관계도 있었던 것으로 보인다. 그리고 서로의 장례를 성대하게 치르고 거기에 참여함으로써, 철을 배경으로 한 무위와 생산의 힘을 인정하고 강화시키는 것이 철과 선진 문물을 더욱 많이 획득하는 결과로 이어진다고 믿었을 것이다.

그러한 의미에서 각지에서 축조된 영웅들의 대고분은 이 시기 왜인사회 각지의 생활을 지탱하고 향상시키는 데 필요한 자원과 물자를 들여오기 위한, 이른바 관념적 장치였다고 할 수 있다. 이들 가운데 야마토에 한층 더 거대하게 축조된 고분과 대규모로 진행되는 왜왕의 장례는 그러한 관념과 종교의 대본산 역할을 했음이 분명하다.

이것이야말로 종교에 담겨 있는 물자유통 시스템의 정체이다. 이 시기 철의 유통 시스템은 근대 자본주의의 고정관념에 얽매인 현대인이 그 이름을 듣고 떠올릴 법한 순수한 경제적인 구조가 아니다. 근대 이전의 사회에 순수한 경제적인 기구는 존재하지 않는다. 긴키 중앙부의 왜왕 정권은 수입된 물자를 물리적으로 집약하여 배포하는 기구를 가지고 있지 않았을 것이다. 그렇게 하지 않고 물자 유통을 종교와 의례의 중심에 세움으로써 일본열도 각지의 왜인사회에 실질적인 영향을 미치는 힘을 가지게 되었던 것이다.

이 단계에 이르러서도 산인과 동일본에서는 아직 방분과 전방후방분을 조영하는 사람들이 여기 저기 흩어져 있었던 것은 사실이다. 아마 독자적인 루트를 통해 한반도 등과 계속해서 교섭하던 영웅들일 것이다. 그러나 앞서 서술한 것과 같이 4세기 중반에 왜왕을 중심으로 하는 영웅 집단이 철과 선진 문물을 확보하는 지분을 확대시키고 있었음은 분명하다.

  이 시기 남규슈의 미야자키현 남부와 도호쿠 남단에 위치한 후쿠시마福島현의 아이즈会津 분지 등에도 100미터 길이의 대형 전방후원분이 축조된다. 이들은 바로 규슈 남단에서 난세이제도南西諸島로 열린 구마소熊襲 및 류큐琉球 사회와 도호쿠에서 홋카이도北海道에 걸친 에조蝦夷 사회와의 접점에 위치한다. 종교를 매개로 하여 왜왕이 영향력을 장악한 물자유통 네트워크는 한반도와 고대 중국 사이에서만 형성되었던 것은 아니었다. 물자유통 네트워크는 일본열도 남쪽과 북쪽으로 이어지는 인접 사회에도 영향을 미쳤을 것이다.

4

바다를 건너는
영 웅 들

무장武裝의 진보

철과 선진 문물 확보를 둘러싸고 각지의 영웅들이 교전하고 또 연합하는 모습을 살펴보았다. 이러한 경쟁적 환경에서 살아남기 위해서 영웅들은 무장을 충분히 해야 했을 것이다. 또 주변의 무장과 전투 기술 발달에 대응하기 위해 끊임없이 그것을 발전시켜나가야 했을 것이다. 그래서 무덤에 부장된 무기와 무구를 통해 고분시대에 들어서는 3세기 중반부터 5세기까지 무장의 발달상을 살펴보고자 한다.

먼저 대도가 점차 증가하는 점이 주의를 끈다. 대형 고분에는 유해 옆에 놓인 한두 자루 외에도 관의 바깥 등에 몇 자루의 대도가 놓이는 것이 일반적이었다. 야요이시대 후반부터 계속된 대도의 비중 증가는 이 시기에도 계속되었다.

한편으로 여전히 단검도 많이 보이나, 이전과 달리 사용법이 크게 바뀐다. 유해 옆에 놓여진 한두 자루는 전통적인 전사의 상징일 것이나 문제는 발치나 관 밖에 다발로 놓인 십수 자루 내지 수십 자루의 단검이다. 이들에는 긴 자루가 달려 있어 창처럼 이용한 것으로 보이는 경우가 많다. 즉 대도가 확산되면서 실전용 무기로서 지위를 유지하지 못한 단검이 새로이 긴 자루를 착장한 무기로 변신한 것이다. 왜의 특징인 긴 자루가 달린 이 무기가 본격적으로 일본열도에 나타나게 되는 배경에는, 같은 긴 자루가 달린 창을 접근전의 주력으로 삼은 한반도와의 무력 접촉을 고려할 수 있다. 이들이 놓인 장소와 수로 보아, 창을 보유하고 있던 것은 영웅과 지위가 높은 전사가 아니라 그 아래에서 대열을 이루던 일반 전사들이었다고 생각된다.

 게다가 화살촉에도 새로운 변화가 나타난다. 1~2세기에는 실전용으로 동촉이 활발하게 사용되고, 철촉에 상당한 양의 수렵구가 포함되어 있을 가능성이 있었다. 그러나 역으로 철의 본고장인 중국 대륙에서는 실전용 무기의 재료는 이미 청동에서 철로 완전하게 교체되었고, 화살촉도 실전에 적합하도록 두껍고 예리하게 만들어지기 시작했다. 이러한 강인한 철촉은 한반도에도 널리 퍼져 북쪽의 고구려, 남쪽의 가야에서도 발견된다. 왜에서도 3세기의 영웅과 유력자의 무덤에서 그와 유사한 철촉이 종종 발견되는데, 거의 같은 형태, 같은 크기의 것이 수십 점 무리지어 놓여 있는 사례가 많다. 이전에는 장거리로 쏘아 올리기에 유효한 균질한 화살촉 다발이 오로지 동촉으로 만들어졌는데, 이 무렵에는 철로도 만들 수 있게 된 것이다.

 다만 왜의 경우, 이러한 종류의 철촉은 실제로는 불필요할 정도로 연마되거나 능稜이 서 있는 등 형태에 매우 구애받은 흔적이 보인다.

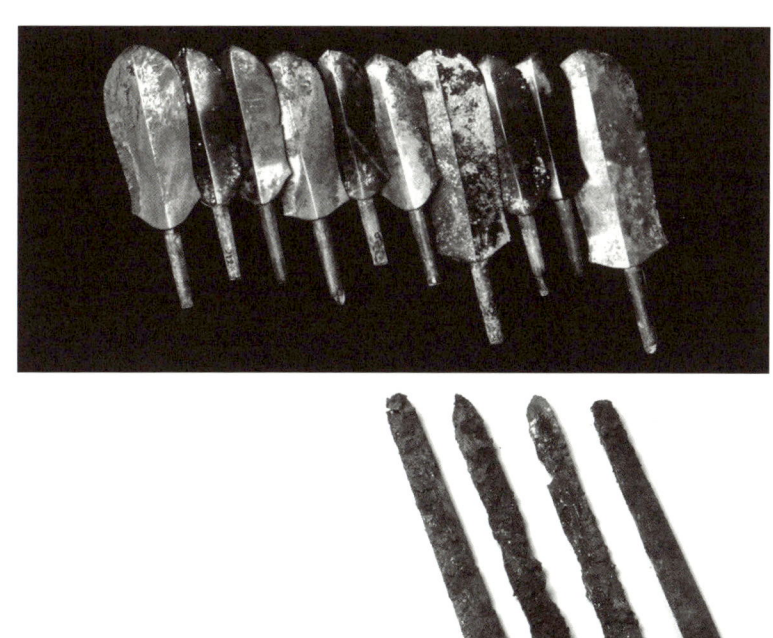

자료 17 위는 장식 화살촉(청동제). 아래는 철창. 나라현 사쿠라이시 메스리야마メスリ山 고분에서 출토(나라현립가시하라고고학연구소 부속박물관 제공)

또 양질의 청동으로 아름답게 제작된 특제품이 많고, 나중에는 벽옥으로 만들어진 것도 출현한다. 이들은 실용 무기가 아니라 영웅들 사이에서 활발하게 주고받은 보기寶器였던 것 같다.

철제 갑옷을 걸친 영웅

이상과 같은 상황에 4세기경이 되면 철제 단갑短甲이 출현한다. 단갑

4장 왜군의 탄생　　167

이란 허리까지 오는 보병용의 짧은 갑옷으로, 그 후 약 100년간에 걸쳐 왜인 무장의 표준이 되는 방어구이다. 이 시기의 것은 주로 세장한 철판을 이용해 세로 방향으로 가죽띠로 엮은 종장판혁철단갑縱矧板革綴短甲과 카드 모양의 철판을 엮은 방형판혁철단갑方形板革綴短甲의 두 종류가 있다. 출토되는 고분은 전자가 이르다.

단갑이 열도에서 만들어진 것인지 수입품인지에 대한 논쟁은 있지만, 원래는 한반도로부터 유입된 것으로 보인다. 수는 일본열도 전체에 걸쳐 겨우 20예 정도로, 형태와 기법에서 같은 것이 전혀 없다. 이 점으로 보아 일본열도 안에서 만들어진 것이라 하더라도 조직적인 생산 체제는 없었던 것 같다.

단갑이 출토되는 고분을 보면, 오사카부 이바라기시의 시킨잔紫金山(분구 길이 100미터), 시가滋賀현 아즈치쵸安土町*의 효탄야마瓢箪山(분구 길이 162미터), 시즈오카현 이와타시의 쇼린잔(분구 길이 107미터) 등 대형 전방후원분이 많다. 왜왕과 연합한 영웅들의 무덤이다. 그 외에 긴키 중앙부의 야마토 분지에는 원분과 100미터가 되지 않는 전방후원분 등 약간 순위가 낮은 무덤에 부장된 사례가 있는데, 실제로는 다섯 예 정도가 있다. 이들 주인은 왜왕 직속의 부하급에 해당하는 장관일 것이다. 그들이 무덤에 부장한 단갑은 왜왕이 이끌어 수행하는 한반도와의 교섭과 활동 과정에서 입수한 것이라고 생각한다.

다만 시마네현 이와미쵸石見町**에 있는 길이 20미터 내외의 전방후원분인 나카야마中山 B1호분과 후쿠오카현 유쿠하시行橋시의 소원분

- 2010년 신설된 오우미하치만(近江八幡)시에 합병됨.
- 2004년 오오난쵸(邑南町)에 합병됨.

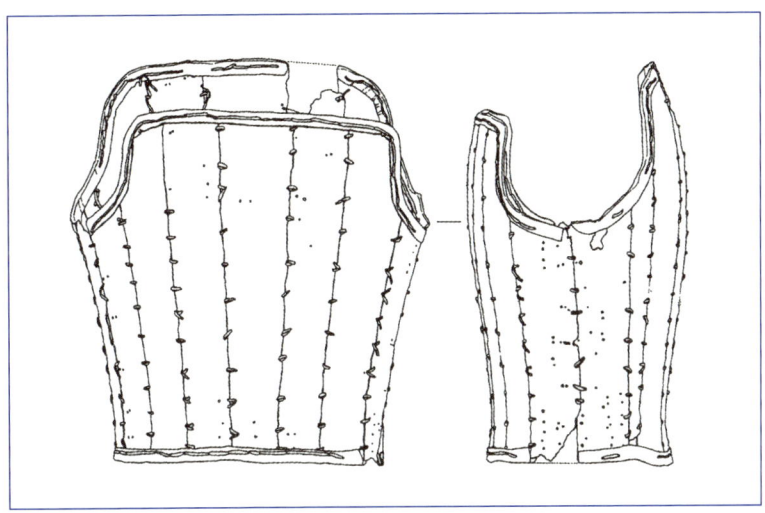

자료 18 종장판혁철단갑. 야마나시山梨현 고후甲府시 다이마루야마大丸山 고분에서 출토(橋本達也·鈴木一有, 『古墳時代甲冑集成』, 大阪大学大学院文学研究科考古学研究室, 2014)

자료 19 방형판혁철단갑. 나라현 가시하라橿原시 니이자와新沢 500호분에서 출토(나라현립가시하라고고학연구소 부속박물관 제공)

인 이나도우稲童 15호분 등에서도 이러한 종류의 단갑이 출토되는 점에 주의할 필요가 있다. 이들 주인은 왜왕의 영웅단과는 다른 경로로 한반도와 교류한 인물일 것이다.

왜인 전사단의 도해渡海

이상의 분석을 통해 당시 전투 부대의 모습을 그릴 수 있다. 전투 부대를 지위하는 대영웅과 왜왕 직속의 장군은 철제 갑옷을 입고 있다. 아마도 가죽 투구를 머리에 쓰고 허리 아래로는 역시 가죽으로 된 스커트 모양의 허리 갑옷[구사즈리(草摺)]을 착용했을 것이다. 멋진 대도를 차고, 야요이시대 이후의 전사의 상징인 단검도 품고 있다. 이들 영웅과 장군들 휘하에는 대도를 주된 무기로 하는 고위급 전사들이 줄지어 서 있다. 가죽과 나무로 만든 갑옷을 착용했을 것 같다. 그들 아래로는 창 전사들이 대열을 이루고 있다.

여기서 주목되는 점은 전대가 전투 지휘자인 영웅 및 고위급 전사와 그들의 명령하에서 대열을 이루며 움직이는 다수의 창 전사 집단이라는 기능적 단체로서 조직되었을 가능성이다. 이는 집단전이라도 개인의 격투 집합에 지나지 않았던 야요이시대까지의 전투와 크게 다른 점을 갖는다. 이러한 전술면에서의 발전은 고대 중국과 한반도 등 외부 사회와의 접촉과 교류를 통해 이룬 것이다.

나는 예전에 창 부대와 같은 일반 전사는 농민 중에 징발된 것이라고 생각한 적이 있다. 그러나 국가 형성 전의 원시·고대의 전투에 농민이 병사로 징발되는 경우가 드물다. 또한 각지에서 야요이시대부터 이어지는 작은 봉분에 돌이나 나무로 만든 작은 관을 설치한, 고분이라고 부르기 어려운 분구묘의 주인이 종종 이 창과 짧은 자루를 단 단검을 부장한 채 발견된다. 그러므로 지금은 창을 가진 일반 전사, 즉 토착 유력 농민의 일부가 철과 선진 문물을 할당받을 목적으로 가까운 영웅과 고위급 전사에 복종했다고 보고 있다. 철과 선진 문물을 가지고 무사히 돌아온 영웅들은 고향에서 그들과 같은 집단의 사람들로부터 그에 상응하는 환대와 존경을 받았음이 분명하다.

대규모 전투는 적었다

그러면 이러한 왜인 집단은 도대체 어느 정도의 규모를 갖추고 얼마나 자주 바다를 건너 한반도로 들어가 그들과 싸웠을까? 이제껏 살펴본 바에 따르면 왜의 무기는 3세기 후반부터 4세기 중반에 걸쳐 공격용·방어용 무기 모두가 한반도 무기의 영향을 받아 진보한 것이 확실한 것 같다. 긴 자루가 달린 무기가 주류였던 한반도 전술에 대응해, 단검에 긴 자루를 단 창 부대를 창설한 것이 그 한 예일 것이다. 철제 단갑을 도입하게 되는 사실로 미루어봐도, 꽤 많은 수의 왜인이 한반도로 건너가 그곳의 세력과 때때로 군사적으로 접촉했음이 거의 틀림없다.

그러나 이 단계의 무기와 장비의 변화는 앞으로 서술할 4세기 후반 이후에 보이는 양상에 비해 분명하지 못한 점이 있다. 예를 들어

창을 살펴보자. 한반도에서 출토된 이 시기의 창은 장식적인 것은 물론, 견고한 실용품도 많은 것으로 보인다. 실용적인 목적으로 제작된 창으로 보아, 긴 자루를 단 무기를 이용한 전투 기술이 매우 발달한 듯하다. 이에 비해 왜의 창은 긴 자루를 단 무기로서는 정성스레 만든 것 같은 느낌이 없다. 창 자체도 유입되긴 했으나, 그 수는 매우 적다. 또한 한반도 철촉이 날 중간에 능을 세운 실용 무기로서 점점 강인해지는 데 비해, 동일 계통의 철촉이 왜에서는 오로지 장식 화살촉으로서 보기적인 색채가 짙어지는 것은 앞서 말한 바 있다. 더구나 철제 단갑도 왜에서 조직적으로 생산된 흔적이 없다.

  이러한 점으로 보아 왜의 전단이 한반도 세력과 대치하는 경우가 적지 않았다고 하더라도, 당시까지는 그 장비와 전술 등에 발본적 변혁을 재촉할 정도의 대규모 전투는 없었던 것 같다. 어쩌면 왜왕과 영웅들이 전투 장비 개량과 보충에 정권을 다 쏟아부어 투입할 것을 결의하도록 하는, 이른바 공적이고 조직적인 전투 단계까지 이르지 않았을 것이다. 왜왕과 막료의 영웅이 연합하는 왜군과 같은 조직이 관념적으로 필요해서 만들어졌을지는 모르지만, 실제로 당시까지 그들 전체가 바다를 건너는 경우는 없었다. 대부분은 왜왕의 동의와 인가를 받은 막료의 영웅 또는 가장 독립적인 각지 영웅과 유력자들이 각각 바다를 건너 한반도 세력과 경제적인 교류를 맺고, 때로는 이해를 둘러싸고 교전하기도 하는 정도가 4세기 중반까지의 상황이라고 말할 수 있다.

5

왜군은 어떻게 만들어졌는가

백제와 왜, 군사동맹을 맺다

앞서 이야기한 상황은 4세기 후반에 들어서서 돌변하게 된다. 국가 형성을 향해 요동치던 격동의 한반도에서는 북쪽의 고구려가 가장 빨리 체제를 정비했다. 서쪽의 백제와 동쪽의 신라도 많은 소국 가운데서 가장 탁월한 힘을 내세우며 왕을 중심으로 한 본격적인 국가를 만들어가고 있었다. 한편, 한반도 남해안 연안에는 아직 많은 작은 소국들이 통합되지 못한 채 남아 있었다. 이들 소국을 한데 모아 '가야'라고 부른다.

  한반도의 여러 세력 간의 싸움 속에서 압도적으로 세력이 강했던 고구려는 지배력을 확대하기 위해 남쪽을 엿보게 되는데, 이때 백제와 신라와 부딪히게 된다. 그 가운데 백제는 스스로의 존립을 지키기 위한 한 방책으로 왜와의 통교관계를 구축하려고 한다. 요시다 아키라가 이야기했듯이 백제의 의도는 고구려의 무력에 대항하기 위해 종종 한반도에 나타나던 왜의 군사력을 아군으로 삼아 이용하는 것이었을 것이다.

그 대가로 왜가 얻은 것이 바로 철과 선진 문물이다.《일본서기》에는 백제가 왜에 통교를 제안했을 때, 그 사자에게 "오색의 비단, 뿔제의 활, 철을 늘인 판(철정) 40매를 보냈다"고 기록되어 있다. 이 기록을 역사적 사실로 그대로 받아들일 수 없지만, 이 무렵 왜가 한반도의 철을 구하고 있던 사정이 여기에 반영되어 있다고 봐도 좋을 것이다. 뿔제의 활은 동물성 재료를 조합한 강력한 활로, 축산계통의 기술 전통이 없던 왜에서는 만들 수 없던 고도의 기술이 집약된 무기이다. 이 역사적 기록은 왜가 추구하던 선진 문물 속에 무기가 포함되어 있었을 가능성도 말해준다.

백제와 왜가 군사적인 동맹을 맺었다는 사실을 단적으로 보여주는 물적 자료가 있다. 나라현 덴리시의 이소노카미石上 신궁에 전해지는 칠지도七支刀이다. 한 줄기에서 양측으로 각각 세 개씩 작은 가지가 나와 있는 특이한 형태의 대도로 금으로, 상감된 문자가 있다. 대도에는 여러 가지 경사스런 문구와 함께 "백제 왕과 태자가 왜왕을 위해 만들었다"고 새겨져 있다. 또한 '태화泰和 4년'이라고 읽을 수 있는 고대 중국 연호가 나오는데, 이는 369년에 해당한다.《삼국사기》와《일본서기》등의 문헌자료 검토를 통해서도 알 수 있는데, 이 해를 전후해 백제와 왜가 정식으로 통교하기 시작했다고 보아도 좋을 것이다.

왜의 전사단이 한반도로 건너간 것은 큰 의미가 있다. 그전까지 왜왕과 영웅들이 자유로운 경제 행위의 일환으로 한반도와 왕래를 했던 것에서 벗어나 나라와 나라 간의 맹약을 바탕으로 국제적인 정치 활동을 하기 시작한 것이다. 이를 통해 얻을 수 있는 철과 선진 문물 확보를 확고히 하기 위해서, 그리고 동아시아 여러 세력 속에서 왜의 위신을 높이기 위해서 왜왕과 막료들은 한반도와의 왕래에 정권을 다해 진지하게 참여해야 했을 것이다.

갑주의 양산 체제

한반도와의 왕래방식을 구체적으로 말하자면 다음과 같다. 당시 왜는 한반도에서 벌어진 본격적인 전투를 견디고, 또 왜군의 위엄을 높이기 위해 보기에도 훌륭한 군장과 체제를 정비했을 것이다. 그 흔적의 일환으로 생각되는 현상을 고고학 자료에서 발견할 수 있다.

문헌자료에 의하면 백제와 왜가 관계를 맺은 수년 후인 371년, 백제의 근초고왕은 북으로부터 공격해오는 고구려를 물리치고, 그 기세로 적의 거점인 평양을 공격해 고국원왕을 살해했다. 증명할 수 없지만, 지금까지의 경위로 보아 백제가 승리한 이 전투에서 왜의 전사단이 참가하고 협력했을 가능성이 높은 것으로 보인다. 아마 왜의 전사단을 배후에 두고 이용할 수 있었기 때문에 적의 패주를 쫓아 적국의 수도까지 적극적으로 공격할 수 있었던 것 같다.

그렇다면 바로 370년 전후에 해당하는 4세기 후반부터 그 말경에 걸쳐 고분의 주인들 가운데서 한반도에서의 이와 같은 군사 행동에 관여한 사람들이 포함되어 있다고 봐도 좋을 것이다. 그리고 그들에게 부장된 무장은 이때 정비된 왜군의 장비를 반영할 것이다. 그래서 다시금 4세기 후반부터 4세기 말에 걸쳐 매장된 것으로 보이는 고분의 무기·무구를 살피면 분명히 그때까지와 다른 현상을 지적할 수 있다.

먼저 철제 단갑의 급격한 증가이다. 4세기 중반까지 종장판혁철단갑과 방형판혁철단갑이 일본열도 전체를 통틀어 20령 정도밖에 알려져 있지 않은 데 비해, 이 시기 이후에 만들어지는 장방판혁철단갑長方板革綴短甲과 삼각판혁철단갑三角板革綴短甲의 두 형식은 모두 130령 이상 출토되었다. 게다가 부장된 곳은 대형 전방후원분만이 아니라, 중소형의 전방후원분과 소원분·소방분이 많다. 철제 단갑의 대량 생산이 시작되면서 그것을 손에 넣을 수 있게 된 사람들의 수가 비약적으로 증가했다는 것을 증명한다. 즉 이를 통해 철제 단갑으로 몸을 감싼 중장비를 갖춘 일반 전사 부대가 비로소 실현되었을 것이다.

이 두 형식의 단갑은 제작방식에서 공통점이 많다. '대금帶金'이라고 불리는 벨트 모양의 철판으로 먼저 프레임을 만들고, 거기에 '지판地板'이라고 불리는 철판을 엮는 수법이다. 이 지판 형태가 장방형인 것을 '장방판혁철단갑', 삼각형인 것을 '삼각판혁철단갑'이라고 부른다. 또한 같은 수법으로 투구도 만들어지게 된다. 이 체계적인 수법을 통해 제작 공인들 사이의 분업이 가능해지고, 대량 생산이 시작되었다고 생각된다.

실제로 이러한 종류의 갑주는 긴키 중앙부나 규슈와 간토에서 출토되는 것 모두 완전히 같은 형태이고, 기법도 세세한 부분까지 동일하다. 따라서 이들이 어딘가의 한곳에서 만들어졌다고 보든가, 복수

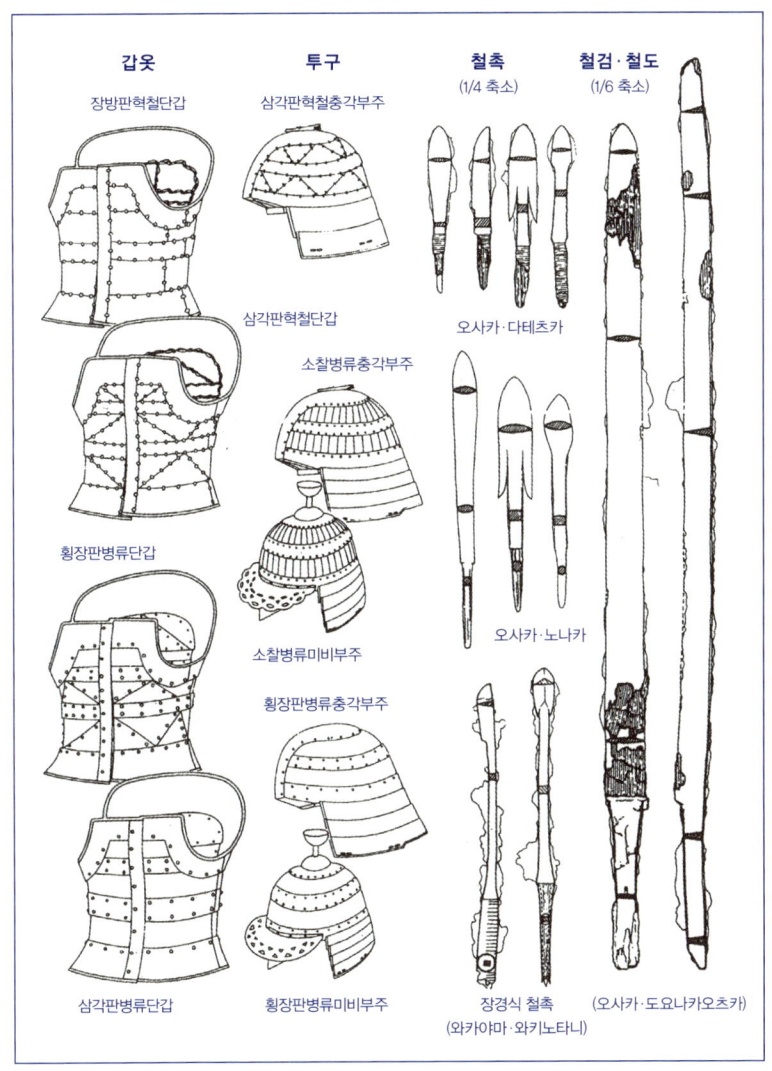

자료 20 4세기 후반부터 5세기의 무장. 아래쪽으로 갈수록 늦은 시기에 발굴된 것(松木武彦, 〈戦いから'戦争'へ〉, 都出比呂志編, 《古代国家はこうして生まれた》, 角川書店, 1998). 갑주 모식도는 小林謙一 외 인용

의 장소에서 만들어졌다고 하더라도 그들 상호 간에 기술 교류가 매우 밀접하게 이루어졌다고 생각할 수밖에 없다. 즉 철제 갑주를 양산하기 위한 조직적 체제가 급속하게 확립되었다는 것이다. 그 후 차세대 유형의 갑주가 나오는 5세기 전반의 비교적 늦은 단계까지 이 종류의 갑주가 부분적으로 개량되면서 계속 제작되었다. 이 종류의 갑주는 8할이 서일본에 분포하고, 그중 약 반수가 긴키 중앙부에 있다. 규슈 북부에도 약간 집중된다. 제작된 장소를 아직 알 수 없지만 공급의 핵 중의 한 곳이 긴키 중앙부였을 가능성이 높다. 그리고 아마도 왜왕과 막료들이 갑주 제작과 공급의 주재자였을 것이다.

창에서 대도로

다음은 도검과 창, 궁시 등 공격 무기의 변화이다. 4세기 중반까지 왜인의 전투집단에서 활발하게 사용된 창은 없어지진 않았지만, 이 시기를 경계로 점차 줄어든다. 대신에 증가하는 것이 대도이다. 대도는 야요이시대 후반인 1세기 이후부터 증가하는 경향이 있지만, 이 시기에 급증하는 양상이 더욱 눈에 띈다. 예를 들어 강력한 힘을 가졌던 영웅을 묻은 관 바깥 쪽 등에 십수 자루 내지는 수십 자루의 대도를 한곳에 모아 부장한 것이 이 무렵이다. 또한 작은 분구밖에 없는 유력 농민전사를 매장한 곳에도 그때까지는 단검 내지 창과 더불어, 또는 이를 대신해 대도가 부장되는 것이 일반적이다. 대도가 널리 보급되어 일반 전사가 사용하는 실전용 무기로서의 지위를 점하게 된 것이다. 그 배후에는 일본열도 안에서 대도 생산이 본격적인 궤도에 올랐다는 점을 들 수 있다. 어쩌면 왜왕들의 정권이 군비 확충을 기획한 결과의 하나라고 추정할 수도 있을 것이다.

궁시가 발달하기 시작한 것도 분명하다. 야요이시대 말경에 전해진 두꺼운 철촉이 오로지 장식용 활의 화살촉으로 발전했다는 사실은 앞서 이야기한 대로이고, 4세기 중반까지의 실용 화살촉은 야요이시대 이후 만들어진 얇은 철촉이었다. 그것이 이 시기에 이르면 높은 실용성을 갖춘 두꺼운 철촉이 출현한다. 날 중앙에 능을 세운 강인한 철촉으로, 일찍이 한반도에서 발달한 것과 동일하다. 한반도에서 도입된 것이라는 사실에는 의심의 여지가 없다. 처음에는 수입품도 있었을 테지만, 곧바로 일본열도 안에서도 제작되었다고 여겨진다. 이 신형 철촉을 이용하게 된 것은 철제 갑주까지 뚫어버리는 강력한 위력 때문일 것이다.

나는 이상과 같은 군비 변혁을 5세기 초에 경험한 고구려와의 전투를 통해 왜왕 정권이 추진한 것이라고 지금까지 생각해왔다. 그러나 최근 새로운 고분의 발견과 고분 연대 연구의 진전, 그리고 지속적인 연구를 통해, 이 변혁의 시기가 4세기 후반으로 거슬러 올라갈 가능성이 높다고 생각하게 되었다. 단갑·대도·철촉에 보이는 이와 같은 변혁은 370년 전후의 백제와의 동맹을 계기로 왜왕 정권이 중심이 되어 진행한 것으로 보인다.

왜군 스타일=왜인으로서의 자각

흥미로운 것은 위의 새로운 무장 가운데 단갑과 대도 모두 보병용 무기라는 점이다. 즉 이들의 증강은 당시 한반도에 널리 퍼지고 있던 기마 전술에 대응한 것이 아니라, 오히려 도보에 의한 접근 전술에 충실을 꾀한 것이라고 이해할 수 있다. 기마 전술의 존재와 그 위력을 알고, 더 나아가 경험했을지도 모르는 왜왕과 영웅들이 기마 전술과는 이질적인, 이른바 중장보병 부대 창출을 목적으로 한 것은 왜였을까?

해답을 제시하기 어렵지만, 말 사육 등 생활문화에 깊이 뿌리내린 기마 전투를 하루아침에 도입하는 것이 곤란하다고 판단했을 가능성이 있다. 실제로 왜왕과 영웅들의 정신 속에 도보에 의한 접근전이라는 야요이시대 이래의 전통적인 전투 관념이 강하게 뿌리내렸다는 점은 유해 가까이에 놓인 한 자루의 단검이 말해주고 있다. 따라서 그러한 보병전의 영웅으로서 권위를 가진 그들에게 이민족의 전투 양식인 기마 전술의 영웅으로 탈바꿈해야 한다는 것은 관념상 의외로 큰 벽이었을지도 모른다.

어찌되었든 단갑과 대도라고 하는 중장보병의 군장에 한반도에서 도입된 신형 철촉이 추가된 장비가 4세기 후반 일본열도 각지로 광범위하게 확산되었다. 왜왕을 맹주로 하는 각지의 영웅들은 공동으로 만든 같은 형식의 갑옷과 투구로 몸을 감싸고 대도를 찬 동일한 유형의 군장을 공유하고 있었다. 그때까지 고대 중국 왕조와의 정치적 관계와 한반도와의 교류 속에서 각각 거의 자유롭게 입수한 군장

자료 21 한반도의 단갑. 출토지 미상(부산광역시립박물관 복천분관 조사보존실 편, 《고대전사》, 1999)

을 한 영웅들은, 이 시기에 이르러 비로소 왜왕군의 제식制式 무장이라고도 할 수 있는 갖추어진 군장을 몸에 걸치게 되었다. 그들의 부하와 지배하에 있던 일반 전사들도 방어구의 부속구 등에서 다소의 차이가 있으나 역시 동일한 유형의 병장으로 외관을 갖추고, 손에 마찬가지로 대도를 들게 되었다.

이렇게 해서 군장을 갖춘 전단은 한반도 등 외부 사회 사람들이 보기에 일견 왜군, 왜병 등으로 인식되었을 것이다. 보이는 사람들도 그 점을 의식했음에 틀림없다. 특히 왜의 전단이 착용한 두 가지 형식의 단갑과 투구는 모두 대금과 지판 등의 부품을 횡방향으로 엮어 만든다는 점에서 공통된 디자인을 갖추고 있었다. 이는 부품을 종방향으로 엮는 것을 선호하는 한반도 단갑 및 투구와 대조적인데, 왜군임을 알 수 있는 큰 표식이 되었을 것이다. 또한 한반도의 전단이 주로 긴 자루를 단 창으로 무장하고 있는 데 비해, 왜의 전단은 손마다 대도를 쥐고 있었다는 점도 특징적이었을 것이다.

　외부와의 전투와 경쟁 속에서 아군이 서로 동일한 무기를 지니고, 같은 군장을 몸에 걸치는 의미는 크다. 그것을 아군과 적군 모두를 의식한다는 점에서 집단의 정신적인 일체성과 귀속감을 높일 수 있기 때문이다. 현대 사회에서 강권적인 국가와 단체일수록 통일된 복장과 제복을 선호하는 경향이 있는 것도 이 때문이다.

　위에서 이야기한 과정으로 완성된 왜군의 시각적 스타일이 맹주인 왜왕의 정신적인 구심력을 강화시키고, 거기에 참가한 영웅들의 연대의식을 표면화시켰을 것이다. 검 전사라는 같은 전사의 관념을 공유한 야요이시대 후반부터 한 발 전진한 왜인이라는 민족으로서의 정체성을 강하게 자각한 점이 왜왕과 영웅, 그리고 전사들의 공동 무장을 통해서 일본열도 사회 속에 침투했을 가능성이 높다.

6

왜군,
패하다

왜군은 용병

동맹을 맺어 바다를 건너온 왜군의 힘을 이용하면서 백제는 한 번 고구려에 이기게 된다. 앞서 이야기한 371년의 일이다. 그러나 원래 국력도 강하고 군사력도 뛰어난 고구려가 그렇게 간단히 존망의 위기에 처할 정도까지 몰아세운 전투는 아니었다. 특히 375년에 즉위한 고구려의 광개토대왕廣開土大王은 탁월한 전쟁 지도자로, 계속해서 승전보를 울리며 남쪽을 압박했다. 신라는 고구려 편에 서는 길을 선택했으나, 백제는 왜의 군사력을 이용할 수 있다는 계획을 갖고 있었기 때문에 고구려에 대치하는 자세를 견지했다.

그 때문에 396년, 광개토대왕은 스스로 군사를 이끌고 백제를 공략한 끝에 대승을 거두고, 고구려에 복속할 것을 약속받았다. 그러나 백제는 그 후에도 왜에 왕자를 보내는 등 왜와의 군사적 연맹을 지속하려 했던 것 같다. 광개토대왕의 업적을 새긴 유명한 '광개토왕릉비문'에 따르면, 399년 광개토대왕은 복속의 맹세를 지키지 않는 백제를 공격하기 위해 남하하는 도중, 왜군이 신라 영내에 주둔하고 있는 것을 알았다. 그래서 다음 해 400년 대군을 보내어 신라에서 왜군을 축출했다. 4년 뒤인 404년 고구려 남쪽과 백제와의 국경 부근의 대방계帶方界에 침입한 왜군을 광대토대왕이 직접 군사를 이끌고 격퇴시켰다. 게다가 407년 광개토대왕은 세 번째 백제를 공격했고 대승을 거두었다고 한다.

 왜군이 신라에 주둔하거나 대방계로 들어간 배후에는 신라와 백제의 주체적인 의도가 있을 가능성이 강하다. 즉 요시다 아키라가 말하는 것처럼 고구려에 대한 전략의 하나로써 왜의 군사력을 이용했다고 봐도 좋을 것이다. 아마 왜에 그 보답으로 보낸 것이 철과 선진 문물일 것이다. 철에 의존하는 생활과 문화에 푹 빠져 있던 왜인들에게 그것들은 필수 불가결했다.

 영웅과 유력 농민전사 집합체에 지나지 않았던 왜군이 대거 한반도로 건너온 것은 왜왕의 위광威光과 주도력 때문이라기보다 전쟁에 참가한 후에 주어지는 물질적 보답에 대한 기대가 컸기 때문이라 생각된다. 사실 뒤에 이야기하겠지만 이 직후에는 한반도 문물, 선진 기술, 생활양식 등이 이전과는 비교가 안 될 만큼의 규모로 일본열도에 흘러 들어온다.

방위防衛 무시는 이 시대부터 시작되었다

이상과 같이 보면, 이 단계의 왜군에게는 백제와 신라의 용병으로서의 성격을 엿볼 수 있다. 왜가 지금까지의 군사력을 이른바 수출할 수 있었던 데에는 배경이 있다. 히로시마대학교의 시모무카이 타츠히코下向井龍彦가 말한 것처럼 사방이 바다로 둘러싸여 쉽게 침입당할 염려가 없다는 지정학적 조건이 있었기 때문임에 틀림없다. 왜인들은 다른 나라의 월경이나 침입이 일상다반사였던 한반도 사람들에 비해 뒤를 염려할 우려가 없어 전단을 꾸려 외지로 나갈 수 있었다.

이는 이 시기 한반도에서는 요새나 방어선인 산성이 발달하기 시작한 데 비해 일본열도에서는 그러한 양상이 전혀 보이지 않는다는 사실에서도 인정된다. 이러한 지정학적 조건이 허락된 상황에서 성립된 공격 편중의 군사력 사용이라는 전술 체계는 다음 장에서 이야기하듯이 그 이후 근대까지 긴 시간 동안 왜인의 전쟁 스타일과 관념을 규정지었을 가능성이 있다.

왜 보병 전대 vs 고구려 기마 전대

광개토왕릉비문에서도 엿볼 수 있듯이 400년과 404년의 전투는 왜군에게 매우 혹독했던 것 같다. 고구려 측의 자료라서 다소 과장은 있겠으나, 여러 뒷사정을 생각해봐도 고구려군이 왜군을 격퇴한 것은 거의 확실하다고 할 수 있다.

당시 양 군의 장비를 추정해보자. 먼저 왜군이다. 앞에서 살펴보았듯이 왜군의 중심은 단갑과 투구를 장착한 중장비 보병 부대이다. 지휘관들조차 도보로 다녔다. 주력 무기는 길이 80센티미터에서 1미터 정도의 대도이다. 창 부대도 약간 있다. 활은 상세히 알 수 없지만, 활 선단에는 도입한 지 얼마 되지 않은 능을 세운 신형 철촉이 붙어 있다. 다만, 야요이시대 이래의 기법으로 만든 유엽형의 얇은 구식 철촉을 붙인 화살촉도 꽤 있다. 이 당시 왜군은 무엇보다도 대도를 휘두르며 다가가는 접근전에 능숙하며, 이를 자랑으로 삼고 있었던 것 같다. 그러나 무거운 갑주를 몸에 걸친 보병군대인 만큼 행동이 느리다.

다음은 고구려군이다. 이쪽은 고분 벽화가 있어 더욱 복원하기 쉽

자료 22 고구려의 무장. 안악 3호분 벽화(조선민주주의인민공화국 과학원 고고학 및 민속학연구소 편, 《안악 제3호분 발굴 보고》, 1958)

다. 보병과 기병이 있으나, 주목을 끄는 것은 기병이다. 지휘관도 기마병이다. 기병은 비늘처럼 생긴 철판(소찰)을 엮은 갑주를 몸을 걸치고, 손에는 긴 자루를 단 창도 들고 있다. 보병에는 대도를 가진 부대와 창 같은 긴 자루의 무기를 가진 부대가 있다. 모두 허리까지의 짧은 갑옷을 거치고 한 손에는 방패를 들고 있다. 보병에는 그 외에도 월鉞*을 든 부대와 활 부대가 있다. 활 부대가 사용한 것으로 보이는 활은 만궁이다. 시위를 당겼을 때의 반동과 반대 방향으로 당기는 형식의 짧지만 매우 강력한 활이다. 활 끝에 단 철촉은 능을 세워 가늘고 예리한 것, 선단이 일자형 날인 편평한 것, 선단을 일자형으로 만든 철판을 세 개의 깃처럼 엮은 것의 세 종류로 주로 구성된다. 뒤의 두 가지 종류는 살상력이 크나 만궁처럼 강력한 활이 아니면 제대로 날아가지 않는 특이한 화살촉이다.

 이러한 왜군과 고구려군의 대전 결과는 대충 짐작이 간다. 아마 움직임이 늦은 왜군은 고구려의 기마 전대에게 농락당하며 자랑하던 접근전을 시행하기도 전에 사정거리가 뛰어난 만궁의 딱 좋은 표적이 되었을 것이다. 접근전에서도 대도 부대, 창 부대 등으로 전문 분화되어 전술적으로 공격해오는 고구려군을 왜군이 충분히 응전할 수 있었는지 의문이다. 더구나 적지이다. 백제인 참모와 안내인이 있었을지도 모르나, 지리적 이득을 볼 수 없는 땅에서 마음대로 되지 않는 경우가 많았을 것이다.

 404년의 전투는 해전이었다고 전해져 상세한 복원이 어렵다. 다만

• 도끼 모양이나 이보다 큰 무기의 일종으로, 신분을 상징하는 물품으로도 사용됨.

이때의 고구려군은 걸출의 영웅 광개토대왕이 이끄는 역전의 맹자로, 전의도 왕성했다고 생각된다. 이에 비해 왜군은 반쯤 물자를 목적으로 몰려든 각지 병력의 연합이었으며, 왜왕이 직접 이끈 것도 아니었다. 한번 타격을 받으면 패주하는 것이 빠르지 않았을까?

보병장비 리뉴얼

왜군이 바다를 건너 한반도로 간 것은 정치적으로 백제와의 동맹에 따라 군사상 원조를 이행하고, 경제적으로 그 답례로서 철과 선진 문물·기술을 얻는다는 것을 의미했다. 그러나 왜군이 전투에 참가하지 않는 상황이 계속될 경우, 정치적으로는 왜의 권위가 실추되고 경제적으로도 곤경에 빠질 위험이 있었다.

이러한 위기감 속에서 먼저 행한 것이 군비 개량이다. 첫 번째가 신형 단갑의 개발이다. 그때까지는 부품인 철판을 서로 가죽 띠로 엮던 것을 철 리벳으로 고정시키게 되었는데, '병류식 단갑鋲留式短甲'이라고 불린다. 종래의 것 이상으로 양산되어 일본열도 전체에서 지금까지 알려져 있는 병류식 단갑의 수가 200령이 훨씬 넘는다. 역시 보병용이고 기동성이 떨어지지만 방어력이 높다.

두 번째는 궁시, 특히 철촉의 개선이다. 날 중앙에 세운 능을 길게 늘임으로써, 예리함은 그대로지만 무게가 더해진 '장경식長頸式 철촉'이라는 유형이 이 시기부터 나타난다. 이러한 종류의 철촉은 한반도와 일본열도에서 거의 동시에 출현하므로 아마도 교전을 통해 서로 영향을 주고받았다고 생각된다.

 이 가운데 병류식 단갑은 그제까지의 혁철 단갑과 마찬가지로 일본열도 어디에서나 출토되던 것과 같은 형태이고 게다가 같은 기법으로 제작되었다. 종래와 마찬가지로 통일적 조직으로 만들어졌을 가능성이 높다. 한편 장경식 철촉은 각 지역에서 각각 만들어졌던 것으로 보이는데, 일본열도 각지에서 거의 동시에 출현한 것 같다. 또한 날 뒤에 작은 돌기가 있는 동일한 디자인이 긴키를 중심으로 각지에서 출토된다.

 군비 개량에서 또 하나 놓칠 수 없는 것은 마구와 기마용 갑옷이라고 일컬어지는 괘갑挂甲의 출현이다. 괘갑은 고구려 기마전사가 착용하고 있던 것과 같은 것으로, 비늘과 같은 철의 소찰을 엮은 움직이기 쉬운 갑옷이다. 그러나 5세기 전반까지 마구와 괘갑이 셀 수 있을 정도인 것으로 보아 아무래도 수입품인 것 같다. 새로운 것을 좋아하는 일부 영웅이나 전사가 당시 세련된 한반도풍의 의장을 개별적으로 입수한 기호품일 것이다. 또는 괘갑의 주인이 한반도 출신일지도 모른다.

 모모사키 유우스케桃崎祐輔의 연구에 따르면, 5세기 전반 즈음이 되면 한반도에서 말을 취급하는 기술과 그와 관련된 습속이 일본열도로 꽤 대거 들어온다. 말을 이용하는 방법과 문화는 철의 가공 및 스에키 사용과 더불어 한반도계의 개명적 생활양식의 하나로써 이 무렵 이후 왜인사회로 퍼졌던 것 같다. 그럼에도 불구하고 마구와 괘갑은 방금 이야기한 것처럼 병류식 단갑과 장경식 철촉에 비해 매우 단발적이라, 조직적으로 양산이 시작된 조짐을 엿볼 수 없다. 즉 고구려와 겨룰 기마전대를 만들기 위한 흔적을 발견할 수 없다는 것이다.

결국, 고구려를 상대로 한 전투에서 패하고, 일어설 수 없을 정도의 타격을 받은 후의 왜군의 군비 개선은 기본적으로 장경식 철촉에서 보이는 궁시의 개량과 병류식 단갑의 양산이라고 하는 두 가지 점에 도달하게 된다. 대도는 변함없이 활발하게 생산되어, 창이 설 자리는 점차 사라지고 있었다. 병류식 단갑과 대도 증산에 힘을 쏟는다는 방침에는 예전과 마찬가지로 중장보병 전술을 이 시기까지 지속하겠다는 일종의 완고함이 보인다. 여기에서 군사사상에 얽힌 정신적 보수성을 느끼는 것은 나 혼자일까?

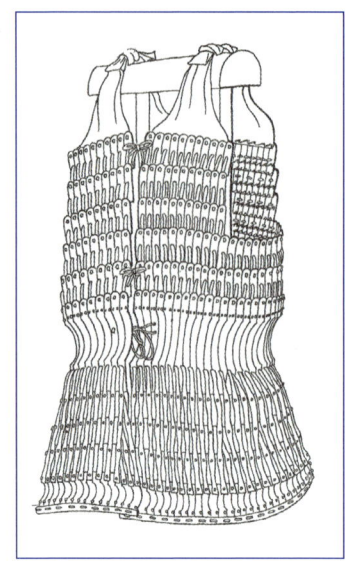

자료 23 괘갑복원도(末永雅雄, 《日本上代の甲冑》, 倉原社, 1944)

7 　왜왕과 장군들의 연합왕권 '왜'

안동장군安東將軍 왜국왕

한반도에서의 군사 행위가 뜻대로 되지 않는 왜왕들이 취한 또 하나의 방책은 고대 중국과의 교섭이다. 고대 중국 왕조로부터 인정을 받고 한반도에서의 이권 확보를 유리하게 하려는 전략으로, 야요이시대 이후부터 이어져 내려온 전통적인 방법이다. 5세기의 왜왕들 즉 산讚·진珍·세이濟·고우興·부武로 이어지는 '왜 5왕'은 이 전략의 적극적인 추진자들이었다.

고대 중국의 역사서에 따르면, 421년 왜왕 산은 동진東晉의 뒤를 이은 송宋에 사신을 보내어 공물을 헌상했다. 게다가 다음의 왜왕 진은 438년에 사신을 보낼 때 '사지절, 도독 왜 백제 신라 임나 진한 모한 6국제군사 안동대장군 왜국왕使持節, 都督倭百濟新羅任那秦韓慕韓六國諸軍事安東大將軍倭國王'의 작호를 내려줄 것을 요구했다. 이 가운데 허락된 것은

'안동대장군 왜국왕'뿐이지만, 나머지 긴 칭호는 고구려를 제외한 한반도 각지와 왜의 군사지배권을 의미한다.

451년 다음 왜왕 세이는 '사지절, 도독 왜 신라 임나 가라 진한 모한 6국제군사 안동대장군 왜국왕使持節, 都督倭新羅任那加羅秦韓慕韓六國諸軍事 安東大將軍倭國王' 칭호를 받아 고구려와 백제를 제외한 한반도의 군사지배권을 인정받았다. 같은 내용의 군사지배권과 안동대장군 칭호는 그 후 476년에 왜왕 부에게도 내려졌다.

왜왕의 한반도 군사지배권은 물론 명목상의 일이다. 백제 등의 요구에 부응해 왜군을 반쯤 용병으로 한반도에 보내던 당시 상황을 유리하게 해석해 적절하게 잘 이용한 것이라고 할 수 있다. 그러나 이 칭호가 한반도에 무력을 행사하고, 철 등의 이권을 얻는 대의명분이 되었음이 분명하다.

원래 이 시기에는 왜만이 아니라, 고구려·백제, 약간 늦지만 가야의 왕들도 마찬가지로 중국에 사신을 보내어 앞 다투어 칭호를 받았다. 국가 단계로의 진입을 재촉했던 여러 민족과 세력이 철과 선진 문물, 기술, 또는 그에 대한 권익, 때로는 영역과 자원, 노동력 등을 쟁탈하면서 격렬한 위신威信 쟁탈을 반복했다. 이것이 4세기 말부터 5세기에 걸친 동아시아의 국제 정세다.

왕릉구역의 정비

이 시기에 일본열도의 고분이 이상할 정도로 커지는 현상도 위와 같은 경쟁적인 국제 정세를 배경으로 두지 않고서는 이해할 수 없다.

이러한 경쟁을 언제나 이끌어온 고구려는 지금의 북한과 중국과의 국경에 흐르는 압록강 부근의 집안集安에 왕도王都를 마련하고 부근에는 대규모 왕릉군을 조성했다. 대표적인 것이 장군총이다. 한 변의 길이 36.5미터, 높이 12.4미터의 피라미드형으로 거석을 쌓아 올린 장엄한 모습은 일본에서도 유명하다. 장군총이 가장 큰 것은 아니고, 태왕릉太王陵, 천추총千秋塚, 마선구서대총麻線溝西大塚 등 한 변의 길이가 50~80미터에 이르는 거대한 방형 적석총이 일대에 다수 축조되어 있다. 4세기 후반부터 5세기 전반에 걸친 역대 고구려 왕이 잠든 무덤일 것이다.

게다가 이 주변에는 약간 작은 적석총이 들어서 있거나 무리를 지어 있기도 한다. 왕의 일족과 중신들의 무덤이다. 거대한 왕의 묘와

자료 24 장군총. 중국 길림성에 있는 고구려의 왕릉

이를 둘러싼 중소 무덤이 자아내는 왕릉구의 경관은 왕궁을 에워싸는 성벽(국내성)과 그 배후를 지키는 산성[산성자(山城子)산성]의 토루 등과 어우러져 왕의 권위를 나타내는 독특한 인공적인 전경을 만들어내고 있다.

고구려와 대립한 백제의 이 무렵 왕릉구는 지금 서울에 있다. 석촌동 고분군이다. 고구려와 동일한 양식의 적석총으로 이루어져 있는데, 4세기 후반에 만들어진 것으로 보이는 가장 큰 3호분은 한 변이 약 50미터이다. 신라에서도 5세기에 들어설 무렵부터 경주에 왕릉구가 본격적으로 만들어지기 시작한다. 이곳의 왕릉은 큰 원분이다. 원분이 두 기가 붙은 형태인 황남대총은 길이 114미터, 높이 23.6미터로 우러러보는 위용을 자랑한다.

그리고 이들과 같은 시기에 있던 왜의 왕릉구가 오진應神릉·닌토쿠仁德릉으로 전해진다. 두 기의 초거대 전방후원분을 핵으로 하는 오사카부의 후루이치古市 고분군과 모즈百舌鳥 고분군이다. 종래의 두 배에 가까운 거대한 분구에 물을 가득 채운 광대한 도랑을 두르고, 그 주위에 중소의 전방후원분과 방분, 원분을 위성처럼 배치한 고분군 전체의 파노라마가 자아내는 위용은 그때까지 일본열도 내에서 볼 수 없던 것이었다. 나아가 이들은 세토나이카이 해를 항해해 긴키 중앙부에 도착하려는 배라면 싫고 좋고 할 것 없이 보게 되는 오사카완만 안의 대지 위와, 그곳에서 야마토로 이르는 길에 닿는 장소를 선택해 축조되어 있다. 외부에서 들어오는 사람들의 눈을 의식해 만들어진 경관임에 틀림없다.

한반도와의 관계를 정책의 축으로 삼고, 그곳의 문화를 늘 동경하

자료 25 모즈 고분군. 가운데는 닌토쿠릉으로 전해지는 다이센大山 고분(사카이시박물관 제공)

면서 그곳보다 우위에 섬으로써 위신을 높이려 했던 이 시기의 왜왕들이 고구려와 백제, 신라 왕릉구를 의식하지 않았다고는 생각할 수 없다. 후루이치와 모즈 왕릉구의 광대함, 그곳에 축조된 왕릉의 거대함은 백제·신라·가야를 명목상으로 지배하에 두고 고구려와 대적하려 한 왜왕과 그 막료로 구성된 유력 영웅들의 권위에 대한 강한 집착을 말해준다.

왕릉구 안에서는 왕과 영웅의 죽음에 즈음해 어마어마한 철기와 그 모형을 껴묻는 장송의식이 계속 이루어졌다. 이 철 제품들은 주로 생산용구와 무기로, 눈에 띄게 수량이 증가했지만, 영웅의 장송 도구로서는 3~4세기부터 계속 사용되어오던 것과 동일하다. 전통적인 무위와 생산 노동지도자의 상징인 철을 이용한 마쓰리는 매우 성대해진 모습으로 그곳에서 계속되었다.

긴키 이외 지역에서도 들어서기 시작한 왕릉구역

다만 여기서 주목하고 싶은 것은 위와 같은 왕릉구와 동일한 것이 후루이치·모즈만이 아니라 일본열도 각지에 산재하고 있다는 점이다. 예를 들어 긴키 중앙부 이외의 지역을 보면, 야마토에는 사키타테나미左紀盾列 고분군, 마미馬見 고분군이라는 두 개의 고분 밀집 구역이 있다. 규모가 약간 작지만 북쪽의 세츠攝津에는 미시마노三島野 고분군, 남쪽의 이즈미에는 단노와淡輪 고분군이 있다.

긴키만이 아니다. 세토우치의 주카쿠中核·기비吉備에는 즈쿠리야마[조잔(造山)]·즈쿠리야마[사쿠잔(作山)]이라는 양대 전방후원분을 중심으로 한 고분 밀집 구역이 있다. 이 가운데 조잔 고분은 분구 길이가 350미터나 되어 오진릉[곤다고뵤야마(誉田御廟山) 고분]이 생기기 전까지 리츄履中릉[모즈미사사기야마(百舌鳥陵山) 고분]과 더불어 일본열도 전체에서 1, 2위를 다투는 왕묘였다.

후루이치·모즈의 고분 밀집 구역이 가장 크므로 이곳이 왜왕의 왕릉구였음에는 틀림없다. 그러나 이와 거의 어깨를 겨루는 정도의 고분 밀집 구역이 다른 곳에 있는 것도 사실이다. 이는 왜왕의 권위가 아직 절대적이지 않고, 그에 필적할 정도의 힘을 가진 대영웅들이 다

자료 26 즈쿠리야마 고분(오카야마시교육위원회 제공)

른 곳에도 있음을 말해준다.

앞서 살펴본 것처럼, 왜왕은 고대 중국 왕조로부터 안동장군 왜국왕의 칭호를 인정받았다. 사실 이때 왜왕의 동족과 막료의 주된 인물들에게도 '평서장군平西將軍'·'정로장군征虜將軍'·'관군장군冠軍將軍'·'보국장군輔國將軍'과 같은 장군 칭호가 내려졌다.

고대사를 연구한 사카모토 요시타네坂元義種에 의하면, 이러한 장군 칭호들은 왜왕이 받은 안동장군과 그다지 큰 격차가 없다고 한다. 고대 중국으로부터 장군 칭호를 받고 고구려나 백제 등에 대항하며 왕릉구를 만들어 권위를 과시한 것은 왜왕만이 아니었다. 막료가 된 긴키와 기비 등의 대영웅도 또한 그러한 점에서 왜왕과 다름없는 지위와 입장을 자처했던 것이다. 이러한 상황은 이 단계에서 왜왕은 난립하는 대영웅의 한 사람에 지나지 않았다는 점을 반영한다. 그렇다면 왜군도 왜왕 한 사람의 지배하에 있었던 것이 아니라, 실질적로는 대영웅들을 축으로 공동으로 운영되는 연합체로서의 성격을 가졌다고 보는 것이 자연스럽다.

왜군은 자유자재의 전사단

그렇다면 이런 왜군의 무장은 어디에서 만들어지고 어떤 방법으로 배분되었을까? 우선 단갑과 투구는 앞에서 이야기했듯이 어딘가 한곳 또는 서로 밀접하게 기술을 교류하던 소수의 공방에서 제작되었을 가능성이 높다. 그 장소를 아직 명확히 알 수 없지만, 이런 무장들이 분명히 긴키 중앙부를 중심으로 분포하고 있는 것으로 보아, 역시 왜왕을 포함한 유력한 대영웅이 북적거리는 이 지역에 있었던 것으로 보인다. 아마도 왜왕만이 무장을 제작한 것이 아니라, 긴키 중앙부 등의 대영웅들이 공방을 공동으로 운영했을 것이다. 그렇다면 이런 무장 제품은 그곳에서 대영웅들에게 분배되고 나아가 대영웅들을 통해 지배하에 있던 또는 동료 영웅들에게 배급되었을 것으로 추정된다.

철촉은 각 시기마다의 신형 철촉이 거의 동시에 각지로 확산되므로, 어떤 형태로든 기술이 전달되었던 것 같다. 그러나 철촉들을 잘 관찰해보면 형태와 기법에 세세한 지역 차가 확인된다. 또한 규슈처럼 야요이시대부터의 전통을 보유한 형태의 철촉을 계속 만들던 지역도 있다. 철촉은 각지 영웅들의 통제하에서 생산되었다고 생각해도 좋다. 대도는 어떻게 제작되었는지 아직 알 수 없다.

이처럼 왜군의 무장은 왜왕이 독점적으로 생산·배포하던 것이 아니라 기본적으로 왜왕을 포함한 영웅들이 각각 만들고, 갑주처럼 고도의 기술이 필요한 것은 공동으로 조직을 운영해 제작했던 것 같다. 즉 왜군은 왜왕과 같은 특정 인물의 휘하로 무력이 집중되는 조직이 아니라, 왜왕을 포함한 일본열도 각지의 영웅들이 때로는 공동으로 협력해 무장의 유형을 공통되게 만드는 것을 목적으로 하면서 본질적으로는 스스로의 힘으로 무력을 생산하고 그것을 서로 모아 연합한 것이다. 게다가 왜왕과 막료의 대영웅들로부터 철과 선진 문물을 나눠 받기 위해 각지 영웅과 그들의 지배하에 있던 유력 농민전사들 혹은 자립적인 전사들이 각각 모여든 것이 왜군의 실태였을 것이다.

5세기 후반에는 사이타마埼玉현 교다行田시의 이나리야마稲荷山 고분에서 출토된 철검 명문이 말해주듯이 '조토진杖刀人'으로 불리는 전사집단이 왜왕 곁에 설치되어 지방 영웅의 일족이 거기에 참가하는 형태였던 것 같다. 그러나 조토진은 실효적인 병력이라기보다 일종의 친위대로 왕의 신변을 꾸며주는 의장적 색채가 강했던 것 같다.

왜군과 그리스군

이상으로 4세기에 성립해 5세기에 크게 발전한 왜군은 조직적인 군대라기보다 왜왕과 대영웅들을 중심으로 한 왜인 전사단이라고 할 만한 성격을 가지고 있었다. 그 무력은 실질적으로는 중앙에 집중된 것이 아니라, 각지 영웅들의 지배하에 있으며 원래 자립적인 전사들도 있었을 것이다.

일본의 고대 국가는 일반적으로 아시아형 전제 국가로 여겨진다. 그리고 아시아형 전제 제국 군대의 가장 전형적인 유형은 왕과 황제에 속해 있고, 그 명령하에서 군이 모여 단단한 조직을 갖추는 것이라고 이해된다. 그 최초의 예로 이야기되는 서기전 8세기부터 서기전 7세기의 아시리아에서는 왕이 직접 군대를 이끌고 원정을 떠나 나라의 영역을 넓히고, 지배하의 도시와 지방의 반란에 대해서는 강한 군대를 투입해 자신들이 지배할 땅을 무자비하게 진압했다.

아시리아의 예는 특히 분명하지만, 그 후에도 메소포타미아에서 패권을 장악한 고대 전제 제국의 군사력은 많든 적든 마찬가지로 집권적이다. 서기전 6세기에서 서기전 4세기에 이 지역을 널리 지배한 아케메네스조 페르시아의 경우 지방을 통지한 지배 제도가 비교적 느슨했다고 이야기되지만, 징병으로 모집되며 왕의 통솔을 받는 강력한 군대를 가지고 있었다. 그 군대는 왕을 지키는 근위부대 약 1만 군사와 지방 행정구[사트라피(satrapie)]에서 각각 징병된 막대한 수의 지방군으로 이루어진다. 지방군은 10인, 100인, 1,000인, 10,000인이라는 계층적 단위로 조직되고 각 단위에 대장隊長이 있으며, 전체를 왕이 임명하는 지방 장관[사트라프(satrap)]이 이끌었다. 유사시에는 이들이 왕 앞으로 모이게 된다.

이러한 군대와 지금까지 살펴본 왜군 실태와의 사이에는 큰 차이가 있다. 오히려 고대 메소포타미아에서 지중해에 걸친 지역 가운데서는 서기전 5세기 중반경의 아테네를 중심으로 만들어진 그리스의 폴리스군이 공수연합으로 맺은 델로스동맹 쪽이 어떤 의미에서 왜군의 양상에 더 가깝다고 할 수 있다. 델로스동맹은 강대한 군사력을 자랑하는 페르시아의 침공을 겨우 피한 그리스의 폴리스군이 재침공에 대비하기 위해 결성한 것이다. 가맹한 각 폴리스는 그 위치에 따라 분담금을 내고 군선 등의 전비를 갖추며 공동 무장 조직의 형태를 갖춘 것 같다.

물론 서기전 5세기의 그리스와 4세기의 왜를 직접적으로 비교하는 것은 무리이다. 그러나 서로 독립된 몇몇 집단의 군사력이 대외적인 동기에 의해 모이는 구도를 보여준다는 점에서 왜군은 아시리아나 페르시아 군대보다 델로스동맹에 가깝다. 또한 델로스동맹이 각각 독립된 집단의 군사력 연합체이면서 '그리스인의 군대'라는 민족적인 정체성을 가지고 종교로 맺어져 있다는 점도 왜군과 닮아 있다. 이에 비해 오히려 페르시아 군대 등은 바빌로니아인, 박트리아인, 사르마티아 유목민 등의 이민족 부대와 용병이 많이 포함되어 있다. 이들을 맺어주는 것은 정신적인 것이 아니라, 더 기계적이고 강제적인 페르시아 제국이라는 조직의 힘이었다.

일본의 군사적 원형

4세기부터 5세기의 왜군과 관련해 더 흥미로운 점은 그 전술과 사상에 보이는 독자적인 개성이다. 이미 앞에서 언급한 바 있으나, 한 번 더 살펴보자.

하나는 전쟁방식과 무력의 정비가 공격 중심으로 이루어져 방위는 4세기에서 5세기에 거의 발달하지 않는다는 점이다. 이러한 상황은 공격과 방어에 없어서는 안 될 시설로 일찍부터 고대 산성이 발달한 한반도와는 대조적이라고 할 수 있다. 도랑을 두른 영웅의 거관이 출현하지만 방어 시설이라기보다 위엄을 갖춘 유력자의 저택이라는 느낌이 강하다. 또한 대규모인 것은 지금 현재 동일본에 거의 한정되어 있다. 뒤에서 이야기할 7세기 후반의 한 시기를 제외하고 고대 산성이 나타나지 않는다는 사실은 고대 도시에 성벽이 발달하지 않는다는 특질과 어쩌면 깊이 관련될 것이다.

또 하나는 고구려 등 한반도 기마 전술을 접하고 고배를 마신 것이 한 번이 아닐 텐데도 그것을 본격적으로 배우고 도입한 흔적이 거의 없다는 점이다. 5세기 후반에 이르기까지 단갑과 대도 증산에 힘을 쏟고 구태의연한 중장비의 보병 전단을 계속 주력으로 삼았던 것 같다. 이 점에서는 페르시아의 위력에 대비해 전술을 다듬은 그리스, 무장 개량에 여념이 없었던 로마 등의 개명적 합리성과의 사이에서 크나큰 격차를 느끼지 않을 수 없다.

일본열도의 4세기부터 5세기의 군사 체제는 위와 같이 방위에 대한 관심이 낮은 점과 상황에 따라 무장과 전술을 개량해가는 유연성이 결여되었다는 점이 큰 특징이라고 할 수 있다. 이는 아마도 뒤에서 이야기하겠지만, 사방이 바다로 둘러싸여 있다는 지리적 조건과 무관하지 않을 것이다. 이쪽에서 먼저 나아가지 않는 한, 전술을 달리하는 강력한 외적에게 노출되는 법이 없고 군사적 침략을 받을 가능성도 낮다. 다양한 민족과 세력이 끊임없이 활동하고 이동을 반복하는 대륙이나 한반도와는 다른 성질의 전쟁 형태와 군사 사상이 자라날 여지가 있었다. 그리고 만약 그러한 전투의 형태와 사상의 전통이 중세와 근세, 나아가서는 근대까지 이어졌다면, 4세기부터 5세기 사이에 성립한 왜군이야말로 전투 사상의 직접적 출발점이었을 것이다.

영웅전성시대

이 장에서는 야요이시대 후반에 일본열도 각지에서 출현한 영웅들이 대외적인 지위를 향상시켜 문물과 자원을 유리하게 획득하기 위해서 서로 연합하고, 왜왕을 수령으로 하는 영웅단―왜군―을 만들어 해외로 진출하는 모습을 살펴보았다.

3세기 후반부터 4세기, 더 나아가 5세기에 이르는 이 무렵은 영웅이 지지자들에게 물질적인 이득을 가져다주고, 그에 부응해 사람들이 영웅에게 위신을 부여하고 권한을 맡기는 이득 교환의 방식이 가장 활발하게 작동한 시대라고 할 수 있다. 이 시기에 고분 규모가 한층 더 거대해지는 것은 그러한 배경을 가진 현상이라고 이해할 수 있다.

일본열도 사람들은 바다를 건너 싸우는 영웅을 통해 국제적인 지리 감각을 양성하고 동아시아 속에서 자신들의 사회가 놓인 위치를 의식하며 왜인으로 자각을 높여왔다. 영웅과 그 지배하의 전사들도 통일된 군장으로 몸을 두르고 동일한 무장을 가진 하나의 전단을 조직해 외지로 향함으로써 왜인의 군세임을 다시 한 번 인식하고 그것을 주장했다. 사람들과 영웅이 형성한 위와 같은 왜인으로서의 정체성의 정점에 왜왕이 있었던 것이다.

일본열도 중앙부에서 형성된 민족 정체성은 동일한 무장과 무덤 마쓰리가 이루어지는 기반이 되었을 뿐만 아니라, 무기와 전술 특성에 반영된 전쟁과 관련한 왜인만이 가진 사고법의 모태가 되었다. 이러한 사고는 마침내 전쟁만이 아니라, 사물을 인식하는 방식이나 행동양식 전반에 걸쳐 왜인 특유의 성질을 양성시켰을 것이다.

다음 장에서는 왜인으로서의 민족 특성이 발현되어가는 과정을 염두에 두면서, 영웅과 사람들의 관계가 바뀌는 양상이 전쟁의 모습을 어떻게 변화시켜가는지 살펴보고자 한다.

5장

영웅에서 귀족으로
― 고대 국가의 형성

1 | 다양한 무력의 형태

그 후의 그리스

서기전 5세기, 페르시아의 재침공에 대비해 그리스의 폴리스군이 결성한 델로스동맹은 맹주였던 아테네가 폴리스에서 공동으로 모은 돈을 유용하는 등 점차 당초의 목적에서 벗어나기 시작한다. 결국 델로스동맹은 아테네가 그리스 전 지역에 대한 지배력을 확립해가기 위한 도구로 바뀌어간다. 아테네는 공동 무장의 주도권을 독점함으로써 이해를 같이하던 각 폴리스에 대한 우월권을 가지게 되었다. 이러한 아테네의 모습을 '제국'이라고 표현하는 역사학자도 적지 않다.

그러나 이 제국은 그다지 오래 지속되지 않았다. 그리스의 또 다른 영웅인 스파르타를 중심으로 하는 동맹 세력과의 대립과 델로스동맹 내부에서 증가하기 시작한 아테네에 대한 불만 등이 요인이 되어, 그리스의 폴리스군은 진흙탕의 내전 상태에 빠져 힘을 잃어간다. 그 결과 먼저 긴 세월 동안 숙적이었던 페르시아의 개입을 초래하게 되고, 결국 서기전 4세기 후반에 그리스는 북방의 마케도니아에 패하여 그 지배하에 들어가게 된다.

군사력의 배분 유형

이렇게 해서 그리스에서는 각 폴리스의 군사력이 마지막까지 통합되지 못한 채 끝나버렸다. 그리스라고 하는 하나의 문화와 귀속의식을 공유한 민족사회 안에서 도시국가의 수와 거의 같은 군사력이 난립했지만, 그들이 하나의 조직체로 통합되는 일은 일어나지 않았다.

그렇다면 왜군의 그 후는 어떠할까? 아시리아나 페르시아의 군대처럼 집권적인 군대로 통일되었을까? 그리스처럼 분열되었을까? 이를 정확하게 파악하는 것은 일본열도에서 형성된 고대 국가 본래의 모습, 진짜 성질을 파악하는 데도 중요하다.

그 전에 짚고 넘어가야 할 것이 또 하나 있다. 그것은 고대 제국이라면 고대 제국, 폴리스라면 폴리스, 구니라면 구니라는 하나의 군사력의 모 단위가 되는 집단 내부의 어느 부분에 군사력이 있었는지를 찾아 정리하는 것이다. 즉 문제는 집단 속의 어떠한 계층과 신분의 사람들이 실제로 군사력을 장악하고 담당했는지를 파악하는 것이다.

앞서 살펴본 그리스나 아시리아, 페르시아와의 비교는 제국과 민족사회를 위에서 바라봤을 때 군사력이 한곳에 모여 있는가, 곳곳에 걸쳐 있었는가라는 공간적인 대형 내지는 횡방향의 배치 유형에 관한 것이었다. 지금 이야기하고 싶은 것은 제국과 민족사회의 단면을 잘라봤을 때, 군사력이 집중한 계층은 어디이며, 계층 간에 어떠한 이해관계가 바탕이 되어 군사력이 기능했는가라는 점이다. 즉 사회의 종관계 속에서의 무력 배치와 작동 유형에 관한 것이다.

크게 나누어 보면, 종방향의 유형에는 두 개의 큰 형태가 있다. 먼저 그 집단의 장과 리더 등의 지배자급의 사람들도 일반 사람들과 동일하게 무력을 장악하고 같은 이해를 바탕으로 함께 싸우는 형태이다. 조금 이상한 말이 될지 모르지만, 이를 '공투형共鬪型'이라고 부르자. 지금까지 키워드처럼 사용해온 영웅은 이 공투형 속의 수장과 리더에 해당한다.

다음으로 지배자급의 사람들만이 무력을 장악하고, 자신의 이해를 위해 싸우는 형태이다. 이를 '무력 지배형'이라고 부르자.

게다가 이 무력 지배형 속에는 일반 사람들이 지배자의 무력과 어떻게 관계되어 있는가에 따라 네 가지 유형으로 나뉜다. 첫 번째는 일반 사람들이 주인인 지배자와의 인간적 유대를 바탕으로 전투에 참가하는 '가신[郎等] 유형'이다. 두 번째는 지배자가 공포한 법에 의해 일반 사람들이 전투에 동원되는 '징병 유형'이다. 메이지明治시대부터 제2차 세계전쟁 전까지의 일본이 여기에 해당한다. 세 번째는 지배자와의 계약에 따라 보수를 받는 대신 일반 사람들이 전투에 종사하는 '모병·용병 유형'이다. 네 번째는 일반 사람들이 전투에서 완전하게 동떨어져 지배자만이 무장을 하고 전투를 담당하는 '소외 유형'이다. 무장을 하고 전투를 벌이는 것이 신분적 특권이라고 여기기 때문에 무사가 활개 치던 에도시대의 일본열도가 해당한다.

영웅이 필요한 공투형은 전투의 비중이 증가한 사회 대부분이 해당하는데, 전쟁과 군사 발달의 출발점이라고도 할 수 있는 형태이다. 다만, 그 후의 변화는 사회에 따라 달라서 어떤 형태와 유형에서 다른 어떤 것으로 변한다고 정해진 것은 없다. 예를 들어 메소포타미아의 전제 제국에서는 아마도 처음에는 공투형에서 무력 지배형의 가신 유형과 소외 유형을 거쳐 징병 유형으로 변화한 것 같다. 그러나 그리스에서는 호메로스 시대의 공투형에서 다음의 암흑시대에는 무력 지배형의 소외 유형이 주류를 이루게 되고 그 후 폴리스 시대에 들어설 무렵에 다시 공투형에 가까운 형태가 출현한다.

이렇게 다양한 변화가 존재하는 것은 앞서 살펴본 집중과 분산이라는 공간적 대형의 차이와 결부되어 전투 조직과 군사 체제의 변천 과정이 간단히 법칙화할 수 없는 매우 복잡한 것임을 말해준다. 그런데 이 변천 과정이 그 사회의 역사적 변화의 궤도와 밀접하게 관련되어 있음은 의심의 여지가 없다. 특히 국가가 형성된 사회의 경우, 전쟁이나 군사의 양상은 국가의 기본적인 성격을 반영한다.

지금부터는 위와 같은 유형의 분류를 실마리로 해서 전쟁을 둘러싼 영웅과 사람들과의 관계가 변화해가는 모습을 추적하면서 일본열도 내에서 고대 국가가 확립되어가는 과정을 더듬어나가며 전쟁이라는 측면에서 드러난 개성을 밝혀보도록 하겠다.

| 2 | 이 제 는
'원시'가 아니다 |

5세기의 왜와 한반도

앞 장에서 이야기했듯이 왜왕과 그를 지지하는 각지의 대영웅들은 4세기 후반부터 한반도의 여러 세력과 정치적 접촉을 본격화했다. 그것은 원래 백제로부터의 지원 요청에 부응하는 자세를 취하면서 실제로는 선진 문물과 철 자원을 확보하기 위해 유리한 입장을 겨냥한 것이었다.

5세기가 될 무렵, 왜왕들은 한반도의 여러 지역에서 군사지배권을 노골적으로 주장하게 되었다. 그들은 스스로 권익을 확보하고 세력을 확대하기 위해 몇 번이고 왜군으로 하여금 바다를 건너게 했다. 때로는 왜군이 실제로 무력을 행사하는 경우도 있었을 것이다. 그러나 문헌 기록으로 보는 한, 왜왕들이 한반도 남부로 판도를 넓혀 '임나일본부任那日本府'로 불렸던 지배 거점을 만든 흔적을 찾아볼 수 없다. 고구려·백제·신라라는 기존의 정치 세력의 압력과 가야의 여러 지역의 자립적인 움직임에 따라 왜의 세력은 5세기를 거치면서 후퇴하는 방향에 있었다.

물론 이 과정이 그렇게 단순하지 않다. 백제와 우호관계를 유지하면서 한때 대립하기도 하고, 가야의 여러 지역 안에서도 왜와 친밀한 세력과 비교적 소원한 세력이 혼재하는 등 5세기에는 한반도와 매우 복잡한 정세의 흐름이 있었던 것 같다. 아마도 군사적인 접촉과 우호적 교류가 복잡하게 결부되어 반복되고, 때로는 왜군이 후자를 초래하는 담당자가 되는 국면조차 있었을 것이다.

이러한 밀접한 정치관계가 널리 퍼지면서 왜왕과 영웅들은 한반도 왕족이나 영웅 등의 지배층과 매우 빈번한 교제와 왕래를 하게 된다. 문헌의 기록을 살펴보면, 군사를 지원한 답례로 백제가 왕족이나 귀족을 종종 왜에 보내어 체재시킨 것은 확실한 듯하다. 이들을 따라온 사람들도 적지 않았을 것이다. 그 가운데에는 뒤에 이야기할 제도製陶나 철 기술자들이 섞여 있었을지 모른다. 반대로 한반도의 여러 세력을 섬기는 왜인 가신이 있었던 양상을 문헌을 통해 엿볼 수 있다. 더구나 양쪽의 지배층이 서로 왕래하는 가운데 쌍방의 피를 잇는 사람들이 태어났음을 말해주는 기술도 있다. 이렇듯 5세기에는 한반도, 특히 남부와 일본열도 사이에는 지배층을 중심으로 양쪽을 교류하던 사람들의 활동과 거주가 상당히 활발했던 상황을 엿볼 수 있다.

고고학 자료에도 이러한 상황이 드러난다. 예를 들어 5세기에 들어설 무렵, 한반도계 횡혈식 석실을 가진 고분이 수혈식 석실과 목관을 가진 일본열도 내 토착 고분에 섞여 조영된다. 이들의 주인은 한반도에서 건너온 사람이거나 그 혈족일 가능성이 높다. 그리고 6세기에 들어서는 이 횡혈식 석실의 매장 방식이 왜인사회 거의 전체에 도입된다.

반대로 5세기 중반이 되면, 한반도 서남부를 중심으로 전방후원분이 출현한다. 전방후원분은 원래 일본열도에서 출현해 발달한 무덤의 형태이므로, 그 주인은 왜에 연고를 둔 사람들이라고 봐도 좋을 것이다. 또한 비슷한 시기에 한반도 남부의 가야 지역에는 원래 왜군의 무장으로 이용되던 형식의 단갑(삼각판혁철식·삼각판병류식·횡인판병류식)을 부장한 무덤이 확인된다. 그 지역 사람이 왜로부터 입수한 것일지도 모르지만, 가야의 정치 세력에 봉사하던 왜인이 무덤의 주인이었을 가능성도 낮지 않다.

자료 27 대한민국 광주광역시에 위치하는 2기의 전방후원분

생활과 산업의 혁명

이상과 같이 지배층을 중심으로 한 한반도와의 밀접한 상호 교류는 일반 사람들과의 생활양식에도 큰 영향을 미쳤다. 먼저 식食 분야에서 '스에키須惠器*'라고 불리는 단단하고 치밀한 회청색 토기가 도입되어 식기에 추가되었다. 조리 분야에서도 불을 이용하는 장소가 화덕에서 부뚜막으로 바뀌었다. 시루라고 하는 바닥에 증기 구멍이 뚫린 토기가 전해져 일본열도 내에 찌는 조리법도 추가되었다.

복식도 변했다. 특히 장신구에서 크게 드러난다. 그때까지 왜인은 비취 곡옥, 벽옥제 관옥 등 초록색을 기조로 하며, 때로 감색이나 하늘색의 유리옥을 섞은, 이른바 기교는 없으나 예스럽고 소박한 멋이 있는 복식이 전통적이었다. 그런데 5세기가 되자 한반도로부터 화려한 금은제 귀걸이와 붉은색 및 황색 등 뛰어난 색조의 옥류가 전해져 복식이 전반적으로 바뀌게 된다.

이러한 생활 변화에는 이를 지지하는 기술이 있다. 토기의 경우는 지금까지 살펴본 대로이고, 또 하나 중요한 것이 철 기술이다. 지금까지 몇 번이나 이야기했듯이 야요이시대 이래 일본열도에서는 긴 세월 동안 철기 소재를 한반도에서 구해왔다. 그리고 지리적으로 가까운 규슈 북부를 기술적 중심지로 해서 한반도에서 가지고 온 원료를 이용한 철기 제작이 이루어져왔다. 시가현 야스쵸野洲町교육위원회의 하나다 가쓰히로花田勝広에 따르면, 철기를 만드는 단야공방이 5세기

* 한반도가 삼국시대였던 시기, 남부에서 유행하던 회청색을 띠는 단단한 도질토기의 영향을 받아 일본열도에서 제작된 토기를 말함.

에는 긴키, 기비, 규슈 북부 등 왜왕과 대영웅이 있던 곳으로 판단되는 유력한 각지에 거점을 두고 기술을 발전시켜갔다고 한다. 게다가 그것만이 아니라, 철 소재 자체의 생산 기술이 이 시기가 되어 본격적으로 한반도에서 일본열도로 전해진 흔적이 있다. 아직 확실한 증거는 없지만, 그 가능성을 염두에 두는 연구자가 많다.

더구나 말을 사용하는 방법도 5세기가 되어 한반도로부터 일본열도로 활발하게 유입되었던 것 같다. 다만, 전장에서 본격적으로 말을 타고 다니지는 않았던 것으로 보인다는 사실은 앞서 말한 대로이다. 당초에는 지배자의 신분을 상징하는 성격이 강했던 것으로 보이지만, 나중에는 실제 생활에도 이용되어 물자 수송과 농작업에 힘을 발휘하게 되었을 것이다.

이처럼 5세기가 되면, 한반도와의 매우 밀접한 교류를 통해 일본열도에는 토기, 철, 말을 활용하는 기술이 들어오고, 부뚜막, 시루, 금은제 장식 등 생활 문화가 크게 변화한다. 왜인의 생활은 원시 단계를 탈피해 고대 중국이나 한반도의 선진 제국의 양상에 가까운 개명적인 것으로 점점 변하고 있었다. 5세기의 '문명 개화'라고 일컬을 만한 현상이다.

3 변질되어가는 영웅

빛 바래가는 영웅

이렇게 해서 왜인들이 손에 넣은 개명적인 생활과 선진 문물, 눈앞에서 철을 생산하는 기술 등은 야요이시대부터 긴 세월 동안 그들이 갈망해온 것이었다. 이제서야 그것을 거의 손에 넣을 수 있게 된 것이다. 앞서 메이지시대의 문명 개화에 빗대었는데, 서민의 생활마저 크게 바뀌었던 것을 보면, 오히려 고도 경제성장기 초기인 1960년대, 가정용 전기제품과 개인용 차량이 급속도로 보급되던 시기의 상황과 비슷할지도 모른다. 이러한 개명적인 생활 모습이 그 후 서민의 '중류의식中流意識'을 자아냈듯이 5세기의 신생활도 또한 당시 사람들의 의식을 크게 변화시켰을 것이다.

야요이시대 이후, 고대 중국과 한반도의 문물과 기술은 언제나 영웅을 통해 들어왔다. 사람들이 영웅을 우러러보는 마음에는 무력에 대한 경외만이 아니라, 다양한 대외 활동을 통해 바깥세계로부터 선진 문물과 기술을 가져다주고 그러한 활동을 이끄는 모습에 홀리는 마음도 어느 정도 포함되어 있다. 이러한 정신적 뒷받침이 있었기 때문에 사람들이 영웅에게 노동으로 봉사를 하고 그들의 생활과 활동 기반이 되어주는 물품을 공납하는 관계도 유지되어왔다.

그런데 5세기 무렵, 한반도 등과의 왕래가 일상화되면서 일본열도 내 사람들은 영웅의 존재를 빼고 그때까지 동경해오던 문명 생활을 욕망하게 된다. 영웅을 통해서만 접촉할 수 있었던 문명세계 사람들이 일본열도로 많이 들어오게 된 것이다. 철과 토기를 만드는 연기가 여기저기서 솟아나고, 도래인이 말 그대로 일본열도로 왕래하며, 말이 사람 대신 짐을 운반하는 세상이 찾아온 것이다. 그때까지 영웅을 통해 동경해오던 개명적인 세상이 눈앞에 펼쳐지는 가운데, 일반 사람들에게 영웅은 점차 희미한 존재가 되었을 것이다.

이는 수 세대 뒤에 고분의 모습에서 나타난다. 그때까지는 대왕과 영웅의 무덤은 거대 고분으로, 규모만이 아니라 매장 시설과 부속 시설의 측면에서도 중소 전사나 유력 농민의 무덤과 질적으로 차이가 많이 나는 뛰어난 형태였다. 죽은 후에 그곳에 묻힘으로써 신과 연결된다는 의식이 있었던 것이 아닐까 생각될 정도이다. 철로 만든 생산용구와 무기를 어마어마하게 부장하는 것은 무력적 위엄과 생산에 관련된 영력이 숭상되었기 때문이다. 전투에 전념하는 영웅의 모습이다.

그러나 6세기가 되면 철 생산용구와 무기를 대량으로 매납하는 습관이 거의 없어지고, 영웅의 무위와 영력에 대한 숭배의 색채가 고분에서 옅어져간다. 새롭게 식기를 부장하기 시작한 것도 이 무렵이다. 무기 부장은 계속되지만, 그것들과 함께 생전에 몸에 차고 있던 애용품을 장신구나 식기와 함께 유해에 바친 것이다. 게다가 6세기 후반이 되면, 대왕이나 대영웅들의 무덤처럼 유력 농민의 무덤도 횡혈식 석실이라는 같은 형식의 묘실을 채용한다. 물론 규모 차이는 있겠으나, 무기·장신구·식기를 중심으로 구성되는 부장품의 기본 구성도 동일하다. 영웅이나 일반 사람들이나 사후에 향하는 세계가 결국 같다는 의식까지 이르게 된 것이다.

영웅에서 귀족으로

이런 사람들의 의식 변화에 영웅은 어떻게 반응했을까?

《삼국사기》를 보면, 500년을 최후로 왜인과 왜병이 침공한 역사적 기록이 사라진다. 한편, 《일본서기》에는 한반도로 군사를 파견한 기록이 계속 확인된다.

야마오 유키히사는 이를 두고 '대외관계의 일원집중화 지향'이라고 한다. 즉 5세기에는 왜인들이 꽤 자유롭게 한반도에서 활동할 수 있었으나, 6세기가 되면서 그 활동이 왜왕권에 의해 규제되었다는 것이다.

이 설을 근거로 지금까지의 흐름을 고려하면 다음과 같이 해석할 수 있다. 5세기에는 각지의 영웅들이 선진 문물과 철을 확보하기 위해 스스로 한반도로 진출해 교섭 활동을 벌였다. 왜왕을 내세워 활동하면서 다른 영웅들과 조직을 짜기도 하고, 독자적으로 교류에 나서기도 했다. 그러한 활동이 자신들의 경제적 이익과 지역에서의 권위와 직결되었기 때문이다. 그러나 선진 문물과 생활, 철 기술 등을 일본열도 안에서 충족시킬 수 있게 되자, 한반도로 향하는 발걸음이 줄어든다. 게다가 그것이 더 이상 지역에서의 권위와 연결되지 않게 되면서 좀처럼 움직이지 않게 되었음에 분명하다. 어떤 강제력이 없는 한, 군사를 이끌고 한반도로 건너가려고 하지 않게 되었을 것이다. 즉 각지의 영웅이 왜왕에 징발되어 따르는 공식적인 출병 이외에는 영웅들 스스로가 한반도로 건너가는 일이 없어지게 된 것이다. 규제를 받았다기보다는 손을 떼었다는 편이 더 타당할 것이다. 그들은 오히려 한반도로부터 유입된 새로운 기술을 받아들여 농경과 수공업에서 생산력을 높이기 시작한 지역 집단들로부터 그 결실의 일부를 공납받는 활로를 개척하게 된 것이다.

동아시아의 개명적인 생활 문화와 사상의 세례를 받아 영웅에 기대어온 오래되고 소박한 심정을 잃어버리게 된 사람들. 그들에게 경제적 지배의 창끝을 향하기 시작한 영웅. 5세기를 전환점으로 삼아 그때까지와는 전혀 다른 두 집단의 관계가 시작되려 하고 있었다. 여기까지 이르면 사람들과의 관계가 이렇게까지 변질되어버린 영웅을 영웅이라고 부르는 것은 더 이상 맞지 않다. 다른 의견이 있을 수도 있지만, 알기 쉽게 '귀족'이라고 부르도록 한다.

말 위의 귀족

그러면 이 귀족들과 유력 농민 및 수공업자들의 우두머리를 포함하는 일반 사람들과의 사이에서 군사면, 즉 무장과 전투를 둘러싼 관계는 어떻게 바뀌게 되는 것일까?

 그들의 무덤에 부장된 무장을 실마리로 해서 검토해보자. 우선 대영웅에서 이어지는 대귀족의 무덤이라고 봐도 좋을 대형 전방후원분에 부장된 무장은 5세기 말부터 6세기가 되면, 마구, 괘갑, 장식 대도 등이 두드러지고 여기에 일반적인 대도나 철촉이 더해진다. 마구는 모두 금동장(청동 위에 금박을 입힌 것)으로 장식되는 등 장식성이 강하다. 말을 타기 위해서라기보다 호화롭게 장식한 말 위에 올라 타 위엄을 떨치기 위한 장치이다. 괘갑은 기마용 갑옷이다. 이전까지의 단갑이 대영웅의 고분에서도 유력 농민전사의 무덤에서도 출토되었던 데 반해, 괘갑은 거의 대귀족의 대형 고분에서만 출토된다. 그들만이 착용해서 신분을 과시하는 군장이었던 것 같다. 장식 대도도 금동장이나 은장으로 정교하게 만들어진 공예품으로, 대귀족의 몸을 장식하는 군장으로서 등장했다. 그 밖에 허리띠의 버클, 관冠 등과 같은 금동장의 복식 장식이 더해진다.

 5세기 말부터 6세기에 걸친 각지 대귀족의 모습은 이처럼 호화롭게 장식한 말 위에서 대장군이라는 분위기를 풍긴다. 이는 5세기 중반까지의 대영웅이 꾸밈없이 착실하고 심신이 건강한 보병 전사의 차림새로, 유력 농민전사의 모습과 별 차이가 없었던 것과 대조적이다.

 대귀족들의 이러한 군장은 오히려 같은 시기의 동북아시아나 한반도의 왕족과 귀족들의 모습과 매우 닮아 있다. 이 군장 유형에 대해 모모사키 유스케는 4세기 고대 중국 왕조의 혼란을 틈타 신분 표시 제도를 상실한 동북아시아 주변 제국이 독자적인 무관 제도를 만들어내는데, 그 일부가 한반도와 왜로 전해진 것이라고 한다. 이러한 상황은 충분히 있었을 법하다. 다만 이는 신분 제도 자체가 바로 직접적으로 전해졌다는 의미는 아니다. 동아시아 각지의 왕족과 귀족의 교류가 활발해지면서 서로 간의 군장에서 공통점이 발생했던 것 같다.

옅어져가는 연대감

이 현상은 메이지시대의 문명이 개화할 때 화족華族과 정부 고관이 된 토족들이 수염을 기르고, 서양풍의 예복과 군복으로 치장한 것과 유사하다. 그들은 스스로 만들어낸 새로운 사회 체제를 유지하기 위해 새로운 권위의 표출방식으로, 서양의 물질 문화에 동화되고 서양 상류계급과 접촉하며 민중 앞에서 그것을 과시했다. 마찬가지로 영웅에서 귀족으로 바뀌기 시작한 당시 왜의 지배층도 그 무렵 강성하던 동북아시아와 한반도 여러 나라에서 활약한 무인의 양식으로 몸을 치장하고 그곳의 왕족이나 귀족과 교류함으로써 자신들로부터 멀어지기 시작한 사람들에게 새로운 권위를 보여주려 했다.

거기에는 '우리들은 너희들과 달라'라는 노골적인 의식이 깔려 있다. 사회학자인 로제 카이와Roger Caillois는 "귀족사회의 전쟁에서는 같은 나라의 서로 다른 계급의 사람들에게보다도 같은 카스트에 속하는 적에게 오히려 연대감이 표출된다"고 말한 바 있다. 이 시대 일본 열도의 귀족들이 과연 그만큼의 의식을 가지고 있었는지 어떤지는 모르겠다. 그러나 영웅과 사람들이 강한 연대감을 갖고 있던 이전 시대와는 완전히 다른 의식이 6세기 이후의 귀족과 민중들 사이에 생겨났음은 틀림없을 것이다.

원래 말 위의 귀족이 걸어 다니는 민중을 내려다보는 구도 자체가 그들과 민중과의 사이의 관계를 상징적으로 보여준다. 말 위에 앉아 있다는 것은 우월의 상징이자, 지배의 회화적 표현이라고도 할 수 있다. 패전 전 백마 위에 올라타 신민 앞에 모습을 드러낸 쇼와昭和 천황(히로히토 천황)이 '상징천황'이 된 후에는 국민과 같은 지면에 서게 된 것도 실로 그러한 의미가 담겨 있다. 일본열도 내 귀족사회에 기마가 도입된 것은 전술상의 실질적 측면보다도 의미적·상징적 측면이 더 강했던 것으로 생각된다.

4

이와이磐井의
전   쟁

왜왕과 대귀족의 의도

앞에서 살펴본 영웅과 사람들 사이의 관계 변화, 즉 귀족과 민중이라는 관계로의 변질은 귀족과 그들이 지지해온 왜왕과의 관계에도 큰 영향을 미치기 시작했다.

  왜왕도 본질적으로는 영웅의 한 사람으로, 이 시대에는 귀족이라고 부를 만한 존재로 변모하고 있었다. 따라서 마찬가지로 농업과 수공업을 지배해서 이윤을 증대시키려고 했을 것이다. 그러나 왜왕이 다른 대귀족과 구별되는 '왕'인 이유는, 그들이 왜인의 정권 대표자로서 고대 중국 왕조로부터 권위를 인정받았기 때문이다. 백제나 가야 등 한반도의 다른 여러 세력 사이에서도 그 지위를 인정받았다. 그리고 이러한 국제적 위신을 유지하기 위해 왜왕은 백제의 요청에 응해 왜의 병력을 제공하는 등 주로 한반도에서의 국제 활동을 담당해야 했다.

국제 활동에는 일본열도 각지의 대귀족이 가진 힘이 필요하다. 그들의 협력이 필수적이었을 것이다. 그러나 국제 활동에 참가함으로써 경제적인 이득을 얻을 수 있던 5세기 중반까지와는 상황이 달라졌다. 왜왕도 대귀족들을 국제 활동에 동원시키기 위해서는 다방면으로 노력해야 했다. 힘으로 대귀족들을 억누르거나, 왜왕 스스로 자신의 권위를 높여 따르도록 하던가, 물욕이나 명예욕을 충족시키는 대가를 대귀족들에게 제공할 것을 조건으로 내세워 자신을 따르도록 했을 것이다.

당시의 상황을 각지에 남아 있는 고분의 조영방식을 통해 살펴보자. 먼저 긴키 중앙부에서는 유랴쿠雄略 천황릉일 가능성이 있는 오사카부 마츠바라松原시·하비키노羽曳野시의 가와치오츠카河內大塚 고분(분구 길이 335미터), 게이타이繼体 천황릉으로 여겨지는 오사카부 다카츠키시의 이마시로즈카今城塚 고분(분구 길이 190미터), 긴메이欽明 천황릉으로 여겨지는 나라현 가시하라橿原시의 미세마루야마見瀬丸山 고분(분구 길이 310미터)처럼, 역대 왜왕들은 여전히 대규모의 전방후원분을 조영하고 있다. 동일본에서도 그 규모에는 미치지 못하나, 100미터를 넘는 전방후원분이 계속 축조된다. 그런데 긴키 서쪽 지역에서는 전방후원분이 급격하게 작아지고, 6세기 전반까지의 단계에 분구 길이가 100미터를 넘는 확실한 사례는 후쿠오카현 야메八女시의 이와토야마岩戸山 고분(분구 길이 132미터)뿐이다.

이처럼 긴키 지역 서쪽의 대귀족들은 당시 한반도 여러 나라의 왕족과 귀족들이 분구보다는 횡혈식 묘실에 정성을 들이는 무덤 축조 양식을 좇아가는 모습을 보이며, 대형 분구 축조에서 드러나는 원시적인 권위 발상 사상에서 탈피하고 있었다. 이러한 가운데 왜왕은 횡혈식 묘실의 사상과 기술을 도입하면서 대형 분구라는 오래된 격식을 굳이 남기고 있었다. 이것은 서일본 대귀족들에 대한 자신의 전통적 권위를 주장하려 한 것이 아닐까?

서일본 각지의 전방후원분이 작아지는 것은 강력해진 왜왕의 정권이 대형 분구를 만드는 것을 규제했기 때문이라고 보는 견해가 있다. 그러나 그렇다고 한다면 동일본의 많은 지역에서 오히려 이 시기 이후에 고분 규모가 커지는 사실을 설명하기 어렵다. 동일본의 대형 고분에도 횡혈식 묘실이 받아들여지게 되지만 당초에는 지역의 소박한 기법으로 제작된 지방적인 것으로, 이 묘실의 수용 자체가 6세기 후

자료 28 이와토야마 고분(야메시교육위원회 제공)

반까지 늦어지는 곳도 있다. 대형 분구를 만든다는 오래된 권위 발상의 사상이 동일본에서 더욱 강하게 뿌리내렸던 것이다. 그 배경에는 영웅과 사람들 간의 소박한 관계를 지탱하는 사상이 서일본 이상으로 오랜 기간에 걸쳐 유지되었을 가능성도 생각해야 한다.

이와이의 입장

앞서 설명한 것처럼 대형 고분을 축조하는 전통에서 벗어나던 6세기 전반의 긴키 서쪽의 여러 지역에서 이와토야마 고분은 유일하게 100미터를 넘는 고분이었다. 그리고 이와토야마 고분이야말로 527~528년(야마오 유키히사의 말에 따르면 530~531년)에 왜왕 정권과 전투를 벌인 규슈 제일의 대귀족 이와이의 무덤이라고 보는 것이 정설이다.

이와이는 '쓰쿠시노키미筑紫君'라고 불리는 후쿠오카현 아리아케카이有明海 해 연안 지역을 기반으로 하는 지방의 귀족 가문에서 태어났다. 이와토야마 고분에서 서쪽으로 3킬로미터 정도 떨어진 곳에 위치한 세키진야마石人山 고분(분구 길이 110미터)은 5세기 중반의 것으로, 이 지역에서는 최초의 대형 전방후원분이다. 이와이의 조부로도 불리는 이 무덤의 주인이 살던 시대부터 이와이의 가문이 유력해진 것 같다. 다만 고분 형태만으로 판단해본다면 다음 대, 즉 이와이의 아버지 시대에는 야메에서 북동쪽으로 산 하나를 넘은 '우키하浮羽'라고 불리는 땅의 귀족 가문이 더 힘이 강했던 것으로 보인다.

이와이가 힘을 기른 것은 지배 기반인 지쿠고가와筑後川 강 동쪽 연안의 평야를 개발했기 때문이라든지, 그가 다스려오던 아리아케카이해 항만교통의 중요성이 커졌기 때문이라든지, 다양한 설이 있다. 이 설들도 충분이 가능한 이야기이지만 나는 다음과 같이 생각한다.

앞서 살펴보았듯이 5세기 말부터 6세기에 들어설 무렵, 왜왕과 각지 귀족과의 사이에서는 한반도에서의 활동에 필요한 군사를 동원하는 문제를 둘러싸고 다양한 알력이 생기게 되었다. 전통적인 권위를 주장하면서 각지의 귀족을 군사 활동에 동원하고 토지와 물자, 노동력 공납을 요구하는 왜왕. 이에 대해 이전부터 자신들의 기반을 지키고, 그곳에서 발생하는 이익을 조금이라도 더 늘려 수중에 남기려는 지방 귀족. 이 양 집단은 각각의 지배하에 있던 유력 농민과 기술자 우두머리들도 끌어들이며 각지에서 대립했을 것이다. 그중에서도 일본 열도의 현관 역할을 하던 규슈 북부는 한반도의 개명적 문화가 일찍부터 들어와 선진 기술과 새로운 생활양식이 꽤 널리 퍼져 있었다. 따라서 이 지역을 기반으로 한 귀족이 한반도로 진출해 얻는 이익은 다른 지역보다 적었을 것이다. 그럼에도 불구하고 이 지역은 한반도로 병력을 보내는 기지로서의 역할을 하기 위해 병력을 제공하는 등 귀족들은 많은 부담을 지게 되었다. 야마오 유키히사가 말한 대로이다.

이와이는 젊은 안목으로 지방 귀족의 후계자로서 긴키 중앙부의 귀족 자제들과 함께 왜왕 아래에서 관직으로 진출해나갔던 것 같다. 그러한 전력을 바탕으로 규슈에 돌아온 이와이는 쓰쿠시노키미의 가계를 이어나갔다. 왜왕 정권의 의향에 따라 막료의 한 사람이었던 그에게 한반도의 출항 기지인 하카타완 만 해안의 항만 관리 및 병력 도해 관리가 맡겨진 것이다. 이를 기회로 하카타완 만 해안 지역의 지배권도 장악했을지 모른다. 왜왕 군대와의 전투에서 패배하고 죽은 후, 그의 아들인 구즈코葛子가 이 지역을 왜왕의 직할지로 헌상해 연좌를 면했다는 기록이 사실이라면, 이와이가 살아생전에 그곳을 지배했음은 확실하다.

이와이는 왜왕 정권의 일원으로서 왜왕의 의향에 따라 규슈 땅에서 위와 같은 직책을 담당하는 자이자, 그곳 지방의 귀족들을 대표하는 한 사람으로서 그들과 왜왕과의 다리 역이나 조정자 역도 수행했을 것이다. 그는 앞서 이야기한 규슈 북부 귀족들의 불만과 원성을 하나로 모음과 동시에 그러한 모순을 타개하는 자로서의 기대도 받지 않았을까? 대형 분구의 축조가 전쟁의 불씨가 되는 가운데 왜왕과 어깨를 나란히 하는 대형 전방후원분을 생전부터 축조하기 시작한 것은 자타가 공인하는 권위와 신망을 한몸에 받고 있었기 때문이라고 생각된다. 아마도 이와이 스스로가 그러한 구심력을 가진 뛰어난 인물이었을 것이다.

《일본서기》에는 이와이가 신라와 결탁한다는 기록이 나온다. 실제로 그러했을 개연성이 꽤 높다고 보는 것이 대세이다. 왜왕 정권은 전통적으로 백제와 결탁하는데, 백제와 신라가 종종 대립하는 6세기 전반에는 양자가 가야의 여러 지역에서 격한 세력 다툼을 벌이고 있었다. 말하자면 이와이는 왜왕을 적대하는 측과 결탁한 것이다. 언젠가 다가올 왜왕 정권과의 대결을 시야에 넣고 있었던 것일까? 신라로서도 이와이를 원조하는 것이 시끄러운 왜를 분단시키는 일과 연결되므로 좋았을 것이다.

이와이는 규슈 북부 일대, 《일본서기》에 의하면 쓰쿠시筑紫(후쿠오카 서부) 외에 히火·도요豊[사가·구마모토(熊本)·후쿠오카 동부·오이타(大分)]의 양국을 지배하에 두었다고 한다. 그러나 실제로는 이 지역들의 대소 귀족, 또는 유력 농민과 수공업 기술자 우두머리 등의 대부분이 이와이에게 기대거나 또는 그를 추대해 자발적으로 따랐을 것이다. 이는 출정과 공납, 병력 제공 등을 과하게 요구하는 왜왕 정권에서 자신들의 이해를 지키기 위한 선택이었을 것이다.

이와이, 일어서다

《일본서기》에 의하면, 527년 여름 오우미노케나노오미近江毛野臣가 이끄는 6만 명의 군사가 신라에 빼앗긴 가야의 두 지역을 수복하기 위해 야마토를 떠났다. 이와이가 이를 규슈에서 차단했는데, 이미 그전부터 신라는 왜왕 정권을 따르지 않았던 이와이에게 뇌물 등을 보내어 오우미노케나노오미를 막아줄 것을 요청했다.

이러한 사태를 두고, 같은 해 초가을, 왜왕 오호도男大迹(이후 게이타이 천황)는 이와이를 쓰러뜨릴 장군으로서 긴키의 대귀족 모노노베노오무라지아라카이物部大連麁鹿火를 임명했다. 그가 이끈 군사의 수와 자세한 내용은 알 수 없지만, 아마 모노노베노오무라지아라카이와 관련 있는 중소 귀족들이 거느리고 있던 군사들을 모아 출정했을 것이다. 이 시기에는 아직 확실한 징병제도가 없을 때이다. 이 중소 귀족들이 본거지로 삼은 각 지역 사회마다 존재했던 다양한 지배·복종 관계 속에서, 상위 귀족을 따라오거나 무공을 세울 꿈을 꾸며 자발적으로 참가한 유력 농민들이 중심이 되어 군대를 이루었을 가능성이 높다. 이에 비해 이와이 측은 그에게 기대어 모여든 규슈 북부 귀족들을 중심으로 각각 거느리던 아라카이 군처럼 스스로 무장한 유력 농민들이 뒤따랐을 것이다.

다음 해 528년 초겨울, 아라카이 군과 이와이 군은 지쿠시筑紫의 미이군御井郡[현재 표기는 미이군(三井郡), 장소는 구루메(久留米)시 부근]에서 교전했다. 고분과 그곳에 부장된 무기를 바탕으로 당시의 모습을 상상해보자.

먼저 이와이와 아라카이 등의 귀족들은 화려한 마구를 장착한 말에 올라 괘갑을 두르고, 허리에는 장식 대도를 차고 있다. 다만 이 말은 지금의 서러브레드Thoroughbred*보다 훨씬 작아, 괘갑을 두른 사람을 태우고 종횡으로 전장을 누비는 것은 힘들다. 말을 탄 사람의 수도 적어 보병으로부터 독립한 기병 부대가 있었다고 보기 어렵다. 소수의 귀족들이 말을 타고 군대를 지휘하고, 다수의 병사가 도보로 적과 부딪히는 상황이 이 시기의 기본적인 전투 유형이었을 것이다.

그 병사들이 어떤 방어구를 몸에 둘렀는지는 사실 잘 알 수 없다. 5세기에 병사들이 입은 철제 단갑은 이 시기의 모습을 거의 감춘다. 가죽이나 섬유로 된 갑옷 또는 나중에 출현하는 솜을 넣은 방어복 등을 입었을지도 모르나, 증거가 없다. 다만, 철제 괘갑을 입은 귀족들과는 방어력에서 압도적인 차이가 있었던 것은 분명하다.

병사가 가진 무기, 즉 전투의 주력이 되는 무기는 대도와 활이다.

- 18세기 초두 영국에서 수렵에 이용된 영국 재래 암말과 아라비아의 수말을 교배시켜 경주용으로 개량된 품종이다.

야요이시대와 달리 병사의 수가 많았기 때문에, 대도를 든 병사와 활을 든 병사로 분화되었을 가능성도 있다. 이 무렵에 출현한 대도는 날이 칼 등 쪽으로 휘어지지 않고 곧게 뻗은 직도이다. 활은 발굴된 수가 많지 않아 불분명하지만, 적게나마 출토된 사례를 참고하면, 느티나무 등의 활엽수로 만든 장궁長弓이다. 종종 옻칠을 하거나 수피를 감는 등 가공도 이루어지지만, 전체 형태는 현재의 화궁和弓에 가깝다. 그러나 재료를 여러 겹 겹쳐서 만드는 복합궁複合弓 기술이 아직 생기지 않아 하나의 나무를 깎아내어 만든 통나무활[丸木弓]인 것으로 보아, 사정거리는 지금의 화궁보다 떨어진다.

화살은 관통력이 뛰어난 가는 화살촉을 붙인 '정시征矢'와 크고 편평한 화살촉을 단 '야시野矢'로 구별되고, 고분 부장품으로는 다수의 전자와 소수의 후자가 세트를 이루는 경우가 많다. 정시와 야시의 구별은 야요이시대부터 어렴풋하게 나타나는데, 4~5세기에는 더욱 명확해지고 6세기가 되면 의식적으로 구별된다. 이 정시와 야시는 중세 이후에도 이어진다. 정시는 실전용 활로 사용된 데 비해, 야시는 수렵용에서 유래하는 활로 전장에서는 의례용으로 사용되었다고 한다. 전투와 수렵과의 관련성은 무사도와 기사도에서도 볼 수 있으나, 후세로 이어지는 이와 관련한 사고가 이미 6세기 무렵에 나타났을 가능성이 높다.

야시의 화살촉은 의례용인 만큼 외형을 중시해 특이한 형태로 만들거나 구멍을 뚫는다. 이와이의 전쟁과 관련해 흥미로운 것이 있다. 아라카이 군과 이와이 군 사이에서 야시의 화살촉 형태에 큰 차이가 있었던 것으로 보인다는 점이다. 아라카이 군의 야시 화살촉은 미늘

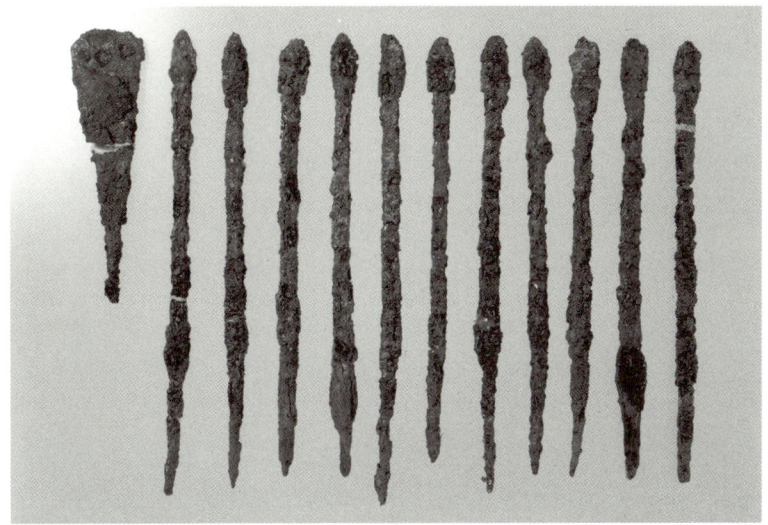

자료 29 규슈 북부의 야시野矢(왼쪽 끝)와 정시征矢. 후쿠오카현 아사쿠라시 가키하라柿原 고분군에서 출토(규슈역사자료관 제공)

이 있는 삼각형을 주류로 하고 유엽형도 있다. 이에 반해 이와이 군의 야시 화살촉의 형태는 선단이 산형을 이룬 능형에 가까운 화살촉과 선단이 가로로 평탄한 화살촉이 많다.

　더 주목할 것은 그 가운데 선단이 횡일자인 야시는 고구려 계통으로, 한반도에서는 고구려의 본거지인 북부 지역과 5세기까지 고구려 군대가 주둔했다고 보이는 신라의 왕도인 경주 부근에 분포한다는 사실이다. 이것이 이와이와 신라의 관련성을 반영하는지에 대해서는 더 면밀히 검토할 필요가 있다. 그러나 6세기에 들어설 무렵, 규슈 북부의 무기 가운데 일부에서 신라 내지는 고구려의 영향이 보이는데, 이런 것들은 이 시대 국제적인 군사관계를 밝히는 데 중요한 역할을

5장 영웅에서 귀족으로

할 수 있다.

한편, 미이군에서의 결전은 이러한 야시를 양군이 상대에게 퍼부으면서 시작되었을 것이다. 야시에는 종종 공중으로 날리면 피리 소리와 같은 음을 내는 '명적鳴鏑'이라는 장치가 달려 있다. 추운 초겨울의 들판에서 이어 울리는 적시鏑矢의 소리. 전투 개시의 표시이다. 뒤이어 드디어 정시를 발사하고 나면 양군의 병사가 섞여 전투에 돌입하는 장면을 상상할 수 있다.

상세한 경위를 알 수 없지만, 패한 쪽은 이와이였다.《일본서기》에는 이와이가 죽임을 당했다고 기록되어 있다. 한편,《지쿠고노쿠니후토키筑後国風土記》에 기록된 별전에 따르면, 이와이는 부젠노쿠니豊前国 가미쓰미케군上膳郡[현재의 후쿠오카현 지구죠군(築上郡) 남부에서 오이타현 북부에 걸친 지역]으로 도주해 그곳 산속에서 목숨을 다했다고 한다.

이와이의 전쟁이 초래한 것

이와이의 죽음으로 끝난 이 전쟁은 왜왕 정권이 율령정부로 성장하고 고대 국가로 확립되어가는 과정 속에서 어떠한 역할을 했을까? 또한 고대 국가의 군사 조직이 형성되어가는 과정에서 어떤 의미를 가지는 것일까?

먼저 이야기할 수 있는 것은 이 전쟁으로 인해 왜왕 측의 군사적 우위가 확립되었다는 점이다. 지금까지 이야기해온 것처럼 고분이 출현한 3세기 중반부터 5세기까지는 왜왕도 대영웅의 한 사람이었고, 각지의 대영웅들로부터 추대되어 그 지위에 오른 존재에 지나지 않았다. 왜왕이라는 지위는 그를 포함한 대영웅들과 동아시아 세계를 이어주는 창구로서의 대표자에 해당한다. 왜왕이라는 지위는 자원과 문물을 외부로부터 얻는다는 공통의 이익을 실현하기 위한 요건으로, 각지 대영웅들의 전체 의견을 바탕으로 성립된 것이었다. 즉 이 단계까지 왜왕의 지위는 주어진 것이지, 물리적 실력을 바탕으로 다른 자들 위에 선다는 의미는 아니었다.

그런데 6세기에 들어설 무렵, 외부로부터 문물과 자원을 얻는 활동의 이익과 기대가 저하되면서, 그 활동을 지속하기 위해 안팎으로부터 지지를 받던 왜왕의 지위가 흔들렸다. 이로 인해 외국으로 출정을 나가던 영웅에서 지역의 지배자가 되어가던 귀족과, 귀족들로부터 구심력을 잃지 않으려고 압박을 강화한 왜왕, 그리고 그 지지자들 사이의 대립이 심화된 것은 앞서 이야기한 대로이다. 실제로 이와이의 전쟁은 그 대립이 최대 규모로 발화한 것이라고 할 수 있다. 이와이를 끝으로 지방의 대귀족 중에서 왜왕에게 도전하는 자는 없었다.

이와이의 전쟁을 통해 왜왕의 군사력이 인정받게 되면서 비로소 왜왕 정권은 일본열도 안에서 군사적 실력자로 인정받게 되었을 것이다. 이것이 왜왕의 세속적 권위를 높이고, 그때까지 대등한 지위를 주장할 기회를 엿보고 있던 지방의 대귀족이 종교적 의미뿐 아니라 세속적으로도 왜왕 정권을 우러러보는 큰 계기가 되었음은 틀림없다.

그러나 한편, 이 승리로 인해 왜왕 측이 쓰쿠시노키미라는 지방 대귀족의 판도를 정복해 그 지배권을 뺏는 정도까지 이르지 않은 점에 주의할 필요가 있다. 이와이의 아들 구즈코가 연좌에 따른 죽음을 면하기 위해 하카타완 만 일부를 왜왕에게 직할지로 헌상하며 용서를 구한 것은 사실이다. 그 외에도 이 전쟁 뒤에 규슈 북부의 몇개 소에 이르는 토지와 노동력으로서의 민중이 왜왕 측에 제공된다. 그러나 쓰쿠시노키미 집단이 그 후에도 규슈의 대귀족으로 존속해오던 것은 문헌의 기록에서도, 고분의 양상으로 봐서도 명백하다. 왜왕을 명실상부한 맹주로 모시면서도 여전히 이와이의 후계자는 광대한 영역과 많은 민중을 계속 지배했던 것이다.

통일적 권력은 없었다

이때 이후 왜왕 측은 쓰쿠시노키미에 한정하지 않고 다른 많은 지방 귀족의 판도에 쐐기를 박듯이 직할지와 부속민을 계속 설치해간다. 이와이의 전쟁에서 보여준 군사적인 실력과 위상이 그것을 실현시키는 뒷받침이 되었을 것이다. 그러나 일본열도에서 왜왕이 지방 귀족의 판도를 제압하며 일원적인 지배 체제를 구축하거나 영역을 확대해가는 등의 모습으로 국가를 통일해가는 과정은 보이지 않는다. 지방 귀족의 지배권을 남겨두면서 그 일부를 잠식해가는 것이 왜왕 정권이 일본열도 안에서 통치를 넓혀갈 때의 기본적 방식이다.

그리고 더욱 주의할 점은 왜왕 정권은 왜왕 한 사람의 전제로 성립되지 않았다는 것이다. 그를 옹립하는 긴키 중앙의 대귀족이라고 할 만한 실력자들이 왜왕 정권의 권력을 나눠 가졌다. 왜왕 오호도의 명령을 받아 이와이와 싸운 모노노베노오무라지아라카이가 그중 한 사람이고, 같은 시기의 문헌에 이름이 보이는 오토모노카나무라_大伴金村_도 그러하다. 이 모노노베씨와 오토모씨, 약간 늦게 대두하는 소가_蘇我_씨가 왜왕을 지지하면서 서로 경쟁했던 6세기의 일본열도 내 3대 중앙 귀족이다.

긴키의 정권 측이 지방 귀족의 판도에 설치한 직할지와 부속민에는 왜왕에게 속하는 것만 있는 것이 아니라, 왕비·왕자·왕녀 외에도 위에 설명한 중앙 대귀족들에게 각각 소속된 것도 포함되어 있다. 왜왕 일족만이 아니라, 중앙 귀족들도 멀리 떨어진 몇몇 지방에 직할지와 부속민을 설치하는 입장에 있었던 것이다. 게다가 중앙의 논리로 서술되어 문헌 기록에 그다지 나오지 않지만, 그들에게 잠식되어가던 지방의 대귀족들도 또한 다른 지방과 지배하의 중소 귀족의 영역 안에서 직할지와 부속민을 설치하는 관계에 놓여 있었다고 보는 편이 자연스럽다.

이처럼 이와이의 전쟁을 거친 6세기 중반부터 후반에 걸쳐 각 지역의 귀족이 지배하는 토지와 사람들은 남아 있는 한편, 그곳을 나눠 갖듯이 중앙 정권의 직할지와 부속민이 설치된다. 게다가 그들은 왜왕, 여러 왕족, 대귀족처럼 속하는 곳이 다양하게 나눠져 있다. 이러한 다양한 소속관계가 각 지방에 들어서거나 복잡하게 얽혀 모자이크상의 지배–피지배 계열관계가 지방과 중앙 사이에 성립되었던 점이 일본 고대 국가의 큰 특징으로, 그 본질을 규정했다고 할 수 있다.

이러한 모자이크상의 계열화라는 지배관계의 기본 유형을 전제로 해서 일본 고대 군사 조직의 형태를 바라보아야 한다. 왜냐하면 고대 국가가 확립되기 이전 단계에서는 토지와 그곳에서 생산을 담당하는 사람들, 그들이 짊어진 군사력이라는 3요소가 아직 일체화되어 서로 분리되지 못했기 때문이다. 즉 군사력도 또한 지배관계의 기본 유형으로 규정되고, 모자이크적, 계열적인 양상을 띠면서 율령 국가적 군대로 조직화되었을 것이다. 지금부터 그 모습을 살펴보자.

5

정치적 전쟁으로의 전환

무장하는 사람들

사람들이 무기와 함께 저세상으로 떠난다는 것은 무예를 숭상하는 사상이 상당히 침투된 사회 현상이라고 봐도 좋을 것이다. 일본 역사에는 6세기 중반부터 7세기에 걸친 시기에 이러한 현상이 가장 눈에 띄게 드러난다.

 이 시기 일본열도 각지에서 횡혈식 석실을 마련한 매우 작은 고분이 십수 기에서 수십 기, 수백 기가 집단을 이루며 등장한다. 군집분이다. 게다가 그때까지 고분 등이 보이지 않았던 산간이나 해안의 벽지에도 군집이라고까지 할 수 없으나, 수 기씩 또는 단독으로 같은 횡혈식 석실의 소고분이 출현한다. 또한 지역에 따라서는 산을 파서 만든 횡혈식의 묘실이 군집을 이루는 경우도 있다. 이는 횡혈묘로 불린다.

모두 횡혈식 묘실을 만들고 그곳에 계속해서 죽은 사람을 매장하는 같은 장례 습관을 가진 이들의 집단 묘지이다. 5세기에 일어난 문명 개화로 인해 영웅을 위해 대형 분구를 축조하는 낡은 행위가 사라지기 시작하는 것은 앞서 설명한 대로이다. 영웅에 대한 정신적 의존에서 탈피해서 농업과 수공업 생산자로서의 자아를 확립해가던 사람들은 한반도로부터 들어온 새로운 타계관을 바탕으로, 작지만 자신들의 무덤을 만드는 데에 정성을 쏟게 된다. 따라서 농업과 수공업 등의 생산 활동과 관련된 거의 모든 사람들이 그곳에 묻혀 있다고 봐도 무방할 것이다.

여기서 문제가 되는 것은 이 사람들 가운데 남성에게는 거의 반드시라고 해도 좋을 정도로 무기가 부장된다는 점이다. 게다가 내용을 살펴보면, 오카야마대학교의 니이로 이즈미新納泉가 일찍 지적한 바대로 분명한 계층성이 확인된다. 즉 가장 다수를 점하는 최하위급으로서 철촉만을 매장한 것이 있고, 그 상위에 철촉과 철도를 매장한 것, 그 상위에 철촉·철도 외에 마구를 부장한 것이 있다. 더구나 집단묘 가운데서도 크고 맹주적인 것은 통상적으로 이들 외에 화려하게 반짝이는 장식 대도가 부장된다. 그리고 집단묘로부터 떨어져 있는 전방후원분의 주인은 지금 나열한 모든 무기에다가 괘갑까지 함께 묻은 경우가 많다. 이러한 상황은 이 시기 집단묘지의 무기 부장이 단순히 무기로 유해를 보호한다는 장의적 관습만을 바탕으로 하는 것이 아니라, 일종의 군사적 신분질서에 따라 이루어졌음을 보여준다. 이를 통해 하나의 집단묘를 조성한 집단이 모종의 군사적 서열관계에 입각한 조직을 이루었을 가능성이 떠오르는 것이다.

칼을 하사하는 행위

부장된 무기 가운데서 가장 주목을 끄는 것이 장식 대도이다. 손잡이 끝을 특정한 형태로 장식하거나, 둥근 고리 모양으로 만들고 그 안을 투조하는 등 다양한 디자인을 구사한 것이 보인다. 또 금이나 은으로 도금하거나 상감하는 등 정교하게 만들어진 것들도 많다. 손잡이 형태와 투조 형태의 차이에 따라 일고여덟 종류가 있다.

정교한 공예품은 왜왕과 대귀족들이 운영하는 선진적인 공방에서 만들어진 것이라 봐도 좋다. 종류가 꽤 많은데 백제, 신라, 고구려의 장식 대도를 각각 조형으로 하거나 왜 고유의 전통을 잇는 등 계통이 다른 것들도 보인다. 아마도 각 지역과 관계가 깊은 대귀족들이 운영

자료 30 장식 대도. 왼쪽은 두추 대도, 효고현 가미쵸香美町 분도文堂 고분에서 출토(가미쵸 교육위원회 제공). 오른쪽은 단룡單龍 환두 대도, 오카야마현 아카이와赤磐시 이와타岩田 14호분에서 출토(아카이와시산요향토자료관 제공)

하는 각각의 공방에서 제작되어, 전방후원분에 들어가는 각지의 귀족과 집단묘의 맹주인 유력 농민의 족장에게 하사되었을 것이다.

따라서 장식 대도의 종류별 분포에는 그러한 '칼 하사[授刀]'의 실태가 반영되어 있을 가능성이 높다. 니이로의 말에 따르면, 지역에 따라 특정 종류의 장식 대도가 많거나 하나의 교통 루트를 따라 정해진 장식 대도가 분포한다. 다만, 이 지역들과 루트가 반드시 특정 종류 일색으로 도배되어 있는 것은 아니고, 분포권이 모자이크상으로 얽힌 상황도 발견된다고 한다.

이러한 현상에 대한 하나의 해석으로, 니이로는 각지의 장식 대도를 소유한 주인이 각각 관계를 맺고 있던 중앙 세력, 즉 여기에서 말하는 대귀족과 왜왕들로부터 각각 입수한 것으로 본다. 타당한 의견일 것이다. 특히 중앙의 대귀족과 왜왕은 각 지방의 중소 귀족과 유력 농민의 족장들을 장악하고 그들에게 장식 대도를 하사함으로써 일정한 지위를 부여했다고 생각된다.

계열화하는 지방 세력

앞에서 왜왕과 중앙 대귀족이 지방의 대귀족 판도에 쐐기를 박듯이 자신들의 직할지와 부속민을 설치하기 시작했다고 이야기했는데, 장식 대도의 수여가 바로 그 증거가 아닐까? 시마네현 마쓰에시의 전방후원분 오카다야마岡田山 1호분(분구 길이 47미터)에서 출토된 장식 대도의 도신부에는 상감된 명문이 있는데, 그 가운데 '누카타베노오미

額田部臣'라는 문자가 보인다. '누카타베額田部'는 왕족 부속민의 한 명칭으로 '오미臣'는 그 상관 총괄자의 지위를 일컫는다. 즉 이 고분 주인인 산인의 중견 귀족은 거느리던 사람들과 함께 모두 왜왕 왕족의 부속민 집단으로서 중앙의 지배하에 놓여 있고, 부속민들의 통괄자 지위를 받았던 것이다. 이 대도는 그 증표로 하사받았던 것임에 틀림없다.

마찬가지로 그가 거느리던 유력 농민의 족장에게도 아마 '누카타베노오비토額田部首['오비토(首)'는 하급 통괄자를 일컬음]'라는 지위와 함께 명문이 새겨져 있는지 어떤지 모르지만 장식 대도가 수여되었을 것이다.

직할지[미야케(屯倉)]와 부속민[베민(部民)]은 본래 각종 생산과 관련되는 토지나 집단으로, 군사 조직이 아니다. 그러나 그 설치의 표식으로 장식 대도가 사용되고, 그곳에 속하는 남성들이 지위에 따라 무장하고 있었음을 놓칠 수 없다. 생산 조직과 군사 조직이 역할상 아직 분화되어 있지 않던 이 시대에 직할지와 부속민은 각각의 맹주인 대귀족과 왜왕, 왕족에게 생산·공납자로서의 역할을 수행하면서 유사시에는 병사 집단으로 종사했다고 생각된다.

무기 부장이 성행하는 것은 특히 병사 집단으로서의 역할이 중시되었음을 나타낸다. 그 배경으로 고려할 수 있는 것이 6세기 중반부터 후반에 걸쳐 계속된 중앙 대귀족 간의 세력다툼이다. 문헌의 기록에 의하면 중앙의 세 귀족 가운데, 오토모씨는 한반도 정책에서 실패한 것이 빌미가 되어 일찍 힘을 상실한다. 그 후 모노노베씨와 소가씨가 대립했다. 결국 578년 소가노 우마코蘇我馬子가 모노노베노 모리야物部守屋를 죽임으로써 일단락되나, 이후에도 소가노 우마코가 하쓰세베泊瀨部 대왕[스슌(崇峻) 천황]을 살해하는 등 왜왕을 포함한 중앙 귀족 간의 분쟁이 계속되었다.

　이러한 중앙 세력 간의 대립에는 왜왕의 지위에 대한 실권 다툼이라는 측면 외에도 지방 직할지와 부속민 집단 또는 그곳에서 얻을 수 있는 군사력 쟁탈이라는 의미도 있었을 것이다. 직할지와 부속민을 증식시키기 위해서는 그에 상응하는 경제적 물품 또는 지위 등 위신상의 보답을 그들에게 주어야 한다. 한편, 지방의 중소 귀족과 유력 농민집단 측도 더 우세한 중앙 세력의 지배하에 들어감으로써 경제

자료 31 귀족의 마구. 나라현 이카루가쵸斑鳩町 후지노키藤ノ木 고분에서 출토(문화청 소장·나라현립가시하라고고학연구소 부속박물관 보관)

상에서 또는 지위나 위신상에서 유리한 입장에 서고자 한 것이다. 그 위신의 표시가 바로 장식 대도였다. 장식 대도의 유행과 그것을 정점으로 하는 군집분의 무기 부장은 고대 국가에서의 집권화를 의미하는 중앙-지방의 계열화 경쟁이 초래한 격동의 사회를 배경으로 한다고 볼 수 있다.

6세기의 왜군

왜의 정치 동향에 큰 영향력을 행사해온 한반도와의 교섭은 이와이의 전쟁 뒤 어떻게 진행되었을까? 이를 알기 위해서는 먼저 6세기 일본열도의 상황을 살펴봐야 한다.

큰 사건으로 먼저 들 수 있는 것이 562년 임나일본부의 멸망이다. 임나일본부의 실태는 왜가 한반도에 둔 통치기관이 아니라, 일본의 외교 거점이었다고 생각된다. 당시 임나일본부와 가야라고 불리어온 한반도 남부의 여러 정치 세력 중 대부분이 신라로 넘어간다. 이로 인해 왜는 한반도에 주둔하며 정치·군사적 활동을 수행하는 큰 발판을 상실하게 된다.

그러나 그 후에도 왜는 신라에 병합된 가야 땅을 회복한다는 명목과 동맹관계에 있는 백제로부터의 요청을 바탕으로 한반도 남부에 군사를 보낸다. 이와이의 전쟁 후 그와 관련된 역사적 기술이 《일본서기》에 나오는 것은 537년, 554년, 562년, 600년 총 4회이다.

그 군세는 대왕(왜왕)이 중앙 귀족과 왕족을 장군으로 임명하고 다른 중앙 귀족과 지방 귀족이 각각의 전단을 이끌고 모여들거나, 유력 농민의 족장이 사람들을 이끌고 참가하는 형태로 조직되어 있다. 아직 통일적 군단 조직이나 징병 제도에 의존하지 않고 귀족과 족장들이 각각의 병력을 데리고 모인다는 기본적 형태는 5세기까지의 왜군의 모습과 동일하다. 다만 이 귀족들과 족장들은 5세기까지와 같이 오로지 문물이나 자원을 목적으로 모여든 것이 아니다. 아마도 당시 형성되고 있던 대왕 일족과 중앙 귀족, 지방 귀족과 족장 사이의 계열관계를 연고로 각지에서 모여들었을 것이다. 이러한 중앙의 여러 세력과 지방을 잇는 커넥션 또는 문벌이라 할 만한 많은 계파관계가 복잡하게 얽혀 있었다는 점이 5세기의 왜군과 이 시기 왜군과의 큰 차이라고 할 수 있다.

 흥미로운 것은 한반도로 보낼 군사를 준비해서 규슈의 쓰쿠시筑紫까지 진출하면서 바다를 건너지 않았다는 519년과 602년의 《일본서기》의 기사이다. 특히 누카타베 여왕[스이코(推古) 천황]이 대왕이던 602년에는 3만 5,000명의 대군을 출진시키나, 장군 구메노미코來目皇子의 병사를 이유로 바다를 건너지 않았다. 그 후 623년에도 대군을 출동시켰지만 본격적인 전투에는 참가하지 않았다.

진군進軍은 세레모니

이와 같은 상황을 보면, 이와이와의 전쟁 이후의 왜군은 한반도로 건너가 실제로 전쟁을 벌이는 것보다 그 이상으로 긴키에서 쓰쿠시까지 진군해 군사의 위용을 안팎으로 과시하는 것에 숨겨진 큰 목적이 있지 않았을까 생각한다. 이른바 일종의 시위demonstration 또는 군사적 의식으로 볼 수 있지 않을까?

물론 한반도로 왜군을 보내는 것은 백제에 대한 군사 원조가 표면상의 목적이고, 그 보답으로 한반도에서 지식인과 기술자가 왜에 파견되기도 했다. 그러나 지식이나 기술을 획득하기 위해서 반드시 군사를 보낼 필요가 없다. 이 시기의 왜군 파견은 5세기까지처럼 물질적 이득을 얻는 것이 첫 번째 목적이 아니라 백제와의 동맹이라는 정치적 외교상의 동기에 의한 것이었으며, 그 배후에는 한반도에 영향력을 가지는 대국으로서의 권위를 확보한다는 강한 의식이 있었다. 이러한 국제사회에서의 정치 역학과 권위, 체면치레라고 하는 물질적인 동기가 아닌 요인으로 전쟁이 이루어진 것이 이 시기 이후의 큰 특징이라고 할 수 있다.

이러한 반쯤 위엄을 과시할 목적으로 군세를 정비해 일본열도에서 내보내는, 이른바 일종의 시위 행동은 한반도 여러 나라나 고대 중국 왕조 등 외부로 향한 것일 뿐만 아니라, 대내적으로도 큰 의미를 가졌다고 생각된다. 대왕이 중앙 대귀족이나 왕족을 장군으로 임명하고 수만 군사를 집결시키는 것은 대왕의 권위를 귀족과 족장에게 보여주기 위한 절호의 기회였을 것이다. 또한 그곳으로 모여든 지방 귀족과 족장은 각각 연계된 중앙 대귀족과 대왕·왕족 앞으로 모여들어 그들과 운명을 같이하는 하나의 군대 안에서의 자신을 의식함으로써 큰 자긍심과 정신적 충족감을 느꼈을 것이다. 그리고 이러한 한반도로 보낼 파견군을 결성하고 군사들을 집결시키는 의식은 대왕과 중앙 대귀족이 지방 귀족이나 족장들과의 사이의 계열관계를 확인하고 새로운 관계를 맺는 장이었을 가능성이 있다. 또는 앞서 본 장식 대도 등의 수여는 이러한 군사적 의식을 기회로 해서 이루어졌을지도 모른다.

　이상과 같이 6세기부터 7세기에 걸쳐 왜군이 보여준 행동은 중앙이 지방을 군사적으로 정복하고 통일시키기 위한 것이 아니었다. 오히려 대왕을 정점으로 하는 지배사상을 숙성시키고, 이를 통해 중앙이 지방 세력을 서서히 계열화시켜가는, 왜가 가진 특유의 스타일로 집권화가 진행될 때의 유효한 수단이었다. 바꾸어 말하면, 이 시기의 왜군은 물질적인 이득이나 명백한 무력 행사를 위해서가 아니라, 대왕을 중심으로 하는 중앙 지배층이 군사적인 위신을 만들고 그 위신을 각지의 계열 세력에게 분배하기 위한 장치로서의 의미가 컸다.

　이러한 군사적 위신이 전단에서는 지위나 가바네姓•를 부여함으로써, 물질적으로는 장식 대도 등 무기를 하사하는 형태를 취함으로써 대왕 중심의 신분질서를 형성하는 데 큰 역할을 하게 되었다. 이 시기의 일본열도에서 화려한 무기나 무구 부장이 매우 성행하게 되는 현상을 위와 같은 배경에서 이해해야 할 것이다.

- 　가바네는 고대 일본에서 천황이 직능과 서열을 나타내도록 각 씨족에게 부여한 칭호를 말함.

6

내란과 국제전쟁

기마의 보급

앞서 살펴보았듯이 전쟁과 왜군의 모습이 점차 변질되어가는 가운데, 무기 형태와 기술에도 약간의 변화가 있었다. 그러한 변화가 고고학 자료에서 확실하게 보이는 때는 6세기 말부터 7세기 초의 누카타베(스이코 천황) 여왕이 대왕의 지위에 있을 무렵이다.

이 무렵에 먼저 눈에 띄는 것은 마구를 부장한 고분이 한꺼번에 증가하는 현상이다. 대부분은 비교적 작은 고분에서 출토되는데, 그다지 장식이 없는 간소한 것이 많다. 매우 실용적인 마구라고 할 수 있다. 귀족만이 아니라 유력 농민의 일부도 마구를 사용했던 것 같다. 이를 통해 일본열도 안에서 말에 탄 사람들이 갑자기 늘어난 모습을 엿볼 수 있다. 이 무렵의 말은 덩치가 작아 무장한 사람을 태우고 전장을 누비는 것은 어려웠다. 그러나 화물 운반이나 병사의 이동 등

말의 전술적 역할이 이때를 경계로 크게 커졌다고 봐도 좋다.

또 하나 분명하게 알 수 있는 무기의 변화는 화살촉의 경량화이다. 장경식 철촉의 선단부 날이 작아지고, 날 중앙에 세워진 능도 가늘어져 전체적으로 갸름해진다. 무게도 종래의 6~7할 정도밖에 되지 않는다. 이렇게 되면 활의 파괴력이 감소하지만, 사정거리가 길어진다. 말을 전쟁에 활용하게 됨으로써 전단의 기동력이 증가해서 활을 쏘는 적군과 아군 간의 거리가 멀어지게 되고, 그러한 전술 변화에 따라 활이 개량된 것일 터이다. 원거리에서 적의 움직임을 규제하는 활이 가진 특유의 전술적 역할은 이 단계에 완전하게 정립되었다.

뒤에서 다시 이야기하겠지만, 이 시기에 이르러서도 화살촉과 같은 일반 병사의 실전용 무기는 중앙이나 지방 귀족의 휘하에 있는 철기 공방에서 각각 만들어졌다. 그럼에도 불구하고 이 시기 화살촉의 경량화는 광범위한 지역에서 거의 일제히 나타나는 현상이다. 이는 각지의 귀족들이 전술 변화에 상당히 민감하게 대응해 무기를 변형시켰거나, 아니면 중앙 정권이 강하게 지도한 결과일 것이다. 후자라고 한다면 왜의 중앙 정권에 의한 군사적 정책이 일정한 실효성을 가지며 작용한 몇 안 되는 사례일 것이다.

동국東國의 기마병력

이 시기에 또 하나 눈에 띄게 나타나는 현상은 동일본을 무대로 한 병력의 형성이다. 이를 뒷받침해줄 자료 중 하나가 동일본에서 장식 대도가 증가한다는 것이다. '두추頭椎 대도'라고 불리는 손잡이 끝부분을 주먹 모양으로 만든 독특한 형태의 장식 대도가 주부와 간토에서, 멀리는 도호쿠 지역 남부의 고분에서 특히 많이 출토된다.

또한 앞서 서술한 실용적인 마구가 출토되는 고분은 주부고지中部高地와 북간토北関東에 많다. 아마 이 지역에서는 고원이 넓게 펼쳐져 있다는 지리적 조건을 잘 살려 말 생산이 활발해지고, 이를 경영하면서 유사시에는 말에 올라타 군사 활동에 참가하는 유형의 귀족과 유력 농민의 족장들이 서일본 이상으로 두각을 드러내었을 것이다. 6세기 이후에 진행되는 중앙에 의한 지역의 계열화가 동일본에서는 이러한 유형의 실력자들에게 지위를 부여함으로써 진행되었을 것이다. 니이로 이즈미와 오카야스 미쓰히코岡安光彦가 이야기하듯이 이 지역에 많은 병졸과 같은 무인을 의미하는 '도네리舎人'라는 성을 가진 사람들은 두추 대도나 마구 부장 고분의 주인과 모종의 관계를 가졌을 가능성이 높다.

이들 동국 지역에서는 앞에서 살펴보았듯이 대형 전방후원분이 꽤 늦은 시기까지 축조되었다. 이는 그곳에 묻힌 귀족이 오래된 영웅적 측면을 서일본보다 길게 가지고 있었음을 암시한다. 여유로운 대귀족과 마찬가지로 말 위에 올라타 대귀족을 따르는 중소 귀족 및 유력 농민의 족장들. 이러한 기마의 주종관계로 이루어진 무장 집단이 서국보다 동국에서 더 현저하게 나타나, 독자적인 유대관계 및 정신적 전통을 이룩했을 가능성이 있다. 무사도의 원천을 탐색하는 데에 있어 중요한 부분이다.

백촌강전투의 패배

이상과 같이 누카타베 여왕이 대왕의 지위에 있던 7세기 초까지 마구의 보급이 어느 정도 이루어지고, 그와 연동해서 화살촉이 경량화되며, 동국 기마 병력이 성립되는 등 고대부터 중세 이후로 이어지는 일본열도의 무기와 군사력의 기본적인 특질이 대략적으로 완성되었다. 그리고 이와 같은 무렵, 긴키 세력에 의한 각지 귀족과 족장들의 계열화도 거의 완료되어 대왕을 중심으로 하는 정치권력과 신분질서가 완성되고 있었다.

그러나 지금까지 이야기해왔듯이, 이 중앙 정권은 하나의 세력이 다른 지역을 군사적으로 정복해감으로써가 아니라, 중앙의 여러 세력이 각지의 여러 세력을 계열화해감으로써 형성된 측면이 강하다. 그렇기 때문에 그 지배 체제가 고대 중국이나 한반도의 여러 나라로부터 받아들인 공적·제도적 외피를 두르고 있다 하더라도, 내실은 이러한 사적인 계열관계의 집합체였다고 판단된다. 특히 군사 체제에 이러한 성격이 강하게 남아, 실제 병력은 아직 각 귀족이나 족장들의 손에 들어가지 못한 채 조직으로서는 매우 취약했다. 무기가 다소 혁신되었지만 조직이라는 면에서는 5~6세기의 왜군과 비교해 크게 진보되었다고 인정하기 어렵다.

그러나 이렇게 군사적으로 미숙한 상황과 별도로, 왜를 둘러싼 국제적인 군사관계는 7세기 중반부터 긴장도가 높아졌다. 이 무렵, 한반도에서는 고구려·신라·백제 3국이 공방을 반복했는데, 고구려와 백제의 침입에 고심하던 신라가 당나라에 출병을 요청한 것이다. 660년 당나라 군사 13만 명이 한반도로 들어와 신라군과 연합해 백제를 공격했고, 백제가 멸망하기에 이르렀다.

왜가 4세기 후반 이후, 백제와의 동맹관계를 기본적인 외교노선으로 삼아온 것은 이야기한 대로이다. 6세기에 한반도 남부의 외교 거점을 상실한 후에도 왜는 백제와의 관계를 한결같이 유지함으로써 한반도에서의 이권을 남기고 대국으로서의 권위를 보호하고자 했다. 당시 백제가 멸망한 것이 왜의 정권에 어느 정도 큰 충격을 주었는지는 쉽게 추정할 수 있을 것이다. 당과 신라의 연합체가 백제와 동맹을 맺었던 왜를 공격할 가능성도 있었음에 틀림없다.

《일본서기》에 의하면 백제의 유신遺臣 귀실복신鬼室福信이 백제 부흥을 위해 왜에 원군을 요청하고, 이를 받아 들여 다음해 661년 1월 대왕의 지위에 있던 늙은 여왕 다카라[宝, 사이메이(斉明) 천황]는 배를 준비해 규슈의 쓰쿠시로 향했다. 그녀는 그곳에서 병사했지만 아들인 나카노오에中大兄[후의 덴지(天智) 천황]가 뒤를 이어 이해부터 다음 662년까지 원군과 구원 물자와 무기를 백제로 계속 보내면서 준비를 갖추었다. 그리고 663년 3월에 2만 7,000명의 병력을 신라에 보내고, 8월 한반도 서해안의 백촌강해전에서 왜군은 드디어 당나라군과 대치하게 된다. 지금까지 '백제를 돕고 신라를 친다'는 명목하에 군사가 출병한 것은 몇 번이나 있었다. 그러나 앞서 이야기한 대로 실제로 전쟁에 참여한 것보다는 시위를 위한 진군에 머물렀다. 그러나 백제의 멸망이라는 위기가 닥쳐오자 이번만은 시위를 위한 진군으로 끝내지 않고, 쓰쿠시에서 2년 반 만에 바다를 건넌 것이다.

백촌강전투는 이틀 동안 계속되었는데, 왜군은 1일째의 전황을 냉

정하게 꿰뚫어보지 못하고 2일째에 무계획적인 돌격을 감행한 끝에 당나라군에게 협공을 당해 처참하게 패하고 말았다. 각색을 아끼지 않은 《일본서기》가 "관군 패하다"라고 순순히 인정할 정도의 참패였다. 그 상황을 구체적으로 복원하기는 어렵지만, 무기·군선의 질적 차이가 컸을 것이다. 또한 선대 왕조였던 수나라를 무력으로 무너뜨리고 돌궐突厥이나 토욕혼吐谷渾 등 이민족과의 전투를 반복하면서 단련된 당나라군과, 일본열도 내부의 진군에만 머물러 본격적인 국제전을 거의 경험하지 못한 왜군과의 사이에는 장비만이 아니라 조직 및 용병用兵이라는 점에서 천양지차가 있었음은 당연하다.

'방어'의 현시 — 미즈키水城와 산성山城

백촌강에서의 패전으로 왜의 정권과 당시 지배층의 위기감이 최고조에 달하기에 이르렀다. 나당연합군이 일본열도로 쳐들어올 가능성이 점차 현실화되어갔던 것이다.

이러한 정세를 바탕으로 쓰시마·규슈 북부에서 세토우치·긴키에 걸친 중요한 장소에 산정부나 구릉에 산성을 축조하여 방위망을 만드는 움직임이 급속도로 진행된다. 또한 훗날의 다자이후大宰府에 해당하는 장소를 제1차 방위 거점으로 정하여 하카타완 만에서의 적군 침공에 대비하고 '미즈키•'라고 불리는 토루와 해자의 방어선이 구축

- 후쿠오카현 다자이후(太宰府)시·오노죠(大野城)시·가스가시에 걸쳐 축조된 일본의 고대 성을 일컫는다.

된다. 이들을 조영할 때 망명한 백제인의 지식과 기술이 투입되었던 것 같다.

이 산성들과 미즈키를 보면 확실히 예사롭지 않은 긴장감이 전해진다. 그러나 과연 그것들이 어디까지 합리적인 전략이고 실제로 효과를 거둘 수 있었는가라는 점에 비추어보면, 납득하기 어려운 점도 많다. 고고학적 성과를 중심으로 이 점에 대해 좀 더 살펴보자.

첫 번째는 산성의 분포이다. 지금까지 알려져 있는 한, 당과 신라의 연합군 세력이 상륙할 가능성이 가장 높은 동해 쪽에 산성이 축조되어 있는 곳은 쓰시마와 후쿠오카 평야뿐이다. 산인 일대에는 지금까지도 단 하나의 산성도 확인되지 않고, 긴키 중앙부로 공격해 들어오는 최단거리에 해당하는 단고나 와카사若狹에도 산성이 없다.

자료 32 복원된 기노죠의 서문(소자시 제공)

두 번째는 산성의 규모가 모두 큰 반면, 수가 적다는 점이 주목된다. 오카야마이과대학교의 가메다 슈이치亀田修一의 연구에 따르면, 왜의 산성은 백제의 산성으로 말하자면 왕도의 성이나 지역의 거점 성에 필적하는 대규모뿐이다. 백제에서는 이 대규모 성 주위에 중규모·소규모의 성이 있고, 그 전체가 유기적으로 결합되어 방어망을 형성한다. 그런데 왜에는 중소규모의 성이 없고, 특히 세토우치와 긴키에서는 큰 성만이 각각 고립되어 점점이 축조되어 있는 상황이다. 방어 '망'으로서는 거의 의미가 없다.

세 번째는 산성들은 클 뿐만 아니라, 실전보다는 위의威儀를 갖출 목적으로 만들어진 것 같은 시설이 있는 경우가 있다. 예를 들어 최근에 조사된 오카야마현 소자시의 기노죠鬼ノ城에서는 하부를 돌담으로 만들고 두께 50센티미터의 각주角柱 여섯 개를 나란히 배치하고, 배후에 계단상으로 돌을 쌓은 '각루角樓'라는 특수한 건물이 발견되었다. 또한 성문은 동서남북의 각 방향으로 엄중하게 만들어져 있지만, 그 가운데 동문은 문 외측이 갑자기 길도 없을 것 같은 급사면, 내측은 거대한 한 장의 바위 사면으로 이루어져 있다. 공격하는 쪽에서 보면 공략하기 어려운 것이 확실하나, 지키는 쪽에서도 사용할 수 없을 것 같은 구조이다. 다만, 아래에서 잘 바라볼 수 있는 위치에 있다는 점을 고려하면, '보여주는' 것을 목적으로 한 문이었을 가능성이 있다.

게다가 미즈키도 특이한 존재이다. 길이 1.2킬로미터에 걸쳐, 높이 13미터의 토루와 폭 60미터의 해자를 직선적으로 축조한 것인데, 중국 대륙이나 한반도의 실전적 요새는 좀더 성벽을 굴곡지게 만들거

자료 33 오른쪽 아래에서 왼쪽 위로 뻗은 토루 위에 수목이 무성하게 자라 있는 곳이 미즈키水城 터. 사진 중앙을 횡단하는 것이 규슈자동차도로(다자이후시교육위원회 제공)

나 '치[馬面]'라고 불리는 돌출부 등 공격하는 적병에 대한 공격을 고려한 시설이 축조되어 있다. 그러한 시설이 전혀 보이지 않은 미즈키의 외관은 실전용보다도 오히려 구축물로서의 위엄을 느끼게 한다.

산성과 미즈키의 정비는 왜국이 시작된 이래의 본격적인 국토 방어망의 구축이었다. 그러나 그 실태는 지금 이야기했듯이 나당연합군의 모든 침공 루트를 예측한 실전 대응을 위한 것이라고 보기 어렵다. 긴키의 왕궁[야마토·오우미(近江)]에서 세노나이카이 해를 거쳐 쓰쿠시로 이어지는 왜국이 스스로의 관념으로 설정한 국토의 중심 길을 보여주기 위한 방어 시설로 치장해 만들었다고 하면 너무 과할지 모르지만, 국가로서의 체제를 정비하고 위엄을 세우려 한 것이 산성, 미즈키를 축조한 큰 목적이었던 것은 확실해 보인다.

5장 영웅에서 귀족으로

진신壬申의 내란

그러나 나당연합군이 실제로 왜를 공격하는 일은 없었다. 양자가 서로 인연을 끊고 전쟁을 시작했기 때문이다. 이러한 상황에서 왜에서는 671년 덴지 천왕이 죽고 동생인 오아마大海人와 아들 오토모大友의 사이에 황위 계승을 둘러싼 쟁탈이 일어났다. 진신의 내란이다.

내란의 경과는 《일본서기》에 상세하게 기술되어 있지만, 사용된 무기나 전술은 구체적으로 알 수 없다. 다만, 최후의 격전지였던 오우미·세타瀨田의 가라하시唐橋 부근에서 종종 출토되는 철촉과 칼 가운데에 이때의 것이 포함되어 있을 가능성이 있다. 전대의 중심은 보병인데, 먼저 서로 활을 쏘고 그 뒤 접근전으로 변해 날이 곧은 긴 칼로 격돌하는 기본적으로 이와이의 전쟁과 같은 유형으로 전투가 전개되었을 것이다. 물론 유력한 귀족들은 괘갑의 계보를 잇는 갑옷을 몸에 걸치고 말에 타고 있었으나, 이외에 오아마 쪽에 붙은 동국의 유력층은 스이코 천왕 때부터 길러온 기마 병력을 이끌고 참전한 것으로 보인다. 그 기동력은 오아마 측이 역동적으로 행군하고 전략을 전개할 수 있게끔 도와주었고, 이것이 오아마가 이 내란에서 승리를 거둔 큰 원인의 하나였다고도 볼 수 있다.

이 내란에서 더 흥미로운 것은 이미 지적한 대로 오아마군과 오토모군과의 사이에 보이는 병력을 징발하는 방법의 차이이다. 오토모군은 내란 직전인 670년에 제작된 경오년적庚午年籍이라는 호적을 바탕으로 한 징병 제도를 처음 운용하는, 이른바 새로운 공적 시스템하에서 징발한 병력이 일정 정도를 차지했던 것 같다. 이에 비해 오아마군은 그를 보고 아군으로 붙은 유력 귀족과 원래 그와 연이 깊었던 귀족들을 통해 각각과 계열관계에 있는 중소 유력자와 무사들을 줄줄이 불러들이는, 이른바 오래된 사적 연줄을 통해 모여든 병력이 대부분이었던 것 같다.

중앙과 지방의 계열관계라는 오래된 관계를 기초로 한 오아마군이 승리를 거둔 것은 아이러니하다. 그러나 이 내란의 결과 중 하나로 정비된 율령적 군대가 실질적으로 어떠한 내실을 가지고 있었는지를 살펴보는 데에 매우 시사하는 바가 크다.

7 │ 율령적 군대의 완성

무기 부장의 종료

백촌강전투, 진신의 내란이라는 두 개의 큰 사건을 축으로 하여 7세기의 무기와 전투의 변화를 살펴보았는데, 고고학 자료가 거의 사용되지 않고 있음을 눈치 챌 수 있을 것이다. 이 시기가 되면, 고분 자체가 점차 축조되지 않게 되고, 축조된다 하더라도 무기나 마구 부장이 쇠퇴해서 당시 전투의 상황을 말해주는 고고학적 자료 자체가 없어지게 된다.

  이 사실에는 어떤 의미가 내포되어 있을까? 근본적인 이유로는 대규모 무덤을 만들고 부장품을 넣는다는 행위 전반이 당시 사회 속에서 줄어들어 갔기 때문일 것이다. 다만, 무기나 마구 부장이 고분 자체나 식기 부장에 앞서 7세기 중반에 급속도록 쇠퇴해가므로 이에 대해서는 역시 특별한 배경을 고려해볼 필요가 있다.

그 하나로서 사회가 각 개인의 무위나 군사적 지위를 무덤 마쓰리에 반영시키지 않는 새로운 문화 단계로 진입한 양상을 상정할 수 있다. 사람들에게 무장의 의미가 종교 세계에서 완전하게 독립해 세속의 일로 간주되었던 것이다. 즉 이것으로 인해 순수하게 체제적·조직적인 군대가 성립되는 전제조건이 갖추어지게 되었다.

진신의 내란을 진압하고 천황의 지위에 오른 오아마[덴무(天武) 천황]는 명실상부한 고대 국가의 맹주로서 권한을 장악하고, 다양한 방면에서 천황 중심의 지배 체제를 정비하기 시작했다. 내란 때 사적인 병력을 동원해 공적 병력을 포함하는 오토모군을 무찌르고 승리한 덴무 천황이었기 때문에 자신 이외의 황족과 귀족들이 사적인 병력을 가질 경우 발생할 위험을 잘 알았음에 틀림없다. 이러한 사정으로 인해 움트기 시작한 것이 고대 율령 국가의 군사 제도인 군단제軍團制이다. 아마 그 구체적인 모습은 지금까지 봐온 왜군의 체제적인 인습에 고대 중국에서 유래한 합리적인 제도를 덧씌워 숨기려는 율령적 군대의 이념이 서로 대항하는 형태였을 것이다. 그리고 그 모습에서 일본열도 안에서 배양된 시스템이 가지는, 쉽게 벗어나기 어려운 군대의 개성이 부각되었을 것이다.

군단제와 그 실상

군단제는 진신의 내란 전후부터 8세기 초에 걸쳐 정비되었다. 호적을 바탕으로 성인 남성을 병사로 징발하고 각지에 설치된 군단으로 조직한 후에 지방과 중앙, 변경의 경비에 임하게 하고, 유사시에는 출정하도록 하는 체제였던 것 같다. 한 군단의 병사 수는 최대 1,000명이고, 중앙에서 임명된 국사의 관할하에 있지만, 실제로 지휘한 것은 '군키軍毅'라고 불리는 무관이다. 이 지휘관은 보통 토착 귀족 가운데서 선발되나, 군단을 경영하는 데에는 그들만의 전통적인 지역적 지배력이 발휘되었다. 징병제를 기반으로 하는 합리적 체계적 군대가 완성된 것처럼 보이지만, 그 내부의 실상은 일본열도 내 각 지방의 전통적인 귀족세력이 떠받치고 있었던 것이다.

병사의 주된 무장은 활과 칼이다. 흥미롭게도 이 무렵의 군사관계 법령인 '군반령軍防令'에 의하면, 무기들은 군단의 각 병사가 스스로 부담하게 되어 있다. 그리고 이전까지의 고분 부장품 등을 보는 한, 이 무기들을 포함한 철기 생산의 대부분을 실질적으로 역시 각지의 유력 귀족이 장악하고 있었던 것으로 보인다. 각지 병사들의 활과 칼은 아마 그곳에서 무언가를 대가로 교환해 공급되었을 것이다. 즉 군단을 지탱하는 무기 생산에서도 율령 정권은 그 대부분을 토착 귀족의 지배력에 의존했다고 생각된다.

이러한 양상의 실태는 이제 더 이상 고고학 자료로 파악하기 어렵지만, 쇼소인正倉院에 보관되어 있던 활과 그 밖의 무기는 대단히 중요한 자료로, 그중에서 가장 주목되는 것이 화살촉이다. 세장한 화살촉을 단 실전용 정시와 크고 편평한 화살촉을 단 의례적인 야시가 있는데, 야시의 화살촉에는 6세기부터 7세기 전반에 걸친 규슈 북부, 세토우치 등의 지방에서 제작되던 것과 거의 같은 형태의 철촉이 확인된다. 이들은 여전히 각 지방에서 생산된 것이라고 봐도 좋다. 쇼소인의 수장품 목록이라고도 할 수 있는《도다이지헌물장東大寺獻物帳》에도 화살 종류의 이름으로 '쓰쿠시노카리마타야筑紫加理麻多箭', '고즈케노와키부카야上野腋深箭'와 같은 지방 이름이 표기되어 있는 점도 철촉이 자유롭게 지방에서 생산되었다는 가능성을 보여주는 자료이다. 그 주도자는 지방의 유력 귀족이었을 것이다.

물론 각 지방에서 만들어진 무기의 일부가 중앙 정부로 헌납되거나 지방 관청에서 만들어지는 경우도 있었다. 그러나 전체적으로 무기 공급이라는 군사적 통제의 근원이 되는 활동에 대해 철저하게 중앙 지배와 관리가 이루어진 흔적은 드물다.

이렇게 4세기 이후 조금씩 형태를 바꿔가면서 명맥을 유지한 왜군의 완성 형태라고도 할 수 있는 군단제의 실태는 병력의 통제, 무기 공급이라는 가장 근본적인 군대의 존립 조건에서 여전히 각 지방 세력의 지배력을 끊어내지 못하며 중앙집권 국가의 군대로 완전히 탈바꿈하지 못한 채 머물러 있었다.

사병의 세계로

군단의 병력이 실제로 이용된 것은 다음 장에서 이야기할 도호쿠 지역으로의 군사 진출 외에 중앙정부 내부의 정권 쟁탈에 따른 충돌 정도일 뿐, 전군이 출동해 외부의 강적과 싸우는 사태는 발생하지 않았다. 지금 살펴보았듯이 집권적인 기반이 원래부터 약하기도 하고 그 확립부터 100년이 채 지나지 않은 791년에 일부 지방을 제외하고 군단제가 폐지된다.

군단제를 대체하며 등장하는 것이 지방에서는 '곤데이健兒' 제도다. 일종의 모병제로 토착 귀족의 자제가 소수정예의 기마병단을 조직하고 지방의 관청 등을 경비하는 형태였던 것 같다. 또한 중앙에는 각지의 군단에서 상경하는 농민 출신의 '에지衛士'와 상경한 지방 귀족의 자제들로 편성된 '효에兵衛'가 있었고, 이 외에 특정 천황·황족과 귀족의 유력자를 보호하기 위한 것으로 보이는 '쥬토토네리授刀舍人' 등 사적인 목적으로 병역을 두는 것이 8세기에 두드러지게 된다. 중앙 황족과 유력 귀족이 관리하는 이 병력에는 각지 귀족의 자제와 유력 농민이 관여했다.

여기에서 널리 퍼져 있던 구도는 중앙의 다양한 세력이 지방 세력을 각각 휘하에 두고, 사적, 계열적인 지배관계의 복합화를 만들어가는 6세기까지의 유형과 그다지 차이가 없다. 지방의 힘을 온전하게 두고 오히려 이에 의존해 이용하는 경향도 6세기까지와 마찬가지이다. 결국 고대 중국의 병제를 견본으로 한 군단제는 중앙과 지방, 사람과 사람의 관계에 있어서 일본열도 독자의 전통적인 구도를 뒤집는 일 없이, 오히려 잠식당해 100년도 채우지 못하고 붕괴되어버렸다. 그리고 그대로의 구도 위에 사적인 병력은 무사단으로 성장해 이후의 역사를 장식해간다.

변질되어가는 전쟁—일본형 군사 원형의 탄생

이번 장에서는 5세기의 문명 개화를 경계로 사람들과 영웅과의 전통적인 관계가 새로운 기풍을 배경으로 한 귀족과 민중과의 관계로 변화된 모습을 살펴보았다. 영웅이 사람들에게 물질적 이해를, 사람들은 영웅에게 위신을 주는 이득 교환의 관계가 크게 변해, 사람들이 영웅에게 물질적 이해를, 영웅이 사람들에게 명예와 지위를 주는 당시까지와는 정반대의 관계가 성립되었다. 그래서 이렇게 변질된 영웅을 여기에서는 더 이상 영웅이라 부르지 않고 귀족이라고 한 것이다.

이러한 역전은 전쟁의 성격 자체가 크게 변하는 것과 연동한다. 지금까지의 전쟁이 부족한 물자나 특정 지역에서는 얻을 수 없는 자원과 물자를 둘러싼 쟁탈을 주된 목적으로 했던 데 반해, 이후에는 부수적인 것이 되어 왜왕과 귀족들이 담당하는 국가 간 정치 역학과 국제사회에서의 위신과 같은 것이 전쟁을 일으키는 큰 원인이 되었다. 거기에는 전쟁이라는 행위 자체가 왜왕과 귀족들의 위신을 세우기 위한 기반으로 연출되었다. 또한 전쟁에 참가하는 권력층의 지배를 받던 유력 농민과 민중들에게 명예와 지위를 부여함으로써, 그들로부터 물질적인 수탈에 대한 대가를 생산하기 위한 장소로의 기능을 전쟁이 갖게 되었다.

이러한 성격을 띤 전쟁에서 합리적인 전술보다도 다양한 의례적 관습과 위의적 측면이 더 발달해간다. 또한 전쟁을 주재하는 왜왕과 귀족, 그 지배하의 지방 귀족과 유력 농민과의 관계를 공고히 하는 장소로서의 색채가 짙었기 때문에 전쟁을 위한 구조도 조직적 합리성보다는 사적 관계가 더 우선시된다.

　이미 영웅의 시대부터 양성되어오던 민족의 정체성과 이러한 일본열도가 가진 독자적인 전쟁 특징이 결합해 일본 특유의 군사적 원형이 형성되어간다. 다음 장에서는 이러한 군사적 원형이 고대부터 중세, 혹은 근대로 이어지던 모습을 살펴보면서 위와 같은 일본열도의 독자적인 전쟁 특징이 형성된 요인에 대해 검토하고자 한다.

6장 국가의 형태, 무력의 형태
— 고대에서 중세로

1   고대 일본의 군사적 특질

전제 제국에 이르지 못했던 고대 일본의 군대

앞 장에서는 고대 국가 사회로의 발자취와 더불어 정돈된 군사 제도의 완성 형태인 군단제 성립을 추적하고 그 실태를 검토했다. 이미 이야기한 바와 같이 군단제는 토착 유력자의 군사적 지방 지배력을 완전하게 단절시킴으로써 성립된 것이 아니라, 그 힘을 남겨두고 오히려 그것에 의지하는 측면조차 엿보인다. 또한 그렇게 함으로써 온전하게 보존한 지방 군사력을 중앙 유력자들이 사적인 병력을 증가하는 데 이용하기 위해 각각 경쟁하려는 움직임이 군단제의 바탕에 흐르고 있었다. 이것은 점차 가속화되었다.

이러한 일본 고대 국가의 군사 체제의 방식을 앞 장의 모두에서 정리한 군사력 배분 패턴의 도식에 맞춰보면 어떨까?

아시아형 전제 국가의 영웅인 고대 중국 제국을 모방한 고대 일본

율령 국가는 천황을 정점으로 하는 중앙 정부에 군사력을 집중시키는 데 목적이 있었음에 틀림없다. 이 유형은 강력한 집권적 군대로 오리엔트 지역을 석권한 최고 전성기의 아시리아나 페르시아와 동일하다.

그러나 고대 일본의 군사 체제는 중앙집권화라는 점에서는 철저하지 못한 부분이 많이 남아 있었다는 사실은 앞서 이야기한 대로이다. 적어도 병력 동원, 무기 공급, 전략 결정, 병사의 배속, 병참兵站 확보 등을 중앙 정부가 일원적으로 통제하는 모습과 기회가 없었고, 만약 그런 기회가 있었다고 하더라도 실현시키기 어려웠을 것이다. 결국 고대 일본의 율령 국가는 전제 제국풍의 집권적 군대를 이념으로 삼았지만, 현실적으로는 미숙했던 집권화로 군사력의 지방 분립이라는 방향성을 억제시키는 데까지 이르지 못했다고 판단된다. 이 점을 고대 일본의 군사 체제가 가진 첫 번째 특질이라고 보고 싶다.

공公적 군사력, 사私적 군사력

고대 일본의 군사 체제에서 보이는 두 번째 특질은 유력자가 사적 군사력을 늘려가는 방향성을 억제시켜 공적 군사력을 충실하게 만드는 힘이 약했다는 점일 것이다.

왕권과 국가가 형성되기 전의 군사력은 원래 사적인 것이다. 그렇다기보다 공적인 것도 사적인 것도 아니다. 사회 대부분의 구성원의 이해를 대표하는 왕권이 생기고 그것이 먼저 종교적으로, 다음에는 법적으로 정당화되어 국가 사회가 성립되면, 사회 전체의 이해와 '정의'의 편에 서서 움직이는 공적 군사력이 탄생한다. 반면, 사회를 구성하는 특정 개인과 집단이 자신들의 이해를 위해 동원하는 군사력을 가지는 경우도 있다. 이것이 사적 군사력이다.

군사력의 공과 사의 문제를 전장에서 살펴본 가신 유형, 징병 유형, 모병·용병 유형, 소외 유형으로 나누고 이 네 가지 분류를 기준으로 생각해보면 어떻게 될까? 우선 사람들이 주인으로 간주하는 유력자와의 사이에 쌓인 인간적 유대를 바탕으로 그들을 따라 싸우는 가신 유형은 그 성격으로 보아 사적 병력을 동원한 방법이다. 이에 비해 징병 유형은 국가 제도에 따라 이루어진 병력 동원이므로 공적 군사력과 결부되는 것이 일반적이다.

이러한 시점에서 지금까지 살펴본 왜군에서 군단제로의 과정을 한 번 더 바라보면, 먼저 왜왕을 두목으로 한 영웅단이었던 4~5세기의 왜군은 가신 유형의 무장 집단이 느슨하게 모인 것이다. 그 후 6세기에 발발했던 이와이의 전쟁을 거쳐 왜왕이 대왕으로서의 지위와 힘을 강화시킨 후에도, 그들이 기치로 내세운 왜군은 이와 비슷했다. 각 지역의 유력 귀족이 거느리던 중소 귀족과 유력 농민을 이끌고 모여드는 가신 유형의 병력 동원을 기반으로 한 것이다.

또 이 무렵부터 대왕과 대귀족 등의 중앙의 여러 세력에 의한 지방의 군사력이 조직화되기 시작했는데, 이는 지방 귀족과 유력 농민 등과의 사이에 각각 지배관계를 맺어 계열화해가는 형태를 취했다. 마치 중앙의 여러 세력이 가신 유형에 따라 군사력을 계열화하고 그 말단에 지방의 여러 병력을 이어, 중앙에서 지방에 미치는 연쇄적인 사적 병력 동원망을 만들어낸 것과 진배없다. 진신의 난에서 오아마가 이 동원망을 최대한 활용해 승리를 거둔 사실은 앞서 이야기한 대로이다.

이와 정면에서 대립되는 이념으로 징병 유형에 의한 공적 병력 동원망을 제도화한 것이 군단제였다고 볼 수 있다. 그러나 4~5세기의 왜군에서 긴 세월 동안 배양되어온 가신 유형의 사적 병력 동원을 바탕으로 하는 군사적 제도가 군단제를 채용하거나 사용하는 일은 없었다. 수도를 경비하는 제도에서도 후지와라藤原씨 등의 유력 귀족이 자신들의 이해를 위해 새로운 병력을 조직하는 등 공적인 군사력을 사적 병력으로 치환시켜가는 움직임이 진행된다.

이상과 같이 고대 일본의 군사력에는 고대 전제 제국을 이념으로 삼으면서도 미숙한 중앙 집권화에 따른 가신 유형이라는 사적 병력 동원의 방식이 뿌리 깊게 남아 있었다. 이 때문에 고대 일본의 군사력은 공적 측면이 대단히 약했다는 큰 특질을 갖고 있다. 먼저 이러한 특징이 중세 이후의 군사 조직과 전투 방식에 어떻게 전해졌는지 살펴보자. 나아가 일본열도 중앙부에서 형태를 갖추어가는 그러한 군사적 특질을 세계사에서 어떻게 위치 지울 수 있는지 살펴보고, 그 요인이 무엇인지에 대해서도 알아보자.

2 무사의 등장

고대 기병에서 무사로

율령 체제가 본래보다 약해지면서 대도를 지닌 보병을 주체로 한 국가의 공적 군사력은 와해되었다. 한편, 기마를 일종의 신분 상징으로 삼아 사적 병력을 형성시킨 일본열도 각지의 귀족 및 유력 농민 출신으로 구성된 무력 집단은 고대 국가 쇠퇴기의 혼란에 편승해 '군당群党'이라 불리는 반역집단이 되거나, 반대로 그들의 습격으로부터 국사國司와 관청을 지키는 '제국병사諸國兵士'가 되어 군사력을 연마했다. 여기서 그들이 드디어 '무사武士'로 성장한다.

현재 역사학계에서는 무사가 수도의 귀족사회에서 생겨났다고 보는 의견이 유력하다. 그러나 나는 고분시대, 특히 6세기 말에서 7세기 초의 동국에서 규슈에 이르는 각 지방에서 이미 기마 무장으로 몸을 에워싼 귀족과 유력 농민이 많았다는 고고학적 사실과 그 군사력이 율령 체제하에서도 온전히 남아 있었다는 점을 무사의 성립을 검토할 때 더 평가해야 한다고 생각한다. 마구는 물론 괘갑에서 파생된 초기 무사가 걸친 오요로이大鎧*, 그들이 허리에 찬 태도太刀의 원형인 긴 칼, 화살촉에 보이는 정시·야시라는 의장의 내용물 등 모두 6세기 고분의 부장품에 무사의 원류가 있다.

이처럼 고분시대의 귀족, 유력 농민의 기마전사상과 헤이안平安시대의 무사상이 의외로 비슷해, 서로 분리시켜 생각하는 편이 더 어렵다. 더구나 무사의 특징인 기마 풍습이 고분시대에 동국을 중심으로 널리 퍼져 있었으나, 당시 동국은 일본열도 내 중심인 수도가 아니었다. 수도냐 지방이냐의 이원론 자체를 재검토하면서 무사의 발생을 고고학의 입장에서 검토할 필요가 있다.

고고학으로 본 무사의 전투

이에 대해서는 나중에 다시 이야기하기로 하고, 여기에서는 헤이안 시대 후반의 초기 무사들의 전투에 주목해보자. 최근에 눈부시게 축적된 연구 성과에 의하면, 이 무렵 무사의 주된 전법은 '기사騎射', 즉 말 위에서 활을 쏘는 것으로 밝혀졌다. 말에 탄 전사들이 일대일로 나와 서로 붙는 것이 기본이었던 것 같다. 물론 태도나 단도를 차고 있지만, 그것들은 기사들이 서로 일대일로 붙는 단계가 끝나고 상대

* 이전 시대에 비해 중세 이후 대형화된 갑옷을 말한다. 몸의 각 부위를 덮도록 만들어졌기 때문에 점점 커진 것으로 보인다.

의 목을 베거나 격투를 벌이거나 어떤 사정으로 말에서 내려 대결하는 등 오로지 이차적 전투에 사용되었던 것 같다. 또는 야습할 때나 도보로 이동하는 무사들이 사용하는 부차적 존재일 뿐, 주역은 어디까지나 궁시였던 것으로 보인다.

원래 이러한 견해는 군기물軍記物 등의 문학작품과 회화를 통해 추측한 것이므로, 거기에 표현된 전투는 많은 사람의 동경의 대상인 이상적 전투였을 가능성을 고려할 필요가 있다. 그러나 그림이나 문학에 표현된 거의 그대로의 모습으로 묻힌 12세기 중반의 무사 무덤이 교토시의 호쥬지인도노法住寺院殿 유적에서 발굴된 것으로 보아, 그들의 이야기가 허풍이 아니었음을 알 수 있다.

이 무덤의 주인은 꽤 상위 계층의 무사로 1183년[쥬에이(寿永) 2년] 미나모토도 요시나카源義仲에 의한 인노고쇼院御所 습격 때의 전사자라고 여겨진다. 목관 흔적에서 검출된 유체는 치아만 남았지만, 오요로이, 활, 화살통에 든 활 다발, 마구(재갈과 안장)가 거의 그대로 출토되었다. 오요로이를 착용하고 궁시를 든 기마 무장을 한 무사이다. 화살은 다수의 정시와 소수의 야시로 이루어져 있는데, 이것도 예로부터 전해지던 것과 같다. 정시의 화살촉은 고분시대의 장경식 철촉을 거의 그대로 이어받은 형태로, 고대를 거쳐 이어진 형태가 크게 변하지 않았음을 알 수 있다. 한편 야시의 화살촉은 마름모 형태의 몸에 구멍[透孔]이 있는 것과 선단부가 두 갈래로 갈라진 '가리마타雁又'라고 불리는 것의 두 종류가 있다. 가리마타의 화살은 군기물들의 전투 장면에 자주 등장하는데, 이를 뒷받침하듯이 이외의 중세 유적에서 종종 출토된다. 현재 가리마타 철촉의 가장 오래된 사례는 5세기로 올

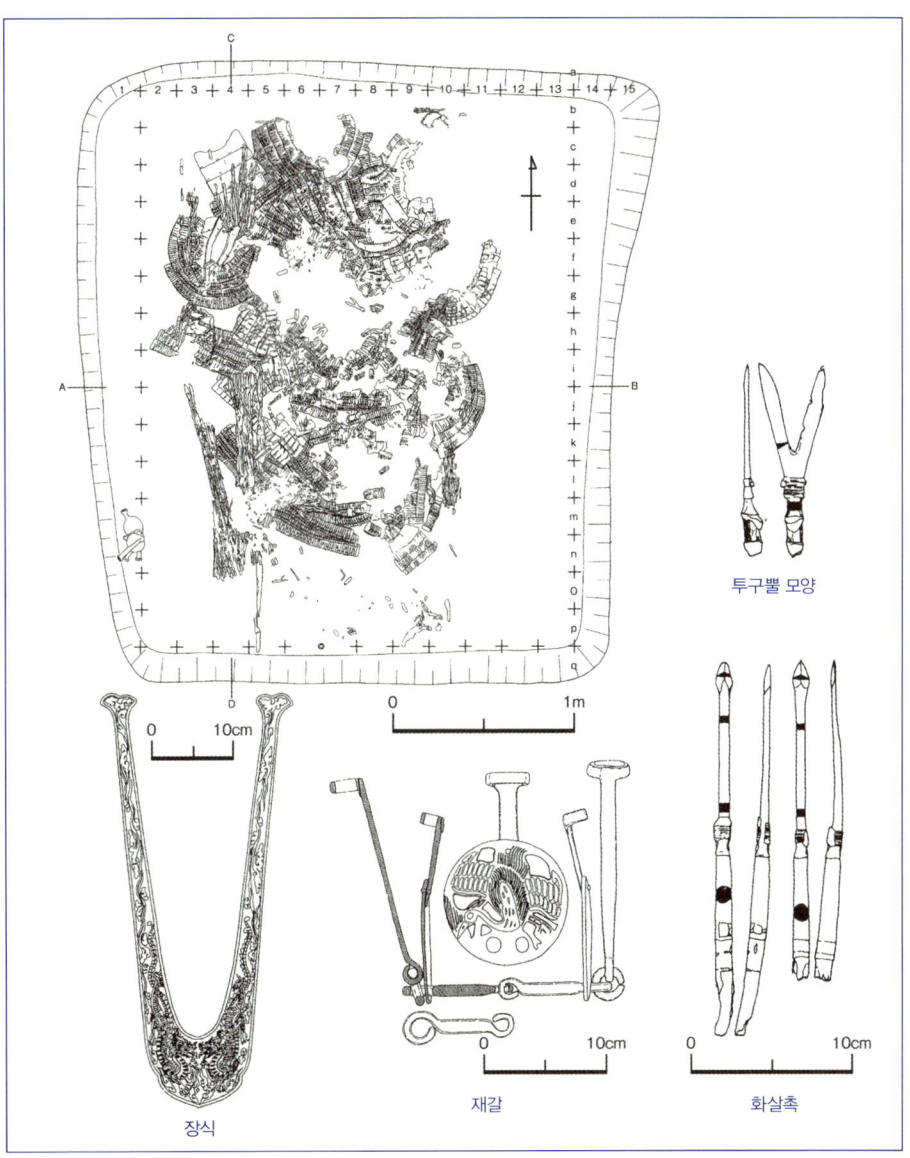

자료 34 호쥬지인도노의 무사(古代学協会, 『法住寺院殿』, 1984; 河野眞知郎, 「中世前期の戦争と考古学」, 『考古学による日本歴史』9, 雄山閣, 2000에서 일부 수정)

라가는데 6~7세기 이후의 것이 더 많이 발견된다.

 이러한 출토 양상을 본다면 헤이안시대 후기에 무사가 벌인 전투는 기사들의 일대일 대결이 기본이었다는 점은 거의 확실하다고 봐도 좋다. 태도나 단도 등을 무기로 하는 도보 전법은 부차적인 것 내지는 기마 무사의 병사들이 주인을 보호하기 위한 것일 뿐, 그것을 전문으로 하는 보병대, 또는 궁대·활 부대와 같은 대열분화를 전제로 한 전술적 집단전이 이 무렵에 거의 없어졌을 가능성이 높다. 말하자면, 개인적 결투가 모여 있는 형태를 벗어나지 않는다는 점이 고대부터 중세에 들어설 무렵의 일본열도 중앙부에서 있었던 전투의 큰 특성이었다고 볼 수 있다.

격투전에서 집단전으로

위와 같은 전투에 변화가 발생하는 최초의 조짐이 확인되는 것은 12세기 말에 벌어진 지쇼治承·쥬에이의 내란, 즉 겐페이源平 합전 때인 것으로 보인다. 중세사를 연구하는 가와이 야스시川合康는 전쟁으로 동원된 사람의 수가 갑자기 증가해 성루나 목책 등의 방어 시설을 이용하던 이 단계의 전투를 집단전 또는 공성전과 같은 성격을 가지고 있었다고 보았다. 또한 기마 무사들이 서로 활을 쏘며 격돌하거나 의식적으로 적의 말에 화살을 쏘는 행위가 통례가 되는 등 지금까지의 이념적 전투상이 이즈음에 무너지기 시작했음을 지적했다. 아마 경향으로 보아 가와이가 말하는 방향으로 진행되었다고 생각된다.

다만, 곤도 요시카즈近藤好和가 말하듯이 무사들 간의 기사전騎射戰에서 민중 병사의 집단전으로 전투의 양상이 본격적으로 변하는 것은 14세기 남북조 내란기였다고 보는 견해가 뿌리 깊다. 또한 고고학 견지에서 보면, 지형 개변과 조성에 따라 본격적인 방어 시설이 보편화되는 것도 이 시기 이후이다. 센다 요시히로千田嘉博에 따르면, 이 무렵부터 15세기 전반에 걸쳐 주로 '기리키시切岸'라고 불리는 인공적으로 만든 급사면에서 방어를 견고히 한 산성과 관청이 등장한다. 게다가 15세기 후반에는 이 급사면[切岸]과 호리키리堀切*를 조성한 전국기의 산성에 가까운 것이 출현한다. 얼마 지나지 않아 평지에 있던 영주의 관사도 평지성으로서 요새화되어간다. 다음의 16세기는 실로 성의 시대라고 할 만한데, 일본열도 중앙부의 주요 교통로는 물론 방방곡곡에 여러 방어 시설이 조성한 다양한 산성과 평성이 축조된다. 이곳들이 격렬한 전투의 무대가 되었음은 말할 필요도 없다.

본격적인 공성전은 기마 무사들의 일대일 대결에 의해서가 아니라, 산 위에 지어진 성을 공격하거나 빼앗는 보병들 간의 전투에 의해 비로소 성립된다. 《태평기太平記》 등의 군기물 분석에서도 이 시대부터 보병 전력의 비중이 높아지고, 상호 집단전이 전투의 귀추를 결정하게 되는 양상을 엿볼 수 있다.

무기에 대해서는 곤도가 흥미로운 지적을 한 바 있다. 무사가 말 위에서 다루는 무기는 당시까지 궁시였으나 이 무렵부터 태도가 주류를 이루고, 반대로 궁시는 오로지 보병이 사용하게 된다고 한다. 이

---

* 땅을 파내서 만든 수로를 말함.

현상을 곤도는 '무기의 하극상'이라고 부른다. 즉 이 무렵을 경계로 하여 궁시는 기마 전사 제일의 무기라는 지위에서 집단 전용의 보병 무기로 전환되어간다.

이 사실은 고고학 자료도 뒷받침하고 있다. 앞서 언급한 호쥬지인 도노 유적에서 출토된 무사의 무덤에 부장되어 있던 화살촉은 고분시대 이래의 단정한 형태를 갖고 있는 정시·야시로 화살통에 수납된 아름다운 것이었다. 그런데 가마쿠라鎌倉시대에 들어오면, '환근丸根'이라는 장경식 철촉의 단면이 둥글어진 것이 많고, 계속해서 전국시대에는 더욱 짧고 거칠게 만들어진 양산품量産品으로 변화되어간다. 이는 화살촉이라는 도구가 무사의 전투에 대한 관념을 체현하는 고귀한 무기에서 오로지 실용을 위한 잡병의 무기로 전환되었음을 반영한다. 그리고 궁시가 무도武道가 되었던 에도시대에는 중세 이전의 모습을 간직하고 있는 복고형의 화살촉이 다시 두드러지게 된다.

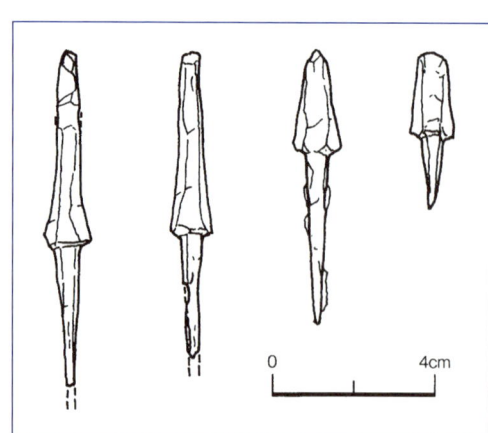

자료 35 둥근 뿌리[丸根] 철촉. 후쿠이현 이치죠다니아사쿠라시 一乘谷朝倉氏 관館 터에서 출토(福井県教育委員会朝倉氏遺跡調査研究所編,《特別史跡 一谷朝倉氏遺跡 XII 昭和55年度整備事業概報》, 1981)

집단전 성립의 배경

이상과 같이 전쟁의 유형은 남북조 내란기를 경계로 해서 기마 무사에 의한 격투 집합이라는 형태에서 다수의 보병 부대 간의 공성전을 포함한 집단전이라는 방향으로 크게 변질된 것으로 보인다.

이 변질에는 13세기 후반의 겐코元寇* 때, 화기를 섞은 집단 전술을 취하는 몽골군과 교전한 경험도 하나의 요인으로 영향을 미쳤을지도 모른다. 그러나 더 근본적으로는 남북조 내란**과 오닌応仁의 난***을 거치는 과정에서 정치 통합 질서가 약해져, 각지 세력에서 정치적 할거가 진행되어 항쟁이 일상적으로 벌어지게 된 것이 가장 큰 이유이다. 더욱 구체적으로 말하자면, 상품 유통 발달 등 경제 구조의 변화가 각 지방 세력의 자립화나 신흥 세력의 대두를 이끌고, 그들 상호 간의 경쟁을 조장해 당시의 전투를 더욱 대규모로 만들었다. 그 결과, 민중을 포함하는 막대한 수의 병사가 동원될 필요가 있었던 것으로 보인다. 남북조기에 군사적인 변질을 초래한 것은 기본적으로 이러한 일본열도 내부에 형성된 사회적 요인 때문이었다고 보인다.

그 후의 전국합전에 병사로 참가하던 다수의 민중이 반드시 영주의 강제에 의해 전장으로 불려나간 것이 아니라, 전투에 따른 약탈이

- •   가마쿠라시대 중기 1274년과 1281년 두 번에 걸쳐 몽골(원)이 일본을 침공한 때를 일컬음.
- ••   무로마치(室町)시대 전반기에 두 명의 천황을 내세워 북조와 남조가 대립하던 시기를 말함.
- ••• 무로마치시대인 1467년부터 1477년까지 쇼군의 후계 자리를 둘러싸고 벌어진 내란으로 전국시대가 시작되는 계기가 되었음.

나 전리품 획득을 목적으로 반쯤 자발적으로 모인 측면도 있었다는 사실을 중세사를 연구한 후지키 히사시藤木久志가 밝혀내었다. 그렇다면 전쟁에 참가하는 대가로 지배자가 민중에게 물질적 이득을 가져다준다는 의미에서 전국합전은 5세기 이전의 영웅시대 전쟁으로 회귀한 것 같은 성격을 가졌다고 할 수 있다. 사람들이 반드시 강제에 의해서만 전장에 동원되는 것이 아니라는 측면을 밝힌 후지키의 견해는 전쟁의 본질을 생각하는 데 의의가 깊다.

3

일본열도의 군사 혁명과 사회 변화

제1차 군사혁명─기마의 수용

앞서 고대 이후의 중세, 전국시대에 이르는 무기와 전술의 흐름을 살펴보았다. 이것을 이미 검토한 고분시대까지의 흐름에서 연장선상에 놓고서 일본열도 중앙부의 무기와 전쟁의 역사를 그려보자. 그 관점에서는 무기나 전술에서 특히 큰 변화가 발생했을 때를 큰 전환점으로 보며, 특히 중요하게 생각한다. 그리고 이 획기적인 시기의 사회적 배경이나 의미를 생각해봄으로써 무기나 전쟁의 변화가 사회 전체의 역사적 전개와 어떻게 관련되어왔는지를 밝혀보고자 한다.

앞 장에서 살펴봤던 것처럼 야요이시대에서 고분시대에 들어설 무렵의 전투 유형은 궁시를 매고 그 후에 단검을 휘두르며 격투를 벌이는 것이었다. 이 전술과 무장의 내용이 한반도 세력과의 교류나 교전을 거쳐 변한 것이 4~5세기의 일이다. 기마 전술과 그곳에서 생겨난 긴 자루의 창을 이용하는 한반도 전사들에게 대항하기 위해 같은 긴 자루의 창 전사단을 탄생시키고, 대도 생산을 궤도에 올려 갑주의 양산 체제를 확립해서 화살촉을 개량하고 마구를 도입한다는 눈이 휘둥그레질 정도의 혁신은 일본열도 중앙부에서 이루어진 최초의 전환점, 즉 제1차 군사혁명이라고 불러도 과언이 아닐 것이다.

다만 그것은 한반도의 기마 전술에 자극받아 이루어진 군비 개량이었음이 확실해 보이는데, 그 내실은 단갑과 대도 생산에 중점이 맞춰져 있어, 기병보다도 오히려 예로부터의 중장보병전단을 증강시키려는 방향성을 띠고 있었다는 점은 앞서 살펴본 대로이다. 마구도 실전용이 아니라, 유력한 귀족층의 멋을 부린 복식 문화로 받아들여진 측면이 강했다. 일본열도 내에서 보이는 마구의 장식성, 즉 낮은 실용성은 동아시아에서도 눈에 띠었다. 고고학 자료로 보자면, 전장에서 유효하게 사용할 정도로 실용적 마구가 갖추어진 것은 한반도 세력과 실제로 대치할 기회가 격감한 6세기 말부터 7세기 초에 간신히 이루어졌다. 오로지 적지에서 한반도 세력과 격돌했기 때문에, 일본열도까지 공격해 들어오는 기마 전단에 유린당할 위기감을 거의 느끼지 못했을 것이다.

율령 체제가 확립되어 군단제가 확립되어도 공적인 군사력으로서 일반 사람들로부터 징발된 병사는 모두 대도를 보유한 보병이지 기병이 아니다. 당시 기사가 될 수 있었던 것은 6세기 이전부터 대왕과 중앙 대귀족과 계속 연결되며 토착 지배력을 보유하고 있던 각지 귀족과 그 가신이 된 유력 농민들이었다. 그들은 지방에서는 군단의 실질적 지휘권을 가지고, 군단이 폐지된 후에도 곤데이 등의 관리직을 장악하며 무장을 갖추고 있었다. 또한 각지 귀족의 자제들은 수도에서도 쥬토토네리와 효에의 무인으로 세워져 천황이나 후지와라씨 등의 지배 세력이 거느리던 무력 집단으로서 실력을 쌓고 있었다.

위와 같이 4~5세기에 보이는 일본열도 최초의 군사혁명은 기병의 형성이라는 방향성을 가지는 것이긴 했다. 그러나 그것은 국가의 공적인 군사력으로서 거의 성장하지 못하고, 오히려 일부 유력자가 위엄을 갖추고 신분을 견고히 해가는 데 도움을 주는 의미가 컸던 것 같다. 말에 탄다는 행위 자체가 우러러보는 사람들에게 위엄에 가득 찬 모습으로 보이는 것은, 인간에게 공통된 인지상 특성이다. 그러한 의미로 인류사회에서는 기마 풍습 자체가 신분 형성이라는 현상과 본원적이면서도 보편적으로 관련되어 있다고 할 수 있다. 다만, 기마가 바다 저편의 선진 문화라는 특별한 의미를 갖고 있던 일본열도에서는 그러한 성격이 다른 어느 곳보다도 한층 더 강했을 것이다.

이처럼 4~5세기에 시작된 제1차 군사혁명, 즉 기병 전술의 수용은 국가적 군사력을 강화하기보다 일종의 신분 상징으로서 각지 유력자의 군사적 신분 형성으로 이어지고, 게다가 거기에서 탄생한 기마 모습의 전사 귀족상이 다가올 시대의 지배자가 되는 무사의 원형이 되었다. 대략적으로 살펴보자면, 제1차 군사혁명이 장기적으로 초래한 것은 표면상으로 구축된 고대 율령 국가의 체제가 아니라, 그 지반에 깊게 뿌리 내리고 다음 시대를 향한 율령적 틀을 내측에서부터 파괴하고 있던 각지 유력자의 지역 지배를 바탕으로 하는 봉건적 구조였다고 볼 수 있다.

제2차 군사혁명 — 전국戰國 집단전의 성립

14세기 일본열도에서 벌어진 제2차 군사혁명은 집단전으로의 전환이다. 중세에 들어와 사회와 경제의 급격한 변화 속에서, 무사상의 원형 위에 만들어진 기마와 궁시의 격투라는 새로운 전쟁의 유형이 민중 병사를 대량으로 동원하는 집단전으로 전환된 것이다.

일본열도 중앙부에서의 두 번째 군사혁명은 이처럼 무장과 전술 내용을 바꿨을 뿐만 아니라, 당시의 지배 체제 형성과 중요한 관련성을 가졌다고 할 수 있다. 그러나 기본 틀에 반하는 전혀 새로운 가치 체계를 초래하는 등 그때까지의 시스템을 파괴하고 새로운 군사 질서와 지배 조직을 만드는 방향으로는 움직이지 않았다. 오히려 형성되던 질서와 체제를 뒷받침하는 방향으로 작용한 측면이 강했던 것으로 보인다.

이는 나중에 살펴보듯이 일본열도가 바다로 둘러싸여 외적으로부터 보호받고 있던 것과 관계가 깊을 것이다. 즉 일본열도 중앙부의 군사혁명은 세계 대부분의 지역처럼 밖으로부터의 강제와 전파가 매우 적었다. 구체적으로 말하면, 제2차 군사혁명과 같이 사회 내부에서 탄생될 필요성이 있었거나, 제1차 군사혁명과 같이 외부에서 들어온 것이라도 일본열도 내 사람들이 자발적으로 선택한 것이기도 하기 때문에 기존의 틀을 대폭적으로 바꾸는 힘과 방향성을 가지지 않았다고 이해된다. 일본열도의 무장과 전술 변화가 세계 여러 지역과 비교해 꽤 완만하고 연속적인 과정으로 보이는 것은 그 때문이다.

한편, 추가로 제3차 군사혁명을 상정한다면, 유럽 제국의 제도를 본떠 서양풍의 무장과 군대 조직을 도입하기 시작한 에도시대 막부 말부터 메이지시대 초기가 여기에 해당한다. 다만 이에 대해서는 고고학 분야에서 말하기는 어렵다.

4 일 본 의 군사적 특질

장식 무기의 계보

일본열도 중앙부에서 전개된 전쟁에서 보이는 두 개의 획기적 변화 과정을 살펴보았다. 그러면 이러한 일본열도의 전쟁과 역사적 전개 방식은 세계사적으로 어떤 특징을 가지고 있을까? 지금부터는 무기와 전략이라는 두 가지 측면에서 살펴보고자 한다.

먼저 일본열도 중앙부에서 발굴된 무기의 특성이다. 일반적으로 무기에는 높은 살상력을 바탕으로 하는 기능성이 추구되는 특성과, 화려하게 장식되어 위엄과 주술성이 강조되는 특성이 있다. 일본열도 내에서 발굴된 무기에는 이 두 가지 성격이 하나의 무기에 모두 나타나는 경우가 많다. 또한 잘 연마된 기능성을 가지는 무기에서 강한 주술성이 확인되거나, 무기의 위의적인 장식 부분에서 적을 무찌르는 힘이 있다고 믿는 것은 매우 흔한 일이다. 따라서 이 무기를 실용이나 위의용 등으로 확실히 분리하는 것은 어떤 의미로는 이치에 맞지 않는다.

다만 무기와 방어 시설 등 전쟁과 관계된 물질 문화에 높은 실용성이 강하게 요구되는 시대나 사회, 혹은 이런 것들을 화려하게 장식하는 것이 선호되는 시대나 사회가 존재했던 것은 사실이다. 일본열도 중앙부의 경우, 야요이시대 후반의 무기형 청동제 제기, 3~4세기의 장식 화살, 6세기의 마구와 장식 대도, 7세기의 산성, 고대 말기부터 중세의 화려한 오요로이와 투구, 전국시대 말기에서 에도시대 초기의 성곽 건축 등 실용성보다도 장식성이 중요시되던 전쟁과 관계된 유물이 많다.

물론 장식 무기와 성곽은 세계 어디에서도 볼 수 있다. 그러나 고분시대 이후의 일본열도 중앙부에서 실전용 무기가 발달하는 것은 4~5세기의 단갑과 철촉 혁신기, 6세기 말부터 7세기 초에 걸친 실용 마구 보급기, 14~16세기의 산성과 집단전 무기의 발달기 정도로, 매우 한정되어 있다. 일본열도에서는 무기가 그 기능성을 향상시키는 방향으로 발달하는 기간보다 그것이 정체된 기간이 더 길었으며, 그 기간 동안 무기는 화려한 장식성을 군더더기처럼 덧붙여나갔다.

변화가 미약한 실용 무기

이렇게 차례차례 출현하는 장식 무기와 성의 근저에는 비교적 단조로운 실전용 무기의 흐름이 보인다. 일본열도 중앙부에서 사용되던 무기의 기본형이 확립되어가던 4~5세기 이후, 궁시와 칼을 기본으로 하고 지배층이 말에 올라탄다는 유형은 일본열도의 전국시대까지 변함없었다.

전국시대 후반인 16세기에 들어서 철포鐵砲가 출현하자, 그것을 다루는 철포대 외에 활 부대, 창 부대, 기마 부대 등 전문적으로 분화된 전대가 목표에 따라 배치되어 움직이는 조직적 집단 전술이 어느 정도 성숙했던 것 같다. 그러나 궁시와 대도를 가진 높은 지위의 기마전사 뒤를 대도, 궁시 등을 손에 쥔 도보하는 가신들이 따르는 집단이 하나의 전투 단위가 되는 전장의 구도는, 무기 부장을 통해 그 모습을 복원할 수 있는 고분시대부터 앞서 서술한 것과 같은 집단 전술이 나타나는 남북조기 무렵까지 거의 근본적으로 변화가 없다.

이러한 상황은 이민족과의 전투를 기회 삼아 점차 새로운 무기와 전투 조직을 만들어낸 알렉산드로스 대왕의 마케도니아나 로마 제국과 대조적이다. 다양한 민족이 등장한 이후 여러 가지 창의적인 새로운 군사력을 구사하며 국가를 세웠던 유럽, 중앙아시아, 고대 중국 등의 대륙 상황과 비교해보아도 일본열도 중앙부의 실용 무기와 전술적 흐름은 단순하고 변화가 드물다. 어디로부터도 영향을 그다지 받지 않는 대신 어디에도 영향을 주지 않는 고립성이 있는 것 같다.

위와 같은 특성은 외적과 이민족과의 군사적 충돌을 거의 경험하지 못했다고 하는 역사적 사정에 기인할 것이다. 무기의 변혁은 미지의 적과 마주하고 그들이 가지고 있던 미지의 무기나 전술을 전장에서 자신의 것과 비교하고, 그로부터 도출된 결과를 나름대로 자신들의 무기나 전술에 활용해가면서 합리적으로 이루어진다. 반대로 외적이나 이민족과 전장에서 대치하는 경우가 드문 사회에서는 하나의 무기나 전술 체계를 유지하는 강고한 보수성이 나타나기 쉽다. 즉 일본열도와 같은 사회에서는 전술적 합리성보다도 그때까지 양성되던 전사에 대한 관념에 얼마나 부응한 무기인가라는 관념적 가치 판단에 의해 다음 무기나 전술이 선택되어가는 경향이 강했던 것으로 보인다.

그 실제 예 중 하나가 쇠뇌이다. 앞에서도 이야기했듯이 쇠뇌는 발사대와 방아쇠가 달린 강력한 활로, 야요이시대 말경에 고대 중국에서 일본열도로 들어온 흔적이 있다. 그 후 일본열도에서는 오랫동안 맥이 끊어졌다가 8세기에 율령으로 군제가 정비되는 과정에서 상비해둘 만큼의 무기로 각지에 배치되었다는 사실이 문헌에 나온다. 9세기에도 이용된 기록이 있다. 사실 에조 정벌 거점이었던 미야기宮城현 쓰키다테쵸築館町*의 이지죠伊治城 유적에서는 쇠뇌의 방아쇠 장식이 1999년에 발견되어 수수께끼로 가득찼던 일본 고대의 쇠뇌 실태에 다가서는 재료를 제공했다.

그러나 그 후, 쇠뇌에 대한 유물도 기록도 일본열도에서 자취를 감춘다. 무사가 주도한 10세기부터 중세까지의 전투에서는 쇠뇌가 전혀 사용되지 않았다고 봐도 좋다. 기술적 문제도 있었겠지만, 무사의 전투 관념에 부응하지 못했다고 보는 편이 가장 큰 이유일 것이다.

• 2005년 합병되어 구리하라(栗原)시로 변경됨.

성이 없는 고분시대

공격과 방어의 균형이라는 큰 전략적 관점에서 바라봤을 때 눈을 끄는 것이 있다. 일본열도에서는 방어 시설이 그다지 발달하지 않았다는 사실이다. 먼저 고분시대에는 앞에서 봤던 것처럼 한반도의 여러 세력과 교전할 기회가 증가하면서 한반도로부터 전해진 화살촉이나 갑주 등 무기의 형태나 제작 기술에서 지속적인 영향을 받았다. 그 결과 공격용 무기는 크게 변화하고 있었다. 당시의 한반도에서는 이미 산성을 둘러싼 공방전이 벌어지고 있었고, 그곳에서 용병으로 군사적 활동을 하던 왜인이 그 전투에 참가했다는 사실은 《일본서기》 등을 통해 알 수 있다. 산성이나 공성전에 대한 지식을 왜인이 가지고 있었던 것은 거의 확실하다. 그럼에도 불구하고 고분시대에 일본열도 안에서는 산성이 축조되지 않는다.

그 이유는 어쩌면 고분시대 일본열도 안에서 산성을 필요로 하는 본격적인 전투가 이루어지지 않았거나, 그런 전투가 예측되지 못했기 때문일 것이다. 즉 당시의 일본열도는 한반도처럼 서로 공격하는 나라들과 정치 세력이 땅을 나누어 차지하고 자신들의 영역을 지키려는 상태가 아니었을 가능성이 높다. 이는 뒤에서 이야기하겠지만 일찍부터 양성된 관념적 통합을 바탕으로 일본열도 각지의 세력이 왜왕을 내세워 거의 통합되어가고 있었음을 말해준다. 또한 그것은 영역을 위협하는 외적이 존재하지 않았으며, 상정도 되지 않았음을 의미하는 것이기도 할 것이다.

고분시대에는 '수장거관' 또는 '호족거관'이라고 불리는, 주위를 해자와 성벽으로 두른 유력자의 저택지가 있다. 이것을 고분시대의 방어 시설로 보고자 하는 움직임도 있으나, 대부분이 소규모이고 산성에 비해 방어력도 매우 약하며 개방적인 평지에 축조되어 있는 경우가 많다. 이들은 오히려 남북조기 이후에 보이는, 영주가 일상생활을 보내는 장소로서의 거관과 유사하다.

인간을 방패로 삼다

결국 고분시대부터 고대 국가의 확립기에 걸친 방어 시설이라고 하면, 백촌강전투의 패전 직후인 7세기 후반에 나당연합군에 의한 침략의 위기에 대비해 축조된 산성 외에는 없다. 그것조차도 실효적인 방어의 기능보다도 방어 자세를 시각적으로 안팎으로 보이기 위한 관념적 권위를 과시하는 방향으로 치우쳐 있었던 점은 이미 살펴본 대로이다.

그로부터 얼마 지나지 않아, 고대 천황제의 정치 지배를 실현하는 도성이 출현한다. 그 견본이 된 고대 중국의 도성은 성 주위가 크고 높은 성벽이 둘러져 있으며, 성에 어울리는 축조 형태를 보여준다. 한반도의 여러 국가의 왕도도 마찬가지다. 그러나 후지와라쿄藤原京, 헤이죠쿄平城京, 헤이안쿄平安京와 같은 일본 도성에는 성벽이 없고, 그것보다도 훨씬 연약한 토벽이 둘러져 있는 정도에 지나지 않는다.

동일한 것이 에조를 물리치기 위해 축조한 도호쿠의 성책에도 보인다. 8세기에 진쥬후鎭守府(정부군의 거점)가 설치된 미야기현의 다가

죠多賀城 등의 발굴 성과를 보면 이들은 역시 토벽을 둘러쌓은 성이라기보다 정부 관청으로서의 색채가 짙은 시설이었던 것 같다. 중국의 제국이 북방 기마민족의 침입에 대비해 축조한 장성이나 로마 제국이 브리타니아(그레이트브리튼 섬)를 공략할 때 축조한 '하드리아누스 성벽'과 같은 외적에 대비한 맹렬한 군사 시설이 일본열도에는 거의 확인되지 않는다.

일본열도의 도성에 성벽이 없는 것은 그것을 위협하는 외적이 없었기 때문이라는 것이 통설이다. 기능적인 해석으로는 그걸로 족할 것이다. 다만, 종종 에조의 습격을 받아 피해를 입은 도호쿠의 성책이 결국 본격적인 방어 시설로 확립되지 못했던 사실 등은 그것만으로 설명할 수 없다.

나라奈良시대에서 헤이안시대 초기의 군사적 투자는 헤이죠쿄나 헤이안쿄에 성벽을 두르거나 하카타완 만 주변을 더욱 실전적으로 요새화시키는 등 시설면에서의 충실을 기하기보다 동국의 민중을 사키모리防人•로서 어마어마하게 동원하는 등의 인적 자원 투입에 크게 치우쳐 있었다. 도호쿠로의 군사 진출도 시설보다는 병사 파견이 중심이다. 이처럼 물질보다도 먼저 사람을 투입하는 것이 일본 고대 국가의 국방 사상에서 하나의 큰 기둥을 이루고 있다고 할 수 있다. 이러한 사상을 가진 문화에서 전투는 스스로 물질적 합리성보다도 인격적 정신성이 중요시된다. 이미 이 시기《만엽집万葉集》에 이른바, 사키모리우타防人歌에 "오키미(천황)의 명령을 따라大君の命恐み", "오키미

- 간토 지역에서 파견된 요지를 수비하던 병사들을 일컬음.

의 천한 방패가 되어大君の醜の御楯"와 같은 어구가 나오는 것은 천황 숭배를 중심으로 한 정신주의가 당시 병사들의 마음에 스며들었음을 반영하는 것으로 주목된다.

외적의 부재라는 역사적 조건이 실전적인 방어 시설에 비용을 투입하는 합리적·물질적인 군사 발전 과정을 등한시하도록 만들고, 그 결과 본래는 그곳에 억제되어 있어야 하는 정신적·인적 요소가 표면화되어 팽창한 모습이 일본 고대 국가의 군사적 특질이라고 할 수 있다.

정치적 할거와 중세의 성

일본열도 중앙부에서 실용적인 방어 시설이 야요이시대 이래의 긴 공백을 뒤로하고 다시 등장하는 것은 앞서 보았듯이 14세기 남북조 내란기의 일이다.

이 시기부터 16세기에 걸친 성의 출현과 발달은 남북조 동란과 오닌의 난 등을 발판삼아 지방의 유력자가 영주로서 자립성을 굳히고, 서로 투쟁하게 되는 과정과 합치된다. 즉 이 시대를 특징지우는 성이라는 실용적 방어 시설의 발달은 중앙의 정치 통합 질서가 현저하게 약해지고, 각지의 세력이 정치적·사회적으로 할거하게 된 것이 직접적인 배경이라고 할 수 있다. 이러한 현상을 단순화시킨 것일지도 모르지만, 방어 시설을 확실하게 눈에 띄게 만든 것은 일본열도 전체를 위협하는 외적이 등장했기 때문이 아니라 일본열도 내의 각 세력이 서로에게 '외적화' 되어간 상황이라고 이해할 수 있을 것이다.

16세기 말부터 17세기에 들어설 무렵, 쇼쿠호織豊* 정권을 거쳐 에도 막부가 성립되고, 새로운 정치 질서가 만들어졌다. 그와 더불어 무수한 모습을 갖추고 있던 성은 영주가 거주하는 거점인 만큼 도태되어 영주의 거주나 통치 기능을 포함한 유형으로 더 견고해진다. 또한 그러한 기능이 더욱 중시된 결과, 낮은 구릉 위나 평야부에 입지하는 평산성이나 평성이 늘어난다. 그렇게 해서 정치적 할거시대가 막을 내림과 더불어 실전적인 방어 시설은 다시 그 성격이 약화되어, 그 수도 줄어들었다. 남은 성은 천수天守**의 출현으로 보아 알 수 있듯이, 토목·건축 기술의 틀을 모은 미와 권력의 상징으로서 기능성보다도 시각적 성격을 강화시켜 오늘날에 이르고 있다.

이상으로 보면, 일본열도 밖에서의 적의 침입을 막는 실전적 기능을 가진 시설은 본격적인 전투가 시작된 야요이시대 이래로 일본열도 중앙부에서는 거의 발달하지 않았던 것으로 보인다. 13세기의 겐코 시절에 축조된 하카타완 만의 망루와 19세기에 북방으로부터의 침공에 대비해 막부가 설치한 홋카이도 하코다테函館시의 고료카쿠五稜郭 등의 요새를 예로 들 수 있을 뿐이다. 이것은 실전적 대외 방위를 조직해 운영할 수 있는 합리적 국토 방위 사상과 노하우도 역사적으로 거의 자라나지 못했을 가능성을 암시하고 있다고 봐도 좋을 것이다.

- • 1568년부터 에도 막부가 성립하는 1603년까지 오다 노부나가(織田信長)와 도요토미 히데요시(豊臣秀吉)가 정권을 잡은 시기를 말함.
- •• 성 중앙부에 3층 내지 5층으로 높이 쌓은 망루를 말함.

5

정복 전쟁 결여와 외적 부재가 만든 통일

섬나라라는 지역적 조건

지금까지 일본열도의 큰 군사적 특질로서 가장 먼저 실용적 무기나 전술이 좀처럼 합리적으로 혁신되지 못하고, 보수적 정신성이 다른 지역 이상으로 길게 남는 경향이 있음을 지적했다. 그 다음으로는 방어 시설의 발달이 저조한 대신, 인적 자원의 투입과 그와 관련된 정신주의의 발로가 비교적 잘 드러난다고 이야기했다. 그리고 이러한 특징의 근본적 원인으로서 적과 이민족과의 군사적 접촉이 적었기 때문일 가능성을 이미 몇 번이나 언급했다.

그것은 섬나라라는 일본의 지역적 특징 때문이다. 너무나 당연한 진부한 국가의 운명론에 도달하게 될 수밖에 없다. 그러나 진부하기 때문에 사고가 정지되어, 심각하게 고려해야 할 것이 방치되는 중요한 논점이 몇 개나 된다. 일본이 섬나라라는 것은 지정학적 사실이다.

그렇기 때문에 지정학적 조건이 일본열도의 역사나 국가 형성에 구체적으로 어떤 영향을 미치고, 개성을 어떻게 발휘하게 만드는지를 객관적으로 분석하는 것은 편협하고 정서적인 민족주의와 완고하고 교조적인 발전사관을 극복하는 밑바탕이 된다.

진부한 운명론으로서 일본의 섬나라 사관과 교조적 발전사론에 대하여, 아미노 요시히코網野善彦는 사람과 사람, 지역과 지역을 이어주는 매개체로서 바다의 역할을 크게 평가했다. 그리고 결코 주위로부터 고립되지 않은 동아시아 각지로 열린 다양한 일본열도의 모습을 그려내었다.

그러나 바다는 육지와 다르다. 인간의 삶을 허락하지 않는 바다는 종종 생명을 삼켜버리는 지옥이다. 그것을 길로 이용하는 데에는 특별한 기술 체계와 그에 상응하는 비용, 그리고 사람의 용기를 필요로 한다. 책상 위의 지도로 보면 작은 내해라도 실제로 해안에 서면 망망대해가 펼쳐진다. 저편의 세계와 이쪽 세계를 의식적으로 구별하는 것은 자연스런 일이다. 여담이지만, 시코쿠에서 태어나 야구를 좋아하는 나는 고교야구를 관전할 때, 고향인 에히메愛媛팀을 응원하는 열의와 같은 정도로 시코쿠의 다른 세 현의 팀을 응원한다. 규슈의 야구팬도 마찬가지라고 이야기하는데, 지금 내가 살고 있는 주코쿠 지방의 사람들은 그러한 생각이 강하지 않은 것 같다. 세토나이카이 해나 간몬關門 해협과 같은 손바닥만 한 바다조차도 둘러싸인 사람들에게 같은 세계 속에서 살고 있다는 동질 의식을 이끌어낸다.

일본열도의 사람들은 조몬시대 이후, 한반도와 연해주의 사람들과 교류해왔다. 그러나 일본열도 안 사람들 간의 육로를 통한 상호 교류는 그것보다 훨씬 빈번하고 깊게 이루어졌을 것이다. 그러한 내외 교류를 통해 지리적 지식을 양성하고, 같은 육지에 사는 사람들과 바다 저편의 사람들을 구별하는 의식이 생겨났음에 틀림없다.

야요이시대가 되면 서기전 4세기부터 서기전 3세기에 이르러 온가가와遠賀川계 토기와 대륙계 석기, 서기전 1세기의 요선문凹線文 토기와 초기 철기처럼 규슈에서 주부, 때로는 간토까지 거의 동일한 생활 도구 세트가 공유되는 때가 있다. 서기 2세기 후반부터 3세기에 들어설 무렵에는 규슈에서 간토까지 간단한 목관과 석관 안에 유해를 위로 향해 안치하고, 종종 철기나 옥을 부장하는 동일한 방식의 장의가 널리 퍼지고, 바로 이 확산 범위에 전방후원분과 전방후방분이 만들어진다. 동시에 거의 이 범위에 후루식布留式 토기라고 하는 지금까지 이상으로 제일성을 띤 취사 도구와 식기 세트가 공유된다.

게다가 5세기에는 스에키가 출현하는데, 그 형태는 스에키 토기가 퍼진 규슈에서 도호쿠 남부까지 거의 동일하다고 봐도 좋다. 한반도 각지의 스에키와는 명료하게 구분된다. 난세이제도나 도호쿠 북부·홋카이도에는 다른 세계가 출현했음을 놓칠 수 없는데, 한반도나 연해주로부터 바다로 격리된 일본열도 중앙부의 넓은 범위에 독자적으로 같은 식기를 사용하고, 다른 무덤을 만드는 사람들의 집단이 형성되어 있었다는 사실이 중요하다.

6세기에 들어 고대 율령 국가로의 직접적 전환, 즉 중앙의 여러 세력이 지방의 여러 세력을 제도적으로 억눌러 따르게 하는 과정에 앞서, 이미 양자 사이에 마쓰리와 장례방식부터 취사구나 식기 형태에 이르기까지 공통성이 형성되었음을 충분히 평가해야 한다.

섬나라이기 때문에 나타나는 분열성

섬나라여서 나타나는 분열성이란 다음과 같다. 아시리아, 페르시아 등의 고대 전제 국가, 마케도니아, 로마, 수, 당, 사라센, 몽골, 잉카 등의 제국은 사회 조직과 관습, 종교 등이 전혀 다른 사람과 집단, 즉 이민족을 힘으로 억압해 성립된다. 어떤 군세나 전술에도 대응할 수 있는 규모와 합리성을 갖춰 준비한 집권적 군사력은 바로 이를 위해 필요하다.

더구나 이민족의 자립성을 어느 정도 인정하든 억압하든 이민족에 대한 지배를 영속화시키기 위해서는 역시 집권적 군사력이 없어선 안 된다. 이 경우 여러 사회 조직과 통합 스타일을 가지는 사람들이나 집단을 지배 질서로 끌어들이기 위한 확고한 지방 제도가 그대로 집권적 군대에 병력을 공급하는 제도로 이어지고, 그곳에서는 징병이나 용병이라는 공적인 성격이 강한 군사력이 생산된다.

이처럼 진짜 집권적인 군사력과 그에 따른 정치지배는 사회나 종교가 다른 이민족과 외지를 정복하는 행위를 발판 삼아 성립한다. 그렇다면 일본열도는 어떠할까? 지금까지 살펴본 것처럼, 중앙이 지방을 지배해가는 과정이 본격화되기 전에 일본열도 중앙부 각지의 사람들과 집단은 이미 생활양식에서 종교에 이르는 넓은 범위에 걸쳐 일체성을 공유하고 있었다. 그 의미로, 정복해야 할 이민족이나 외지가 존재하지 않았다고 할 수 있다.

일본열도에 국토 통일전쟁은 없었다

구체적인 문제를 하나 들어보자. 일본열도에 진짜 '국토 통일전쟁'이나 '정복전쟁'이 있었는지의 여부는 중요한 문제이다. 무력에 의한 국토 통일전쟁 또는 정복전쟁이라고 하는 것은 국가 형성으로 나아가는 중요한 과정으로 여겨졌음에도 불구하고, 최근의 고고학 성과를 바탕으로 검토해본 결과, 일본열도에서 거의 존재하지 않았을 가능성이 높다. 야요이시대 말기의 왜국난도 전면 전쟁이 아니라, 영웅들의 조정과 히미코의 옹립이라는 형태로 종결되었고, 고분시대 동안 진행된 중앙정권의 확립도 이와이의 전쟁 외에는 대왕이나 중앙 귀족이 지방 귀족과 유력자를 계열화하는 또는 지방 측에서 중앙으로 연결되어가는 무혈의 통합 과정이 주체가 되었다고 생각해도 좋다.

정복전쟁에 의한 강제적인 통합이 없고, 그것을 통해 창출된 제도적 지방 지배방식이 보이는 형태도 확실하게 발달하지 않았다. 대신 통합을 이루기 위해 종교적인 마쓰리나 구조물 형태로 표현하는 수법이 일본열도의 중앙부에서 이상하리만큼 발달했다. 그것이 바로 전방후원분을 대표로 하는 고분이다. 동시에 정복전쟁에 의한 군사 통합이 이루어지지 않은 대가로서 군사적 지배와 복속관계를 고분 축조 의례 속에서 상징적으로 표현하는 행위도 눈에 띄게 유행했다. 이것이 세계적으로 드물게 보일 정도로 성행하는 고분시대의 무기 부장 행위이다.

이처럼 일본열도에서의 고대 국가 형성은 난폭한 무력을 거의 거치는 일 없이 오로지 중앙의 여러 세력이 지방의 여러 세력을 계열화하는 방식, 즉 무혈노선을 거쳐 진행될 수 있었다. 확실한 정복전쟁을 거치치 않고 바다로 둘러싸인 섬이라는 지리적 조건하에서 예부터 교류를 거듭해 형성된 사람들의 공통적인 생활과 심성의 동일성에 의존해 통합을 이룬 것이 일본열도 내 성립한 율령 국가의 특징이자, 고대 전제 제국으로서의 결함이기도 했다. 주변이 산으로 폐쇄된 작은 평야나 분지가 산을 등지고 늘어서 있는 일본열도의 분절적 지세와 더불어 한서寒暑 및 강수의 다소, 적설 유무와 같은 풍토의 다양성도 실질적으로 넓은 지역을 집권하려는 지배 의욕의 관철에 족쇄를 채우는 것이었을 터이다.

섬이기 때문에 일찍부터 양성된 관념적 통합, 이를 통해 나타난 정복전쟁의 부재, 그 결과로서 관철시키기 어려웠던 물질적·조직적 통합, 여기에서 파생된 다양성의 잔존. 일본의 고대 국가는 이러한 섬나라라는 지역적 특징으로 나타나는 분열성이라는 역설 속에서 성립되었다고 할 수 있다.

방어벽으로 둘러싸인 평온한 세계

섬이라는 조건이 일본의 고대 국가에 미친 영향이 하나 더 있다. 그것은 외적의 침입이 거의 없었다는 사실이다. 전형적인 고대 전제 국가가 성립된 이집트와 메소포타미아, 인더스 평야, 화베이 평야 등에는 옛날부터 사람들이 모여들어 다양한 민족 집단을 형성하며 엎치락뒤치락하며 북적되고, 때로는 뒤섞여 살기도 했다. 다른 민족이 들어와 원주민들을 쫓아내거나 지배하는 등 실로 여러 민족이 뒤섞이는 양상을 보여주었다. 게다가 유럽과 아시아, 아프리카를 연결하는 대회랑이라고 할 수 있는 지중해 세계, 그 남북으로 펼쳐진 북아프리카와 갈리아 등의 평원, 또는 동서 유라시아를 연결하는 중앙아시아의 대평원 등도 사람들이 왕성하게 왕래하고 충돌함으로써 다양한 민족, 국가, 종교 세력의 성쇠와 교체가 거듭되는 십자로의 역할을 해 왔다.

이들에 비하면, 사방이 바다라는 방벽으로 둘러싸인, 게다가 유라시아 동쪽 끝에 있는 일본열도에서 민족과 국가 흥망의 파도라는 것은 정말 약하고 평온한 것이었다고 할 수 있다. 조몬시대까지 상호 교류를 통해 일본열도인의 원형이 만들어지고, 그 후 한반도로부터의 도래인이 벼농사 문화를 가져다줌으로써 일본열도 중앙부에 야요이문화가 성립되었다. 그 영향이 미치지 않았던 남부와 북부에는 다른 문화가 잉태되었다. 그 후 삼자가 병립하는 기본 구도가 거의 변하는 법 없이 중앙부는 고분시대 사회에서 율령 체제를 거쳐 중세·근세의 일본 국가를, 남부는 류큐 국가를, 북부는 에조와 아이누의 수장제 사회를 성립시키는 평온한 과정을 거친다.

여기에서 평온이라는 것은 외부로부터의 이민족 침입과 지배, 민족과 인간 집단의 교체 등과 같은 극적인 변화가 없었다는 의미이다. 확실히 아미노가 이야기했듯이, 일본열도는 계속 고립되어 있었던 것이 아니라, 일반적으로 동아시아 등 주변 세계와의 사이에 밀접한 교류를 유지하고 있었다. 그러나 경제적 교섭과 문화적 접촉으로 밖에서 들어온 이민족이 일본열도 안을 유린하거나, 일본열도 내에서 새로운 국가를 형성한 일은 거의 없다. 일본열도의 개방성을 설명하는 것은 의미 있는 일이지만, 다양한 민족이나 종교 세력들이 그 토지를 둘러싸고 충돌하는 동유럽과 팔레스타인과 같은 험난한 현실과는 전혀 다르다는 것을 인식해야 한다. 그러지 않고서는 일본열도 내 드러나는 개방성에 대해 정확한 평가를 내리기 어려울 것이다.

외적이 없는 국가 군대

일본열도 중앙부에서 보이는 평온함이란 앞서 설명한 주민들의 생활문화나 심성을 관념적으로 통합시키는 배양액을 보호하는 역할을 한 듯하다. 더구나 이 평온함, 즉 침입을 꾀하는 외적의 위협에 거의 노출되지 않은 지리적 환경은 일본열도 중앙부의 군사 유형마저도 결정했을 가능성이 높다.

국가의 군사력에는 두 가지 기능이 있다. 하나는 앞서 본 것과 같은 정복과 지배의 원동력으로서의 기능, 즉 국가를 형성하고 그 체제를 보호하기 위한 힘이다. 또 하나는 자국의 영역과 지배의 틀을 외부의 적으로부터 지키는 기능이다.

국가의 지배는 지배하는 측으로부터의 강제력에 의해서만 성립되는 것은 아니다. 이 책에서 특히 강조하고 있는 것처럼, 지배받는 쪽이 지배자의 권위를 인정하고, 그것에 귀의해 지배받는 상태를 감수하고 받아들이는 상황이 만들어질 필요가 있다. 고대 국가의 경우, 보통 종교가 이러한 상황을 만들어내는 역할을 수행한다. 이렇게 되면,

종교로 뒤덮인 성스런 세계를 파괴하려는 외적에 대해, 그것을 지키는 국가의 공적 군사력은 종교적인 지지를 받아 성성聖性을 띠는 것이 통례이다. '성전聖戰', '신군神軍'이라는 관념이 여기에서 생겨나게 된다. 이는 더 오래된 시대, 사람들이 영웅의 무장을 용인하고 환영함으로써 그 무력 지배가 정당화되었던 것과 본질적으로 같다. 말하자면, 그것이 국가 지배의 규모로까지 확대되고 제도화된 것이라고 할 수 있다.

따라서 국가의 공적 군사력은 끊임없는 외적의 존재에 의해서 비로소 정당화되고, 그 확충이 보증된다. 한나라에 대한 흉노, 수와 당나라에 대한 돌궐과 위구르가 바로 그러한 외적이었고, 그리스를 향한 페르시아의 위협도 델로스동맹의 존립을 유지시키는 역할을 했다.

외적의 위협이 적은 곳에서는 공적인 군사력이 생겨나 유지되기는 어렵다. 일본열도 중앙부의 고대 국가는 이 점에서 큰 약점을 가지고 있었다고 할 수 있다. 이 약점을 보완하기 위해서는 외적을 스스로가 만들어내지 않으면 안 된다. 대왕 정권이 국가 권력을 향해 발을 내딛기 시작하는 6세기부터 율령 국가가 최종적으로 확립되는 8세기에 걸쳐 만들어진 외적, 즉 가상의 적국 역할을 거의 일관되게 연출한 것이 한반도의 신라이다. 앞 장에서 보았듯이 6~7세기에 몇 번인가 조직되어 긴키에서 쓰쿠시로 간 대왕의 군대는 신라와 싸운다고 하는 명목하에 준비된 것이었다. 8세기 중반에도 당시 정권을 정악하고 있던 후지와라노 나카마로藤原仲麻呂는 신라를 공격할 목적으로 일시에 폐지된 군단제를 부활시켜 전비를 증강시킨다.

더구나 율령 체제하의 8세기에는 규슈 남부와 도호쿠 북부의 사람들이 각각 '구마소熊襲'[*], '하야토隼人'^{**}, '에조'라는 국가의 지배에 굴복하지 않는 '화외化外'의 사람들로서 정벌의 대상이 되었다. 마찬가지로 국가에 의한 외적의 창출이라고 볼 수 있다. 도호쿠로 파병을 할 때도, 신라에 대해 군사를 일으킬 때도, 그 옛날의 전투에 현저하게 보이던 경제적, 생산적 측면은 거의 없다. 오히려 그러한 외적을 일부러 만들어내고, 외적을 향해 공격적 자세를 보여주는 것 자체로 율령 국가군이 존립하는 의미가 있었다고 생각된다. 그러한 환상을 버팀목으로 삼았던 일본 고대 국가의 군사 제도가 피상적이고 약했던 것은 당연할 것이다.

이러한 특성이 중세 이후의 일본 국가에 어떻게 이어졌는지 또는 이어지지 않았는지에 대해서는 앞으로 연구가 필요하다. 그러나 적어도 민족집단으로서의 일본인의 정신이 확립되어가는 고대 국가 형성기에 반쯤 구조화된 형태로서 적이 창조되고, 지배자에 의해 선전된 사실은, 이후 일본인의 대외관이나 전쟁관에 어느 정도 영향을 미쳤다고 생각된다.

일본적 군사의 기조

이번 장에서는 문헌과 고고학 자료를 활용하면서 야요이시대부터 중

- [*] 일본 기기(記紀)에 등장하는 용어로, 규슈 남부를 본거지로 하여 야마토 왕권에 저항하던 사람 또는 지역명을 의미한다.
- ^{**} 고대에 사츠마(薩摩)·오스미(大隅)·효가(日向) 지방에 살던 사람들을 말한다.

세까지 일본열도에서의 군사적 흐름을 개관하고 그 특질과 요인을 살펴보았다. 마지막으로 이를 정리해두고자 한다.

일본열도의 섬나라라고 하는 지리적 조건은 군사적 흐름 속에 몇 개의 특징적인 성질을 새겨왔다. 첫 번째는 군사적 정복에 의해서가 아니라 각 지역 세력의 지배관계를 그대로 계열화시킴으로써 고대 국가가 형성되었기 때문에, 군사력도 각지 병력의 계열화를 따라 중앙으로 모여든 형태를 가지고 있었다는 점이다. 즉 이 장의 첫 부분에서 살펴본 것처럼, 그러한 종적인 계열관계가 은연중에 횡적인 기능적 군사 시스템보다 우선시되어 중앙집권적 군사제도의 정착을 방해하는 조직적 특성이 강했던 것 같다.

두 번째는 고대 국가가 형성될 때, 국가의 안전을 위협하는 외적 없이 진행되었다는 점이다. 그 결과, 외적을 유효하게 방어하기 위한 실전적 시설과 체제를 합리적으로 발달시키기보다 정신주의를 배경으로 한 인적 자원의 투입이라는 방책이 이상하리만치 돌출된 국방 형태가 만들어진다.

세 번째는 고대 이후에도 거의 외적의 위협이 없어 다른 전술을 보유한 이민족과 전장에서 대치할 기회가 매우 적었기 때문에, 무기나 전술의 변화가 매우 원만했으며 외적 기술 발전이 저조하고 내적으로 정신주의가 발전했다. 무장과 전술의 내용은 당시 상황에 맞는 전사에 대한 관념과 직결되고, 지배 이념의 근간과 결부되어 사람들의 정신을 규정하는 부분이 크다. 따라서 위와 같이 군사면에서의 변혁의 결핍은 당연히 이념과 그것을 배경으로 한 사회관계의 연속성과 보수성과도 상통하는 부분이 있다.

너무 완고한 나머지 기술보다 이념을 앞세운 전쟁 지도자들

위와 같은 특질은 전쟁만이 아니라, 일본열도에 사는 사람들과 이 상과 행동양식 전반에, 나아가서는 사회 형태 자체에 영향을 미쳤을 가능성이 있다. 다만 그것이 근대 이후의 일본 역사에 어떤 그림자를 드리웠는가라는 문제에 대해 이야기하는 것은 훨씬 원대한 일로, 선 사시대를 전문으로 하는 고고학 연구자인 내가 가볍게 입에 올릴 일이 아니다.

다만, 전쟁에 한해 말하자면 아주 오랜 옛날부터 일본열도의 무기 역사에 관심을 갖고 있는 나에게 약 반세기 전 제2차 세계대전에서 보여준 일본군의 무기 취급과 전술 형태는 흥미가 끊이지 않는 문제임에 확실하다.

예를 들면, 잘 알려져 있듯이 1939년 노몬한 사건*으로 일본군은 구소련군의 기계화 부대와 교전해 그 위력을 통감했음에도 불구하고, 그 후 러일전쟁 때의 백병돌격 전법을 쉽게 바꾸려고도 하지 않고, 제2차 세계대전 말기의 오키나와沖繩 전투에 이르기까지 기본적으로 이 전술을 계속 유지했다. 또한 대함거포大艦巨砲주의를 오랫동안 받들고, '야마토', '무장武裝'과 같은 대형 전함을 이용한 포전砲戰을 해전의 모습으로 보고자 했다. 당시의 전쟁 수행자들이 백병돌격과 함대에 의한 포전을 전투의 이념형으로서 고수한 배후에는, 그것을 쇄신시켜 개선할 수 있을 만큼의 많은 화기와 항공기를 만들 자력資力

- 만주와 몽골인민공화국 사이의 국경선을 둘러싸고 일본과 구소련 사이에서 발생한 분쟁을 말한다.

이 없다는 경제적인 이유도 있었을 것이다. 그러나 또한 "전투는 이러해야 한다"라는 당시의 전쟁 지도자들의 완고한 생각과 그것을 목소리 높여 주장함으로써, 조직 내에서의 처지와 위신을 얻는 군인으로서의 '생존전략'이 오래된 무기들과 전술을 길게 온존해가는 큰 힘이 되었던 것도 무시할 수 없다.

이를 반증하는 것으로, 일본군은 레이더나 암호 해독과 같은 정보 기술 개발에 나태했는데, 그 배후에도 기술에 의존하는 전투를 떳떳하게 여기지 않는 전쟁 지도자들의 비합리적 사고와 주장이 있었다고 이야기된다. 기계적 합리성보다도 정신력과 그에 따라 무장한 인적 자원을 쏟아 붓는 것을 우선시하는 자세는, 이른바 특별 공격과 일본 특유의 것으로 생각되는 특공 전용병기의 개발과 사용이라는 가장 비극적인 형태를 취하며, 제2차 세계대전 말기에 눈에 띄게 나타났다.

보수성은 일본군의 '전통'

이러한 근대 일본군의 무기와 전쟁에서 보이는 특성은 합리성보다도 보수적 정신성이 두드러진다는 점에서 지금까지 이야기해온 고분시대부터 중세의 전쟁 특질과 통하는 부분이 많다. 물론 그 전부를 고분시대 이래의 역사 산물로 취급하는 것은 무리일 것이다. 그러나 일본군 운영과 교육에서 "의義는 첩첩으로 이어진 산보다 무겁고, 죽음은 새털보다 가벼움을 기억하라"[1882년《군인칙로(軍人勅諭)》], "작전 초동의 위력을 강대하게 하여, 속전속결을 주의로 한다"[1907년《용병강령(用兵綱領)》], "살아서 포로가 되는 치욕을 당하지 않고"[1941년《전진훈(戰陣訓)》] 등 공격 편중과 생명경시를 내용으로 하는 정신주의가 병사와 지휘관의 관념으로 고무되었음은 잘 알려져 있다. 거기에 중세부터 근세에 걸친 무기와 전술의 일본적 풍토 속에서 확립되어 있던 무사도의 영향을 의도적으로 활용했음에 분명하다. 이러한 점으로 봐도 역사적으로 형성된 다양한 특성이 근대 일본의 군대 체질과 전쟁 양상을 크게 좌우했을 가능성이 높다고 할 수 있다.

역사가 기른 일본인의 전쟁 특성

이 장에서는 고분시대에 희미하게 보이던 일본열도의 군사적 원형, 즉 전쟁에 관련되는 다양한 지역적·민족적 특질이 고대부터 중세에 걸쳐 점차 선명해지고 있는 모습을 추적해 그것이 근대에 발생한 전쟁에까지 그림자를 드리우게 된 것이 아닐까라고 예견했다. 또한 이러한 특질이 바다로 둘러싸인 변경의 섬이라는 지리적 조건에 의해 역사적으로 드러났을 가능성을 설명했다. 일본열도라는 하나의 풍토에서 생겨나 시간을 넘어 장기간에 걸쳐 유지되는 무기와 전투에 대한 역사적 개성이라는 것을 상정해보았다.

전쟁에 관한 위와 같은 역사적 개성은 1장에서 이야기했듯이 그 민족 내지는 사회나 국가가 어떤 메커니즘으로 전쟁을 발동시키는지, 또는 그것이 전쟁으로 치닫게 되기 쉬운 사회나 국가인가 아닌가라는 문제와 깊이 관련되어 있다. 전쟁을 불러일으키는 경제적인 모순과 폐색 정도는 같아도 그 위치에서 전쟁으로 나아가는지를 결정하는 최대 포인트는 그 민족과 국가가 역사적으로 조직해온 전쟁에 대한 사고 형태, 전쟁을 둘러싼 사회관계―지배자와 민중, 또는 국가와 시민의 상호 관련 방식―에 크게 달려 있다.

다음은 드디어 마지막 장이다. 위와 같은 시각에서 어떻게 하면 전쟁을 억제시키고, 나아가서 없앨 수 있는가라는 물음에 대해 생각해 보고자 한다.

7장 전쟁을 없앨 수 있는가?

1 전쟁 억제의 두 열쇠

인구 증가와 자원·환경 — 전쟁 억제의 첫 번째 열쇠

1장에서는 전쟁의 발생 메커니즘과 억제 방책을 찾고자 할 때, 두 가지 관점이 있음을 이야기했다. 첫 번째는 전쟁을 생존 경쟁으로 보고 인구 수에 대한 자원의 고갈이라는 경제적인 근본 요인에 초점을 맞춘 관점이다. 이 책에서도 야요이시대 전반에 걸친 토지 분쟁이나 5세기 무렵까지 계속되는 철 자원 쟁탈이 전쟁을 발생시키고 격화되는 경제적 동인이 되었음을 설명했다. 인구와 자원과의 관계가 전쟁이라는 현상의 근본에 가로놓인 근간의 문제라는 사실은 틀림없다.

2000년 현재, 지구상의 인구는 약 60억 명이다. 이 수치가 금세기 후반에는 100억 명에 달할 것으로 예측된다. 그런데 이에 상응해서 장기적으로 식량이 늘어날 것이라는 전망에 대해서는 회의적이다. 거의 절망적이라고 보는 편이 현실적일 것이다. 개발도상국 등 일부

국가는 이미 심각한 식량 위기에 놓여 있고, 결국에 동일한 상황이 선진국을 포함한 전 세계로 확대될 위험성이 적지 않다. 그러할 경우, 식량을 둘러싼 국가 간의 경쟁이 새로운 전쟁을 차츰 유발시켜나갈 것이라는 시나리오도 현실화될 우려가 있다.

그러나 너무 늘어난 인구를 억제하는 노력이 많은 국가에서 이루어지고 있고, 중국의 '한 아이 정책'처럼 일정 성과를 올리고 있는 곳도 있다. 일본의 '저출산 현상'도 여러 파문을 불러일으키고 있다는 점에서 다행인지 불행인지 알 수 없으나, 지구 규모에서의 인구와 자원의 심각한 대립이라는 현실로 눈을 돌리면 반드시 나쁜 것만은 아닐 것이다. 20세기 말경부터 높아지고 있는 이러한 움직임으로 최근 전 세계 인구 미래 예측에서 이전의 예측 결과가 하향 조정되는 경우가 적지 않다고 한다.

자원을 뒷받침하는 환경 문제에 대한 의식도 선진국을 중심으로 국제적으로 관심이 눈에 띄게 높아지고 있다. 최근 이슈화되기 시작한 쓰레기 분리수거, 오염물질 투기에 대한 엄격한 감독, 리사이클 의식과 동물 애호정신의 보급 등은 모두 지구 환경을 지키기 위한 여러 방책의 일환이라고 할 수 있다. 이러한 행위와 의견을 바로 옆에서, 게다가 빈번하게 조우하게 되었다는 것은 환경에 대한 정책이 사람들의 말만이 아니라 시민 생활에 뿌리내린 본격적인 실천 단계로 접어들었음을 말해준다.

위와 같은 상황을 목격하고서 나는 자원과 인구와의 관계에 대해 한때 가지고 있던 비관적 태도에서 약간씩 물러서고 있다. 아직 많은 과제가 남아 있지만, 이러한 노력 하나하나가 지금 바로 효력을 발휘하지 않는다 하더라도 100년 뒤, 200년 뒤의 전쟁 가능성을 착실하게 낮추고 있음은 확실하다. 환경 보전과 식량 생산에 대한 과학기술 발달이 이에 크게 기여할 것임은 말할 필요도 없다.

전쟁에 대한 의식과 사상 — 전쟁 억제의 두 번째 열쇠

그러나 낙관하기는 아직 이르다. 고고학과 역사학을 통한 실제 전쟁들을 하나하나 상세하게 살펴보면, 인구와 자원과의 모순이나 막힘[閉塞]이라는 상황과는 무관하게 또는 적어도 그러한 경제적 요인이 표면화지 않은 채 전쟁이 발생하는 예는 무수히 많다. 예를 들어 일본열도에서도 앞 장에서 봐온 대로 철 획득이라는 경제적 이유가 거의 없어진 6세기 이후에도 한반도로의 군사 행동을 계속하고, 에조 지배를 목표로 한 율령 국가의 도호쿠 침공도 경제적 요인이 명확하지 않다.

결국에 경제 측면만을 다루는 오랜 유물론적 견해에서는 여러 전쟁의 발동 이유와 메커니즘을 충분하게 설명할 수 없다. 여기에서 두 번째 관점으로서 여러 전쟁이 한 사회나 국가의 어떠한 사상이나 의식의 결과로서 발동되었는가, 사상과 의식이 어떠한 역사적 과정을 거쳐 형성되었는가라는 문제야말로 고고학과 역사학이 앞으로 전쟁 연구를 수행하는 데 있어 불가결해질 것이다.

이 책에서 일본열도 중앙부의 전쟁 역사를 이야기하는 데에 의식과 사상의 측면을 특히 중시해 복원한 것은 이러한 의도가 있었기 때문이다. 고작 몇 페이지 되지 않지만 아래에서는 이러한 측면에서의 통찰을 통해 고고학과 역사학의 측면에서 전쟁을 억제하기 위한 가능성 하나를 제시하고자 한다.

2   전쟁 억제로 가는
멀지만 착실한
발   걸   음

이득 교환 시스템으로서의 전쟁

종래의 고고학과 역사학에서 전쟁을 연구하는 데에는 두 가지 특징이 있었다. 하나는 지금 이야기했듯이 큰 역사적 평가로서 전쟁을 경제적 또는 유물론적으로 파악하는 것, 또 하나는 유력자 내지 지배계급이 전쟁의 주체라고 생각하는 것이다.

이러한 사고 방법에 대해 이 책에서는 완전히 다른 관점을 제시해 보았다. 먼저 유력자가 무장을 하고 전쟁을 주도한 것은 사람들에 대한 명백한 강제와 억압에 의해서가 아니라, 오히려 그것을 환영하는 사람들의, 이른바 아래로부터의 동의에 의해 유지되는 측면을 직시했다. 그리고 이 동의에 대한 대가로서 전쟁을 주도하는 유력자로부터 그것을 지지하는 사람들에게 유·무형의 넓은 의미에서의 이득을 부여하는 측면을 강조한 것이다. 전쟁에는 사회 상층과 하층 사이에서 전개되는 이러한 이득 교환 시스템적 측면이 있을 것이다. 어느 사회가 경제적 요인 등으로 인해 모순과 막다른 곳에 다다랐을 때, 그것을 타개해나가듯 상층 또는 하층 중 한쪽, 또는 양쪽이 연동해 이 시스템을 급격하게 작동시킨다. 이 새로운 시스템 속에서 지금까지 이득을 얻던 지배층이 점차 그것을 늘려갈 뿐만 아니라, 적은 이득에 불만을 가진 많은 사람에게도 새로운 이득이 돌아가도록 자각함으로써 사회 속에서 계급의 차이를 초월한 '이해상의 다수파'가 형성되었을 때 전쟁이 발동된다.

옛날에는 전쟁을 지지하는 대가로 사람들에게 주어진 이득이 일반적으로 물질적인 것이었다. 야요이시대부터 고분시대 초 무렵까지는 물질적인 이득을 위해 사람들이 전쟁을 지지하고 전쟁에 참여하는 단계였다. 또한 이후 시대에도 후지키 히사시가 밝힌 전국시대의 전투와 같이 확실한 물질적 이익이 사람들에게 그 대상으로 주어진 경우도 보인다. 그러나 사회가 복잡해질수록 비물질적 이득이 합의의 대가가 되는 경우가 많아진다. 비물질적 이득에는 물리적 한계가 없기 때문이다.

여기에서 말하는 비물질적 이득은 매우 다양하다. 지위나 명예와 같은 사회적인 것도 있는 반면, '신을 위해서', '나라를 위해서' 또는 '왕을 위해서', '천황을 위해서' 싸우는 자신을 의식함으로써 정신적으로 충족감을 느끼고, 더 나아가 자기를 과시하거나 자신의 정체성을 확인하고자 하는 심리에 바탕을 둔 것도 있다. 다만 이러한 비물질적 대가가 목숨을 건 전쟁 동원과 맞바꾼 이득을 위해 움직이기 위해서는, 비물질적인 대가가 충분히 개인에게 이득이 된다는 가치 체계가 사회 안에 형성되어 있어야 한다. 종교나 민족주의는 이러한 가치 체계를 뒷받침하는 역할을 전형적으로 수행해왔다고 할 수 있다.

이런 내용들을 생각해보면, 전쟁에 참가하는 일반인들의 시점에서는 전쟁에 참여하는 것이 어떤 가치를 가질 수 있는지가 중요하다고 볼 수 있다. 물질과 거리가 먼 이득, 즉 비물질적 이득이 국가나 민족 집단에서 어느 정도의 가치를 지니고 있는지에 따라 전쟁의 양상이 달라진다.

게다가 헤아리기 곤란하지만, 그 국가나 민족집단에서의 전쟁 발생 메커니즘을 분석하는 데에 있어 어느 정도의 비물질적 이득이 민중과 시민에게 제공되어야 전쟁을 발동시킬 수 있는가도 중요하다.

제2차 세계대전에서의 '국민적 이득'

위와 같은 시점을 가지고 우리가 직면한 근·현대 사회의 전쟁을 이해하면 어떻게 될까? 일본인이 경험한 최근의 전쟁인 제2차 세계대전에 이러한 관점을 적용시켜보자.

이 전쟁이 제국주의의 국제 경쟁 속에서 자본가를 중심으로 한 지배층이 자원과 부를 얻기 위해 아시아와 태평양의 여러 지역을 통제하에 두려 한 침략 전쟁이었음은 분명하다. 다만 유물론적 전쟁론이라는 관점에서 보면, 이 전쟁은 일부 지배 계급이 자신들의 이익을 위해 민중을 '강제적'으로 징발해 벌인 것이 된다. 즉 일차원적으로 평가되는 것이다. 이렇게 보면 민중은 무력한 피해자로, 전쟁에 휘말려 생명과 재산, 육친을 잃는 운명에 놓인다.

그러나 지금까지 살펴본 것처럼, 민중이 전쟁에 동원될 때는 그에 대한 대가로서 어떤 이득이 제공되고 그로 인해 일정한 합의가 이루어지는 과정이 항상 존재한다. 대일본제국에서도 식민지로의 이민 기회 등 물질적인 것과 결부지은 이득이 민중에게 제공되었다. 그러나 많은 이득은 천황제라고 하는 가치 체계 위에서 '고가'의 가격이 매겨지는 비물질적인 것이었다고 할 수 있다. 출정의 명예, 전사의 명예, 특별한 전사자에게 부여된 '군신軍神'의 칭호도 고가의 이득이다. 전사자의 어머니가 되는 일도, 가족 가운데 전사자가 나오는 것도 명예이다. 더구나 시민으로서 목소리 높여 '성전聖戰'을 찬미하는 일, 교육자로서 '소국민' 육성에 매진하는 일, 여성으로서 '후방을 지키는 것'도, 아이로서 군국주의 교육하에서 우수한 학업 성적을 올리는 일, 그러한 움직임에 대해 찬사를 보내고, 자긍심을 가지며, 자기만족을 느끼고, 고양심을 고취하는 것. 직접적으로 전쟁에 동원된 병사만이 아니라 전쟁에 동의한 모든 사람들에게는 연령과 성별을 불문하고 위와 같은 다양한 형태의 비물질적 이득이 환원된다.

이러한 이득 교환의 방식이 잘 돌아가기 위해서는 군사 동원의 대가가 되는 그들의 비물질적 이득이 고가로 유지되도록, 그 기초가 되는 천황제 이념의 가치 체계가 항상 고양되어야 한다. 이를 위해 전쟁을 수행하는 지배자와 국가는 군국주의 교육, 언론과 사상 통제, 각종 선전 등 다양한 활동을 지속했다.

그러한 국가와 지배자의 활동에 적극적으로 가담함으로써 직장과 지역사회에서 유리한 입장에 설 것을 선택한 시민은 많이 있었을 것이다. 그 입장도 합의의 대가로 주어진 이득이다. 한편, 적극적으로 가담도 하지 않지만, 거부도 하지 않는다는 태도를 선택한 시민도 많았을 것이다. 그러나 그들도 또한 당시의 가치 체계 속에서 '비국민'으로서 세간에서 비난받고 배척되는 불이익을 회피하는 다른 이득을 얻었다고도 할 수 있다.

계급 사관에서 개인의 시점으로

중요한 것은 이러한 이득을 받아들이지 않고, 전쟁에 동의하지 않았던 사람들도 있었다는 사실이다. 또 한편에서는 지배자라고 일컬어지는 계층의 사람들 속에서도 전쟁에 대해 다른 자세를 견지한 사람이 적지 않았다고 생각된다. 그러한 사람들의 존재는 제2차 세계대전의 발동과 추이에도 어떤 영향을 미쳤을 것이다. 또는 그때 표면으로 드러나지 않은 미미한 영향이라도 다음 전쟁의 발동 여부에 더욱 중요한 영향을 미쳤을지 모른다.

　전쟁에 대한 의식과 사고, 거기에 뿌리내린 사람들의 합의라는 측면에서 전쟁의 발동을 생각해볼 때, 전쟁에 관한 다양한 생각을 가진 개개인이 각각 어떤 사회적 입장에서 어떤 행동을 취하고 상호적으로 어떤 영향을 미쳤는지를 분석하는 것이 매우 중요한 의미를 가진다. 어떠한 입장을 위하는 개인이 많은지, 그리고 개인들이 어디까지 자기 신념에 따라 행동을 관철시키는가에 따라 전쟁이 발동될 수도, 억제될 수도 있기 때문이다. 이는 전쟁 발발의 결과를 크게 좌우한다.

역사의 전개를 사회 계급들 간의 역학관계로 설명해온 지금까지의 역사 이론에서는 이러한 개개인의 사고와 행동 집합이 전쟁 발동과 억제로 연결되는 것을 설명할 수 없다. 원래부터 계급을 인정한다더라도 같은 계급에 속하는 사람이 모두 같은 사고방식을 가지고 있던 것은 아닐 것이다. 일찍이 경제적으로 힘이 있는 계급에 속하는 사람들의 공통된 의식이 사회를 움직이는 힘이 된다고 믿었던 시대도 있었다. 그러나 수많은 정보가 넘쳐흐르고 사람들이 자신의 의견을 스스럼없이 말하거나 다른 이의 주장을 자연스럽게 접하면서 가치관이 다양화된 현대사회에서는 같은 계급에 속하는 사람들의 공통의식이 사회를 움직인다는 사고가 더 이상 통용되지 않는다. 다양한 사상을 접할 수 있는 환경 속에서 자라고, 자유롭게 정보를 수집하며 관리하는 각각 다른 의식 주체로서 살아온 개개인이 서로 어떻게 관계를 맺고 사회를 움직이는가에 대한 양상이 현실사회에서도, 역사학의 입장에서도 더욱 중요해질 것이다. 우리는 이러한 관점에서 전쟁을 억제하기 위해 새로운 시도와 노력을 기울여야 한다.

전쟁은 의식과 사상의 산물

이처럼 전쟁은 지배계급이라고 불리는 매우 소수인 사람들의 자유의지에 따라 발생하는 것이 아니라, 그 사회에서 살아가는 모든 개개인의 선택들이 모여 상호 작용을 함으로써 비로소 성립되는 것이다.

여기에서 말하는 선택이란 전쟁을 지지하거나, 전쟁에 참여하는 대신 제공받는 이득을 받아들이느냐 마느냐 하는 것이다. 또 상호 작용이란 더 구체적으로 말하자면, 개개인이 내린 최초의 선택이 다른 개인과 그 사람이 소속되어 있는 집단(가족, 학교, 직장, 그리고 '세간')과의 접촉을 통해 얼마만큼 변경되거나 방기될 수 있는가 하는 것이다. 예를 들어 압력에 굴복하지 않고 전쟁에 참여하지 않는 자세를 어느 정도 견지할 수 있는가 하는 점이다.

먼저 이득을 받아들일 것인지의 여부는 대부분 제시되는 이득의 '질'에 달려 있다. 질이란 단순하게 말하자면 개개인에게 있어 자신의 생활과 재산, 나아가서는 생명과 맞바꿀 만한 가치가 제시된 이득이 있는가 없는가이다. 그리고 가치 기준의 판단은 개개인의 생활 상황과 지위 등 사회적 상황에 대한 만족도나 안심도에 따라서도 좌우되는데, 더 근본적으로는 개개인이 지지와 참가를 종용당한 전쟁에 대해 어떤 의견을 가지는가, 더 나아가 전쟁이라는 것에 대해 어떤 의식을 가지는가라는 점에 강하게 영향을 받는다.

전쟁이 이득을 가져다준다는 의식은 원시·고대, 중세—현대에도 그러한 국가가 있으나—사람들의 머릿속에 거의 동일하게 입력되어 있었을 것이다. 이 책에서 주로 다룬 야요이시대부터 고분시대까지의 사회는 전쟁을 긍정하고, 그것을 주도하는 영웅을 우러러보는 사상과 사회 규범이 당시 사람들의 의식에 일정 부분 새겨져 있었던 것 같다. 그만큼 그러한 사상과 규범에서 탈피하는 것은 매우 큰 사회적 불이익을 감수해야 하는 상황에 놓이거나 더 나아가 생명의 위험을 느끼는 상황까지 이어진다. 이러한 사회에서는 유형, 무형에 관계없이 극히 적은 이득을 위해 사회의 많은 사람이 전쟁을 지지하거나 전쟁에 참가하는 상황이 발생하기 쉬울 것이다.

전쟁은 본능에 따라 일어나는 일이 아니다

반대로 전쟁에 관한 사상과 사회 규범이 거의 공백이었던 조몬시대 사회에서는 싸운다는 행위 자체가 사람들의 의식에 새겨져 있지 않았고, 전쟁을 축으로 한 사회 규범이 개인의 마음속에서 자라는 일도 없었다. 조몬시대 사회에서 전쟁의 증거가 거의 남아 있지 않은 것은 그에 이르는 경제적·사회적 조건이 결여되어 있었기 때문이라기보다, 오히려 사람들이 사상과 행동 규범 자체에 전쟁이라는 현상이 그림자를 드리우지 않았기 때문일 것이다. 전쟁 억제에 대해 생각할 때, 이러한 조몬시대의 상황은 참고할 만하다. 이는 또한 인간의 본능에 따라 전쟁이 일어나는 것이 아니라는 증거이기도 하다.

조몬시대 이후 고대부터 전국시대까지 전쟁이 거의 끊임없이 계속되지만, 에도막부시대에는 약 260년의 긴 세월 동안 대규모 전쟁이 일어나지 않았다. 막부라는 권력 통제에 의한 '평화'가 유지된 것이긴 하나, 전쟁에 관한 사람들의 의식과 사상이라는 측면에서도 주목할 만한 상황이 있다. 이 사회에서는 무력의 양상이 앞에서 서술한 '소외 유형', 즉 지배 계급의 무사만이 무장과 전쟁을 독점하는 형태였기 때문에 대다수를 점하는 서민 계급의 사람들은 전쟁과는 비교적 거리가 먼 사상과 사회 규범하에서 자라, 다음 세대를 책임질 수 있었다. 이것이 에도시대에 계속된 평화에 일정한 역할을 했을 가능성도 고려해야 할 것이다.

　무사도 실제로 전쟁을 경험하는 일이 거의 없어지고, 그 관념으로서의 '무사도'는 마치 사용하지 않게 된 무기가 장식화되어가는 것과 비슷해졌다.《하가쿠레葉隱》에 보이는 것처럼 원시의 맹렬함을 잃은 일종의 퇴폐적 철학으로 변해간다. 무사도의 일부는 〈가나데혼츄신구라仮名手本忠臣蔵〉 등과 같이 드라마로 만들어져 생생한 전쟁과는 거리가 먼 서민의 오락거리가 된 점도 흥미롭다. 전쟁에 관한 사상과 의식을 위와 같은 방향으로 화석화 내지 극장화시켰던 에도막부시대 사회는 전쟁 억제를 생각할 때, 최선이라고 할 순 없지만 주목할 만한 양상을 보여준다.

　제2차 세계대전 이후부터 현재에 이르는 반세기 남짓한 시간도 전쟁이 없었던 시대로 특필될 수 있다. 이 시대도 국제적 정치관계가 일본을 끌어들인 전쟁 발동을 결과적으로 억제시킬 수 있었던 면도 있었을지 모르나, 국내적으로는 제2차 세계대전의 참상을 거쳐 손에 넣은 평화주의 교육이 이룩한 역할이 매우 크다. 전쟁이라는 사상 자체가 없고 또는 그것이 형해화되어가는 상황하에서 부정적인 또는 결과적인 측면의 전쟁 억제를 넘어 전쟁을 버리고 평화를 이룩해가는 의도적이고 적극적인 전쟁 억제 사상과 의식을 통해 세간을 일깨워 다음 세대를 육성시킨다는 의미에서 인류사에서도 걸출한 시도라고 해도 좋을 것이다.

무국경borderless과 민족주의

그러나 전후 반세기의 평화 교육도 여러 의미에서 벽에 부딪힌 것 같다. 이 현상의 배경에는 앞서 이야기한 가치관의 다양화가 있다. 즉 다양한 사상과 정보를 내포한 다양한 의식 주체로서의 개개인이 서로가 관계를 맺으며 사회를 움직이는 시대에, 비록 그 내용이 평화 사상이라는 훌륭한 것이더라 하더라도 일개의 가치관과 규범을 모든 시민과 차세대 사람들에게 획일적으로 주입시키는 사회적 수법 자체가 적절한가라는 의문이 제기되고 있다. 또 한편으로 오해받을 것을 각오하고 말하자면, 사람들에게 주입된 내용이 그것과 정반대의 비뚤어진 민족주의나 호전 사상으로 뒤바뀌어 있다 하더라도 획일적으로 주입하는 수법 자체는 동일하므로 그러한 움직임을 멈추게 할 수 없는 것 아닐까라는 두려움도 있다.

지금 우리들은 무국경이라 불리는 정보화사회의 입구에 서서 지금까지 스스로를 옭아매어온 국가나 민족이라는 오래된 의식의 틀을 상대적으로 파악하려는 지점까지 와 있다. 국가의 역사나 민족의 전통 속에서 형성된 사상과 규범—때로는 그것이야말로 전쟁 발동의 주요인이 된다—이 그 속에서 자라는 사람들의 두뇌와 정신 속에 점하는 무게가 점점 적어질 것이다. 대신 새로운 미디어를 통해 개인적 차원에서 이루어지는 정보 교환과 거기에서 배양되는 상상력과 통찰력이 그 개개인의 의식 주체로서의 내실을 성장시키고, 거기에 뿌리내린 행동을 이끌어낼 것이다. 이 장의 시작에서 이야기한 환경과 자원 보호 등 국경을 넘어선 지구적 시야의 시민운동도, 이러한 새로운 미디어를 하나의 유력한 정보 매개체로 삼아 미디어에 접촉한 사람들 속에서 큰 공감을 불러일으키며 협력의 고리를 확대시키고 있다.

다만 위와 같은 움직임의 한편으로 점차 첨예화되고 있는 민족주의 정권과 종교세력이 서로 으르렁대며 부딪히는 상황이 격화되고 있는 것도 사실이다. 바로 이 책을 쓰고 있는 와중에 아프가니스탄의 이슬람 원리세력인 탈레반이 5세기경에 만들어졌다고 여겨지는 중부 바미얀의 석조 대불을 파괴했다. 민족과 신앙의 차이를 넘어 뛰어난 미술 작품, 귀중한 역사 자료로서 많은 사람의 마음에 감명을 주었던 인류의 재산을 자신들이 적대시하는 종교의 우상으로밖에 받아들이지 않는 편협하고 비뚤어진 심성을 가진 사람들이 여기에 있다. 문화와 역사에 늘 우열을 가리고, 그렇게 해서 타자를 내려다보며, 자신들의 이익만 주장하는 것을 삶의 기본으로 삼고 바미얀을 파괴한 사람들은 세계 곳곳에서 빈틈없이 눈에 핏발을 세우고 있다. 일본에서도 최근에 그러한 세력과 통하는 마음을 가진 사람들이 때로 도당을 꾸려 맹렬하게 의견을 주장하고, 다음 세대 육성까지 관여하려는 상황이 벌어지고 있다.

우리 앞에 놓인 양갈래 길

현재 우리는 위와 같은 인간관·세계관을 가진 사람들, 자원이나 환경, 생태를 보호하거나 인종이나 성별에 따른 차별을 없애기 위해 가능한 많은 사람이 이 지구상에서 공존할 수 있는 상황을 모색하는 인간관·세계관을 가진 사람들이라는 두 개의 큰 철학적 입장에 서 있다. 이 두 입장은 국가와 민족 간의 적대와는 다른 차원의 더 본질적으로 깊은 곳에서 대치하고 있는 것 같다. 그리고 전쟁과 그와 관련되는 다양한 현상은 전쟁과 관련되는 테러리즘과 억압과 더불어 언제나 전자의 입장에 관여되어 있다.

이에 비해, 후자의 입장에서 핵심적인 목표는 사람들의 생존을 가능하게 하는 자원, 그것을 생성해내는 환경이라는 가장 근본적인 부분에서 전쟁의 발생을 전제하는 메인 스위치 같은 부분을 인류의 미래를 이어주는 방향으로 지켜나가는 시도라고 할 수 있다. 또한 이 입장이 철폐되는 것을 목적으로 하는 인종과 민족에 의한 차별은 고대 이후 늘상 전쟁을 발동시키는 사상과 의식의 근간을 이루어왔다. 더구나 성에 대한 차별은 보통 남성이 주도하는 전쟁이라는 행위가 지배 조직 및 사상 형성에 깊이 관련되어가는 움직임 속에서 만들어지고 강화된 것이다. 이러한 의미로 후자의 입장에 있는 다양한 활동은 전쟁을 발생시키는 개개의 서브 스위치라고도 할 수 있는 다양한 국면에서 그것을 억제시키는 방향성을 가지고 있다. 그들 하나하나의 견실한 노력이 멀지만 착실하게 전쟁 폐지의 길로 이어지고 있다.

인간은 하나의 생명종이다. 종은 항상 스스로의 보존과 번영을 진화의 목표로 삼는다. 전쟁과 깊이 관련되는 환경 파괴, 자원 낭비, 차별, 테러리즘, 억압 등에 대한 엄격한 규탄의 눈초리를 보내어 정치나 시민운동이 세계적인 정보 교류의 긴밀화라는 과학기술 발전을 배경으로 전 지구적으로 일어나 국가와 민족의 이해를 표방하는 입장과 대치하고 있는 밀레니엄 시대로의 변환점은, 생물학적 의미에서도 인류 진화에서도 매우 큰 진전으로 여겨질 것이다. 그리고 우리가 인간인 한, 공존과 번영으로 이어지는 길을 탐색하는 입장이 최종적으로 개선가를 울릴 것이다. 그리고 그때 비로소 전쟁은 폐기될 것이다. 갈 길이 멀겠지만 우리 한 명 한 명의 의식과 행동이 그것으로 이어질 것이다.

이렇게 생각하고 현재의 상황을 대입해보자. 민족과 국가, 또는 특정 종교의 이해를 표방하고 그것을 사상적 토대로 한 이득을 슬쩍 보이며 전쟁을 지지하고 참가할 것을 요구받았을 때, 그 이득을 받아들이기로 한 결정이 과연 경제적으로 이득이며, 인간으로서 자랑스럽다고 할 수 있을까? 오늘을 살고 있는 우리가, 그리고 바로 당신이 선택한 길이 인류가 살고 있는 지구의 미래를 결정할 것이다.

후기

 고고학자인 내가 활용할 자료가 거의 없는 고대와 중세의 전쟁까지 다루고, 나아가 무모하게도 제2차 세계대전과 미래의 전쟁에 대해 언급하는 이유는 하나이다. 바로 평화를 강하게 염원하기 때문이다.

 평화를 사랑하는 고고학 연구자들 가운데에는 야요이시대와 고분시대의 역사를 서술하면서 가능한 전쟁을 드러내지 않고, 평화와 협력으로 충만했던 과거의 사회상을 그려내려고 하는 사람도 있다. 그러나 나는 오히려 그 반대로 전쟁이 과거 사회에 미친 영향을 크게 평가해서, 현대의 전쟁이 오늘날의 사회와 사람들에게 또는 다음 세대에게 미치는 수많은 영향을 바로 알고 그에 대한 대비에 만전을 기하고 싶다. 이 책도 그러한 마음을 가지고 집필하게 되었다.

 내 능력이 부족해서 차마 이 책에서 다루지 못한 것도 있다. 바로 전쟁과 젠더(사회적 성 차이)와의 관계이다. 고대의 전쟁은 자체로 매우 큰 사회적 성 차이를 포함한 집단 행위이고, 그것이 당시의 지배 조직과 사상 형성에 큰 영향을 미쳤다는 점에서 볼 때, 그 산물인 국가와 민족이라는 개념 속에 젠더의 요소가 포함되어 있다고 생각할 수 있다. 전쟁 연구에서도 젠더가 빠져서는 안 되겠지만, 젠더를 연구하는 데에서도 전쟁을 비켜갈 수 없다. 나의 전쟁 연구에서 젠더와의 관련성은 다음 과제로 남겨두었다.

마지막으로 이 책이 인류 평화를 위해 조금이나마 도움이 될 수 있기를 바랄 뿐이다.

2001년 4월 2일

마쓰기 타케히코 松木武彦

역자 후기

이 책은 마쓰기 타케히코松木武彦의 《人はなぜ戦うのか―考古学からみた戦争》(2001)을 완역한 것이다. 특정한 숫자에 고무되는 일이 빈번한 나는 원서가 처음 출간된 지 20년 만에 한국어판 번역본을 출간하게 되었다는 것에도 괜스레 의미를 부여하게 된다. 원서 번역은 가경고고학연구소의 오규진 소장님으로부터 의뢰를 받아 진행하게 되었다. 고고학을 전공하는 소장님은 언제나 어렵게만 느껴지는 고고학의 세계를 좀 더 쉽게 대중들에게 소개하고 싶은 바람을 가지고 있었고, 그 바람을 채워줄 수 있는 책이 바로 이 책이지 않았을까 싶다.

처음에는 왜 고고학적 분석이 잔뜩 들어 있을 것 같은 이 책일까 싶었다. 더구나 상대적으로 전쟁과 거리가 다소 멀고 평화의 시대로 보이는 선사시대 전공자인 내가 역사시대 분야, 그것도 전쟁이라는 주제의 책을 번역할 수 있을까 하는 의문도 들었다. 책 번역을 의뢰받은 때가 2017년 늦봄 정도였고, 초벌 번역이 완료되었을 때가 그해

가을이 절정을 이룰 때였다. 본업이 있는 나로서는 저녁에 틈틈이 번역을 할 수밖에 없었는데 번역에 걸리는 기간이 매우 짧았다. 한마디로 이 책은 매우 재미있었다. 거의 막힘없이 술술 읽어나갔다.

저자가 고고학을 전공하지만, 이 책에서는 고고학적 자료의 현상과 연대, 결과를 설명하는 데에만 치중하지 않는다. 그보다 고고학은 전쟁이 고고·역사적으로 어떻게 형성되고 변형되어왔는지, 전쟁이 어떻게 의식적으로 사상적으로 포장되어왔는지를 규명하는 수단으로 간결하고 적절하게 이용된다. 오히려 저자는 전쟁 발동의 원인으로 경제적인 측면도 있지만, 이보다는 전쟁을 일으키고 전쟁에 동참하는 사람들의 의식과 사고, 즉 사람들의 합의라는 선택의 측면이 크다는 것을 논증하는 데에 힘쓰고 있다. 그리고 이러한 전쟁 발동의 고고·역사적 발자취를 살펴보고 직시함으로써, 오늘을 살아가는 우리는 전쟁이 아닌 평화를 선택할 수 있다고 간절한 마음으로 이야기한다. 이것이 바로 이 책의 목적일 것이다.

이 책에서는 일본열도의 무기 구성과 형태 변화, 수장들의 무덤에 부장되는 무기류 및 무구류 부장 양상, 무덤 규모와 분포라는 고고학적 자료를 십분 활용해서, 야요이시대부터 근대까지를 조망한다. 먼저 야요이시대에 한반도로부터 벼농사와 전쟁 사고가 들어와 일본열도에 뿌리내리는 과정과 원인, 전투 양상을 살피고 있다(2장). 이후 야요이시대 말, 무기와 전투 기술의 혁신이 이루어지는 고고학적 배경 속에서 사람들의 추대로 세워지는 영웅의 모습(3장), 고분시대에 백제와의 교섭관계를 바탕으로 철과 선진 문물 입수를 위해 바다를 건너는 왜인이 고구려와의 전쟁을 겪으면서 완성시킨 왜군의 모습(4

장)을 검토했다. 다음으로 5~6세기대의 박장화, 괘갑과 장식 대도가 많아지는 양상을 통해 영웅이 귀족화되어가는 모습(5장)과 율령체제 하에서도 중앙집권화되지 못한 군사 체계와 12세기 말에서 14세기에 민중 병사가 동원되는 집단전으로 변화되는 모습(6장)을 살피고 있다. 무기 체제, 전투 규모와 방식, 군사력의 조직 형태, 무력에 대한 사상적 측면에서 조망할 때, 일본열도의 군사는 무기의 장식성, 변화가 미약한 실용 무기, 성이 없는 고분시대, 인적 자원 투입, 정치적 할거(계열화된 지방 체계)에 그 특징이 있다고 보았다. 나아가 이러한 특징은 일본열도가 섬나라라는 지리적 특징, 이민족과의 군사 접촉이 적은 점, 정복 전쟁과 외적 부재라는 요인에서 기인하는 것으로 보았다. 그러한 과정 속에서 일본열도의 당시 사람들이 가지고 있던 전쟁에 대한 관념과 사상적 배경이 무엇이었는지, 전쟁을 통해 얻을 수 있는 이득이 무엇이고 사람들이 어떤 선택을 해왔는지를 적나라하게 드러내었다.

이 책이 나온 지 20년이 지났다. 그간 새로운 고고학적 자료가 발견되고, 고고학적 성과도 일부 변화가 있었다. 가령 이 책에서는 야요이시대의 개시 연대가 서기전 5~4세기로 기술되어 있지만, 현재 서기전 8~7세기경으로 통용되고 있으며, 혹자는 서기전 10세기까지 올려보기도 한다. 한반도도 마찬가지이다. 한반도에서 벼농사의 도입 시점이 서기전 1,000년경, 청동 단검 등 무기 출현이 서기전 6세기경이라고 기술되어 있지만, 현재의 연구 성과에 비추어볼 때, 벼농사는 서기전 15세기경, 청동 무기의 출현은 서기전 8~7세기(혹자는 서기전 12세기)까지 거슬러 올라간다. 이러한 연대상의 수정을 제외하고, 나머지 고고학적 성과들은 현재까지 통용되고 있다고 보아도 좋다.

한편, 전쟁에 초점을 맞추는 저자의 의도도 엿볼 수 있다. 왜왕 세력에 반대해서 6세기에 일어난 '이와이의 난'을 굳이 '이와이의 전쟁'으로 표현하고 있는 것이다. 또한 고고학에서 알기 어려운 전쟁이라는 행위를 뒷받침하는 사람들의 의식과 관념이라는 논제를 의식적으로 책의 저변에 깔고 있는 점이나, 고고학의 분야 밖이라고 할 수 있는 근대까지를 굳이 이 책에 담고 있는 저자의 의도에 유의할 필요가 있다.

이 책의 대부분이 일본열도의 고고학적 상황을 바탕으로 한다. 그러나 책을 읽다 보면, 일본열도의 무기 도입과 기술 혁신이 끊임없는 한반도와의 관계 속에서 이루어지고 있음을 알게 될 것이다. 아울러 일본의 야요이시대 이후 전통처럼 이어지는 단검 중심의 무기 체계와 한반도에서 보이는 '단검 – 창 – 대도'로 이어지는 무기 체계 변화라는 비교론적 관점에서도 많은 시사점을 내포하고 있다. 이뿐 아니다. 야요이시대에 전쟁 문화와 사고는 한반도로부터 전해진 것이다. 그때 한반도는 청동기시대로 비파형 동검, 세형 동검, 동모, 동과 등 청동제 무기 체계가 널리 퍼져 있었다. 청동제 무기 외에도 마제석검, 마제석촉 등 돌로 만들어진 무기까지 한반도 전역에 퍼져 있었다. 실제로 청동기시대 한반도 북부와 중국 요령성 일대에서는 고조선이 등장해 중국 대륙의 여러 나라와 교역하고 각축을 벌인다. 선사시대 이래 한반도와 끊임없이 다양한 관계를 지속해왔던 일본열도의 상황이 한반도의 양상을 이해하고 두 지역의 관계를 이해하는 데에 도움이 될 것임은 두말할 필요가 없다.

마지막으로 이 책이 출간되기까지 고마운 분들이 너무 많다. 지면으로밖에 고마운 마음을 표현할 도리가 없다. 이 책의 번역을 맡겨주신 가경고고학연구소 소장님, 3년이 넘는 시간동안 쉽지 않았던 저작권 협의 등으로 지쳤을 터인데 포기하지 않고 물심양면 애써주신 출판사, 그리고 원서에 충실하겠다는 마음에 의역이라는 용기를 갖기 힘들어 직역으로 일관한 문장을 독자들이 이해하기 쉽도록 풀어내어 주신 담당 편집자님께 진심으로 감사의 말씀을 전한다.

천선행

부록

참고문헌

지면 관계상, 언급한 개별 유적의 조사보고서 등 영미권 원서는 생략한다. 너그러이 이해해주길 바란다.

· 1장 ·

大淵憲一,《攻撃と暴力なぜ人は傷つけるのか》, 丸善ライブラリー324, 丸善, 2000.

小畑弘己,〈東シベリア新石器時代の埋葬風俗に関する基礎研究〉,《先史学·考古学論究》, 龍田考古学会, 1994.

佐原真,〈日本·世界の戦争の起源〉, 福井勝義·春成秀爾編,《人類にとって戦いとは1 戦いの進化と国家の形成》, 東洋書林, 1999.

A·アインシュタイン, S·フロイト浅見昇吾 編訳·養老孟司 解説,《ひとはなぜ戦争をするのか》, 花風社, 2000.

M·ハドソン,〈農耕を拒んだ縄文人〉,《日本人と日本文化その起源をさぐる》(ニュースレター)No.2, 国際日本文化研究センター, 1997.

K·ローレンツ日高敏隆·久保和 彦訳,《攻撃-悪の自然誌》, みすず書房, 1985.

· 2장 ·

片山一道,《縄文人と〈弥生人〉古人骨の事件簿》, 昭和堂, 1999.

栗本英世,《未開の戦争現代の戦争》, 岩波書店, 1999.

高倉洋彰,〈農耕の開始とクニの出現〉下條信行ほか編,《九州·沖縄》新版 [古代の日本]3, 角川書店, 1991.

寺前直人,〈弥生時代の武器形石器〉,《考古学研究》第45巻第2号, 考古学研究会,

1998.

中橋孝博,〈墓の数で知る人口爆発〉,《原日本人》朝日ワンテーママガジン 14), 朝日新聞社, 1993.

橋口達也,〈聚落立地の変遷と土地開発〉,《東アジアの考古と歴史》, 同朋舎出版, 1987.

橋口達也,〈弥生時代の戦い〉,《考古学研究》第42巻第1号, 考古学研究会, 1995.

春成秀爾,《弥生時代の始まり》, 東京大学出版会, 1989.

藤尾慎一郎,〈倭国乱に先立つ戦い〉, 国立歴史民俗博物館編,《倭国乱る》, 朝日新聞社, 1996.

村田幸子,〈打製石剣 ―大形打製尖頭器― の成立をめぐる問題〉,《みずほ》第25号, 1998.

・3장・

石母田正,《古代貴族の英雄時代》, 石母田正著作集 第10巻, 岩波書店, 1989.

岡村秀典,〈漢帝国の世界戦略と武器輸出〉福井勝義·春成秀爾編《人類にとって戦いとは1 戦いの進化と国家の生成》, 東洋書林, 1999.

春日市教育委員会,〈須久坂本遺跡〉,《考古学研究》第46巻 第2号, 考古学研究会, 1999.

高倉洋彰,《金印国家群の時代》, 青木書店, 1995.

高田浩司,〈弥生時代銅鏃の二つの性格とその特質〉,《考古学研究》第47巻第4号, 考古学研究会, 2001.

田中 琢,《倭人争乱》, 集英社, 1991.

都出比呂志,《日本農耕社会の成立過程》, 岩波書店, 1989.

村上恭通,《倭人と鉄の考古学》, 青木書店, 1998.

山尾幸久,《日本古代王権形成史論》, 岩波書店, 1983.

山尾幸久,《魏志倭人伝》, 講談社, 1972.

吉田 晶,〈東アジアの国際関係と倭王権〉福井勝義·春成秀爾 編《人類にとって戦いとは1 戦いの進化と国家の生成》, 東洋書林, 1999.

モーガン・L 青山道夫 訳,《古代社会》, 青木書店, 1958.

·4장·

赤塚次郎,〈東海系のトレース〉,《古代文化》第44巻 第6号, 1992.
東潮·田中俊明,《高句麗の歴史と遺跡》, 中央公論社, 1995.
池淵俊一,〈鉄製武器に関する一考察〉,《古代文化研究》第1号, 1993.
奥野正男,《大和王権は広域統一国家ではなかった》, 宝島社, 1992.
北野耕平,〈五世紀における甲冑出土古墳の諸問題〉,《考古学雑誌》第54巻 第4号, 1969.
近藤義郎,《前方後円墳の時代》, 岩波書店, 1993.
坂元義種,《古代東アジアの日本と朝鮮》, 吉川弘文館, 1978.
菅谷文則,〈前期古墳の鉄製ヤリとその社会〉,《橿原考古学研究所論集 創立三十五周年記念》, 吉川弘文館, 1975.
福永伸哉,〈銅鐸から銅鏡へ〉, 都出比呂志 編《古代国家はこうして生まれた》, 角川書店, 1998.
藤田和尊,〈古墳時代における武器·武具保有形態の変遷〉,《橿原考古学研究所論集》第八, 吉川弘文館, 1998.
桃崎祐輔,〈日本列島における騎馬文化の受容と拡散〉,《渡来文化の受容と展開》, 埋蔵文化財研究会, 1999.

·5장·

岡安光彦,〈馬具副葬古墳と東国舎人騎兵〉,《考古学雑誌》第71巻 第4号, 1986.
尾上元規,〈古墳時代鉄鏃の地域性〉,《考古学研究》第40巻 第1号, 考古学研究会, 1993.
亀田修一,〈日韓古代山城比較試論〉,《考古学研究》第42巻 第3号, 考古学研究会, 1995.
鬼頭清明,《白村江東アジアの動乱と日本》, 教育社, 2000.
近藤好和,《弓矢と刀剣中世合戦の実像》, 吉川弘文館.

近藤義郎,《佐良山古墳群の研究》, 津山市, 1952.
笹山晴生,《古代国家と軍隊》, 中央公論社, 1975.
鈴木靖民,《古代対外関係史の研究》, 吉川弘文館, 1985.
田中俊明,《大加耶連盟の興亡と〈任那〉加耶琴だけが残った》, 吉川弘文館, 1992.
遠山美都男,《壬申の乱 皇誕生の神話と史実》, 中央公論社, 1996.
直木幸次郎,《日本古代兵制史の研究》, 吉川弘文館, 1968.
新納 泉,〈装飾付大刀と古墳時代後期の兵制〉,《考古学研究》第30巻第3号, 考古学研究会, 1983.
新納 泉,〈巨大墳から巨石墳へ〉, 稲田孝司·八木充 編《中国·四国》新版 [古代の日本] 4, 角川書店, 1992.
花田勝広,〈倭政権と鍛冶工房〉,《考古学研究》 第36巻 第3号, 考古学研究会, 1989.
三品彰英,《日本書紀朝鮮関係記事考証》上巻, 吉川弘文館, 1962.
山尾幸久,《古代の日韓関係》, 塙書房, 1989.
山尾幸久,《筑紫君磐井の戦争》, 新日本出版社, 1999.
R·カイヨワ秋枝茂夫訳,《戦争論 われわれの内にひそむ如神ベローナ》, 法政大学出版局, 1982.

· 6장 ·

網野善彦,《〈日本〉とは何か》日本の歴史00, 講談社, 2000.
川合 康,《源平合戦の虚像を剥ぐ 治承·寿永内乱史研究》, 講談社, 1996.
千田嘉博,《織豊系城郭の形成》, 東京大学出版会, 2000.
高橋昌明,〈騎兵と水軍〉, 戸田芳実編《日本史》2 中世 1, 有斐閣, 1978.
福田豊彦 編,《中世を考えるいくさ》, 吉川弘文館, 1993.
藤井忠俊·新井勝紘 編,《戦いの民衆》, 東洋書林, 2000.
藤木久志,《雑兵たちの戦場中世の傭兵と奴隷狩り》, 朝日新聞社, 1995.
松本武彦·宇田川武久 編,《戦いのシステムと対外戦略》, 東洋書林, 1999.
A·フェリル鈴木主税·石原正毅 訳,《戦争の起源》, 河出書房新社, 1988.

찾아보기

ㄱ

가도타門田 59
가라코唐子 유적 53, 63, 76
가리마타雁又 272
가리야雁屋 유적 52, 58
가바네姓 246
가베鴨部 유적 40
가신郎等 유형 208, 268~269
가야 166, 173
가와치오츠카河内大塚 고분 223
가와타川田 유적 40
간나베고료神辺御領 유적 39
간토 128, 176
갑옷 67, 168, 170
갑주 175, 178, 280
거울 96, 106, 118~119, 143, 145, 147, 155~156
게이코景行릉 161
게이타이繼体 천황릉 223
겐페이源平 합전 274
격투전 274
경오년적庚午年籍 256

경지 20, 21
계급 319
계열화 303
고고학 13~14, 175, 258, 271
고구려 166, 173, 175, 193, 231, 239
고대 국가 137, 139
고분 150, 154, 158, 163, 203, 211, 247, 297
고분古墳시대 27, 86, 279, 288, 315
곤데이 280
곤데이健兒 제도 262
공공 156
공성전 274, 288
공투형共鬪型 208
광개토대왕 183
괘갑 189, 219, 229, 256
구나코쿠 144, 148
구니 61, 63
구로즈카黑塚 고분 152, 156
구즈코葛子 227, 233
군단제軍團制 259, 262, 266, 268, 280
군반령 260

군사력 268~269, 296, 300
군사혁명 279~281
군집분 237, 243
군키軍毅 260
궁시 41, 69, 178~179, 188, 272, 275
귀족 217, 219, 235, 244, 247, 263,
    268, 270, 297
규슈九州 32, 36, 65, 72, 106, 118, 176
그리스 85, 134, 137, 201, 206
근초고왕 175
금속제 무기 46
기리키시切岸 274
기마 180, 185, 202, 247, 256, 270,
    272~274, 279
기마전사 189
기병 187, 270, 281
기사騎射 271
기사전騎射戰 274
긴메이欽明 천황릉 223
긴키近畿 39, 43, 51, 63, 87, 97, 142,
    144, 152, 176, 194, 235

ㄲ
꺾창 46, 67, 68, 73, 75, 78, 94, 127

ㄴ
나가오카永岡 유적 48, 70
나바타케菜畑 유적 33, 100

나카那珂 유적 35
나카노오에中大兄(후의 덴지天智 천황)
    251
나코쿠奴国 62
난항亂杭 54
남북조 내란 277, 291
네즈카根塚 유적 95, 107, 110, 122,
    126
네지코根獅子 유적 65
녹채鹿砦 54
논水田 18, 33
농경 17, 25, 130
농경민 38, 43, 79
농경사회 16, 21
누카타베額田部 241
누카타베 여왕 244, 250
니시다니西谷 3호 분구묘 123
니죠잔二上山 55
닌토쿠仁德릉 194

ㄷ
다이카이大開 유적 39
다무라田村 유적 43
다마츠타나카玉津田中 유적 52
다카라宝(사이메이斉明 천황) 251
다테이와立岩 유적군 63
다테츠키楯築 분구묘 124
단갑短甲 168, 176, 180, 188, 198, 212,

279
단검 33, 41, 46, 67, 73~74, 93, 118,
　　127, 156, 170, 279
단궁 100
단노와淡輪 고분군 196
단도 67
단야 213
대도 95, 103, 146, 156, 165, 170, 178,
　　180, 219, 230, 280
델로스동맹 201, 206
도네리 249
도다이지야마東大寺山 고분 97
도래인 37
도시국가 135, 139
도작농경 26
도카이東海 43, 51, 63, 145
동일본 125, 145
돌화살촉 25
동검 52
동촉 98, 103, 166
동해 43, 97, 128
두추頭椎 대도 249

ㄹ

리츄履中릉 196

ㅁ

마구 219, 229, 247, 249, 280

마미馬見 고분군 196
마쓰리 62, 73, 76, 78, 94, 131, 156,
　　162, 196, 259, 297
마제석검 33, 46, 56, 58
마제석촉 33
마츠라코쿠末盧国 63, 145
만궁 100
메소포타미아 136~137, 139, 200
모노노베노오무라지아라카이物部大連荒
　　鹿火 228, 234
모노노베씨 235, 241
모로오카諸岡 59
모리森 152
모방품 158
모병·용병 유형 208, 268
모병제 262
모즈百舌鳥 고분군 194
목관 124, 211, 272
목관묘 51
목책 40
무기 14, 25, 33, 36, 45, 72, 105, 118,
　　156, 166, 174, 176, 284, 287
무기 부장 238, 241, 243, 286
무기 숭배 15
무덤 15
무력 90, 208
무력 지배형 208
무사 270~272, 287

무사도 322
무장 106, 112, 165, 198, 249
물자유통 163
미사카진자三坂神社 유적 119
미세마루야마見瀬丸山 고분 209
미시마노三島野 고분군 183
미야야마宮山 분구묘 143
미즈키 252, 254
미쿠모三雲 유적군 63
미쿠모미나미쇼지三雲南小路 유적 118
민중 263

ㅂ

바쿠치야마馬口山 고분 152
박재품舶載品 119
발치흔拔齒 37
방분 160, 163, 194
방어구 14, 157
방위 202, 292
방패 67, 104
방어 시설 15, 48, 53, 285, 292
방형판혁철단갑方形板革綴短甲 168
백제 183, 194, 211, 227, 239, 245, 251
백촌강전투 250~251, 258, 289
벤텐야마弁天山 A1호 고분 151
벼농사 32, 43, 59, 79, 130
병류식 단갑鋲留式短甲 188

보병 75, 180, 185~186, 202
부속민 234~235, 240
부장품 258
분구묘 122, 127, 131, 142, 145, 171
분열성 296

ㅅ

사누카이트 55
사사카左坂 유적 119
사이죠西条 52호 분구묘 143
사쿠라노바바桜馬場 유적 96, 119
사키모리防人 290
사키타테나미左紀盾列 고분군 196
산나이마루야마三内丸山 유적 24
산성 185, 194, 202, 253, 274, 288
삼각연신수경 155, 157
삼각판혁철단갑三角板革綴短甲 176
서진 160
석촌동 고분군 194
선진 문물 108, 113, 141, 160~162
섬나라 293, 296, 303
세키진야마石人山 고분 225
세토우치瀬戸内 142, 152, 196
소가蘇我씨 235, 241
소외 유형 268, 321
소환도 146~147
소환두도 119
쇠뇌 103, 287

쇼린잔 고분 168
쇼소인正倉院 260
수렵·채집 사회 20
수혈식 석실 143, 155, 161, 211
스구須玖 유적군 59, 62
스구사카모토須玖坂本 유적 101
스구오카모토須玖岡本 유적 60, 108, 118
스에키須惠器 213, 295
스진崇神릉 161
신라 109, 173, 183, 194, 227, 231, 239, 250
신마치新町 유적 37
시미즈다니清水谷 유적 39, 52, 57
시부四分 유적 52
시코쿠四国 43, 51, 63
시킨잔紫金山 168
신포新方 유적 40

ㅇ
아리마有馬 유적 95
아마安満 유적 40
아사히朝日 유적 53
아시아적 국가 137
아시아형 전제 국가 139~140, 200, 266
아오야카미지치青谷上寺地 유적 96, 99
아카사카이마이赤坂今井 분구묘 124

야마타이코쿠邪馬台国 142, 144, 147
야마토 98, 160, 196
야마토타케루日本武尊 85
야마토大和 정권 87
야요이弥生시대 17, 27, 34, 38, 54, 87, 105, 127, 203, 279, 295, 315
야마가山賀 유적 40
에지衛士 262
에츠지江辻 유적 35
야시 230, 260, 271~272
야토우지야마矢藤治山 분구묘 143
영웅 82, 85, 89, 116, 125, 130~131, 134, 144, 154, 184, 199, 203, 215, 217, 263
오닌의 난応仁 277
오미臣 241
오미야大宮 유적 39
오바야마小羽山 30호 분구묘 123
오아마大海人 256
오요로이大鎧 271
오우미노케나노오미近江毛野臣 228
오진応神릉 194, 196
오토모大友 256
오토모노카나무라大伴金村 235
오토모씨 235, 241
오호도男大迹 228
오후로미나미大風呂南 분구묘 124
옹관 47, 60, 108, 118

왜 173, 183
왜국난 107, 124, 141, 152, 296
왜군 173, 176, 180~181, 184, 186, 199, 203, 244~245, 259, 268
왜병 181
왜왕 161~162, 191, 199, 210, 233~234
왜인 109, 111
외적 290, 298, 300~302
요로히사고즈카丁瓢塚 고분 151
요시노가리吉野ヶ里 유적 66
요시타케오이시吉武大石 유적 51
요시타케타카기吉武高木 유적 51
요코쿠마키츠네즈카橫隈狐塚 유적 96
우라마챠우스야마浦間茶臼山 고분 151, 155
원분 194
유랴쿠雄略 천황릉 223
유력 농민 241, 247, 268, 270, 280
유력 농민전사 184, 199
유해 15, 17, 34, 40, 47, 52, 58, 70, 165
율령 국가 137, 259, 267, 281, 295
율령 체제 270, 280, 301
이득 교환 131, 203, 317
이득 교환 시스템 314~317
이나리야마稻荷山 고분 199
이마시로즈카今城塚 고분 223

이민족 286, 293, 303
이시즈카야마石塚山 고분 151, 155
이요壱与 151, 160
이와라야리미조井原鑓溝 유적 96, 119
이와이 225, 227~228, 232~233
이와토야마岩戶山 고분 223, 225
이지죠伊治城 유적 287
이집트 136~137, 139
이츠시코쿠一支国 63
이케가미소네池上曽根 유적 53, 63
이타즈케板付 유적군 54
이토코쿠伊都国 63, 147
인골 15, 37, 58, 96, 99, 108
인구 19, 21, 79, 310
임나일본부任那日本附 210, 243

ㅈ

자원 21, 114, 310
장경식長頸式 철촉 188, 248, 272
장군총 193
장궁 230
장식 대도 229, 239, 241, 243, 246
장방판혁철단갑長方板革綴短甲 176
적석총 193
전방후방분 126, 295
전방후원분 87, 126, 152, 168, 176, 194, 212, 223, 249, 294, 297
전사 15, 51, 116, 129, 166, 178, 200

전술 67
전쟁 9, 16, 21, 27, 36, 310, 314, 319
전제 국가 137
전투 16, 65, 79, 172
전투 관념 287
전투 사고 35, 37, 43, 62
접근전 69
정복전쟁 297
정시 230, 260, 271~272
정주 22
정주사회 27
제국주의 316
조몬繩文시대 18, 25, 321
조몬인 24, 36~37
조토진杖刀人 199
종장판혁철단갑縱矧板革綴短甲 168, 176
주고쿠中國 43, 51, 63
주부 128
중세 302
쥬토토네리授刀舍人 262, 281
즈루오진자鶴尾神社 4호 분구묘 143
즈바이오츠카야마椿井大塚山 고분 152, 155~156
즈쿠리야마(사쿠잔作山) 고분 196
즈쿠리야마(조잔造山) 고분 196
지석묘 38
직할지 235, 240
진신의 내란 256, 258

집단전 274, 277, 282
징병 유형 208

ㅊ

창 46, 67, 73, 75~76, 94, 127, 129, 172, 178
창 부대 171
철 110, 113, 116, 125, 141, 149, 160~162, 174, 196, 210, 214
철괭이 115
철검 94, 102, 125
철기 114
철도 57, 115, 119, 125
철도끼 115
철정 111, 174
철제 단검 67
철제 무기 47, 102
철촉 166, 172, 179~180, 188, 198, 219
청동 46
청동 무기 47, 59, 68, 72
청동 단검 57
취락 65, 114, 116
칠지도七支刀 174

ㅋ

카기鍵 유적 53, 76
칼 260

칼 하사 240

ㅌ

타제석검 40, 51, 55, 76
타제석촉 40, 51, 55
태도太刀 271, 274
토루 53
토지 79, 116, 310

ㅎ

하기와라萩原 1호 분구묘 143
하니와埴輪 155
하루노츠지原ノ辻 유적 63
하시하카箸墓 고분 148, 152
한반도 32, 46, 72, 107, 129, 168, 175, 179, 184, 210, 216, 279
할죽형 목관割竹形木棺 147
해상교역 97, 145
호리키리掘切 275
호쥬지인도노法住寺院殿 유적 272, 276
호케노야마ホケノ山 분구묘 143
효에兵衛 262, 281
효탄야마瓢箪山 고분 168
화살촉 33, 166, 248, 280
환경 311
환호 40, 53, 104
환호취락 35, 36, 40, 43, 48, 53
활 229, 260

황남대총 194
회전 104
횡혈묘 237
횡혈식 묘실 223
횡혈식 석실 211, 237
후루식布留式 토기 295
후루이치古市 고분군 195
후미코쿠不弥国 63
후한 106
히가시나라東奈良 유적 63
히가시츠치카와東土川 유적 52, 58
히메바라니시姬原西 유적 103
히미코 108, 141, 144, 148, 297
히라바루平原 분구묘 147
히에比惠 유적군 59
히코미코 144

문헌명

《고사기古事記》 85
《삼국사기三國史記》 109, 160, 174, 217
《삼국지三國志》 63, 112
〈위지왜인전〉 141, 144, 148
《일본서기日本書紀》 85, 111, 217, 227, 251~252, 256, 288
《후한서後漢書》 108

인간은 왜 전쟁을 하는가
고고학으로 읽는 전쟁의 탄생

초판 1쇄 펴낸날 2021년 12월 27일

지은이	마쓰기 타케히코
옮긴이	천선행
펴낸이	문정원
펴낸곳	도서출판 생각과종이
기획	가경고고학연구소
등록	제 566-25100-2014-000004호
주소	충청남도 천안시 서북구 충무로 155, 301호
전화	070-4191-0610
전송	0303-3441-7503
전자우편	jw9408@naver.com

ISBN 979-11-955977-8-9 03910

* 이 책은 가경고고학연구소의 학술연구지원을 받아 출간되었습니다.
* 잘못 만들어진 책은 바꿔드립니다.
* 책값은 뒤표지에 쓰여 있습니다.